国家社会科学基金"十三五"规划2017年度教育学国家一般项目
"我国高校科研诚信问责制度建设研究"(BIA170179)
研究成果

中央财经大学中央高校基本科研业务费专项资金资助
Supported by the Fundamental Research Fund
for the Central University，CUFE

高等教育理论与实践研究丛书

高校科研诚信问责制度建设研究
——基于"问责链"理念

周湘林 ◎ 著

华中科技大学出版社
http://www.hustp.com
中国·武汉

内 容 提 要

本书是国家社会科学基金"十三五"规划 2017 年度教育学国家一般项目"我国高校科研诚信问责制度建设研究"的研究成果。本书主要从问责制的视角来探讨科研诚信问题治理这一主题,研究的主要问题是如何理解科研诚信问责制,及如何推进科研诚信问责制建设。本书提出,问责制不仅仅是事后追责,而应理解为"明责—知责—察责—追责"的问责链形态。本书主要运用文献分析法、制度分析法及案例研究法等研究方法开展研究,系统分析了本研究构建的"四轮驱动"式整合性全过程科研诚信问责制的基本内涵,以及如何从理念、结构、内容、工具和运行五大方面加强突破来建设与运行好"四轮驱动"式整合性全过程科研诚信问责制,从而提高科研诚信问题治理效能等问题。

图书在版编目(CIP)数据

高校科研诚信问责制度建设研究:基于"问责链"理念/周湘林著 . —武汉:华中科技大学出版社,2022.6

(高等教育理论与实践研究丛书)

ISBN 978-7-5680-8314-0

Ⅰ.① 高… Ⅱ.① 周… Ⅲ.① 高等学校-科学研究-职业道德-责任制-研究-中国

Ⅳ.① G644

中国版本图书馆 CIP 数据核字(2022)第 095057 号

高校科研诚信问责制度建设研究——基于"问责链"理念   周湘林   著
Gaoxiao Keyan Chengxin Wenze Zhidu Jianshe Yanjiu——Jiyu "Wenzelian" Linian

策划编辑:张馨芳
责任编辑:江旭玉
装帧设计:赵慧萍
责任校对:张汇娟
责任监印:周治超
出版发行:华中科技大学出版社(中国·武汉)   电话:(027)81321913
　　　　　武汉市东湖新技术开发区华工科技园   邮编:430223
录　　排:华中科技大学出版社美编室
印　　刷:湖北金港彩印有限公司
开　　本:710mm×1000mm　1/16
印　　张:14.5　插页:2
字　　数:262 千字
版　　次:2022 年 6 月第 1 版第 1 次印刷
定　　价:89.00 元

前　　言

　　科研诚信建设及相关问题治理是一个世界难题，国内外学术界对此进行了广泛深入的探究。为了更加有效地加强科研诚信建设，促进科研诚信问题治理，可以从问责制的视角对其进行深入分析。世界各国针对科研诚信问题展开了广泛的实践与研究，对于倡导和践行负责任的研究起到了良好的作用。已有的关于高校制度建设的相关丰富研究为本课题进一步系统探究制度建设模型奠定了良好的基础。可以说，科研诚信已从经验问题上升为学术问题，从学术界内部问题扩大为公众视野问题，从区域讨论问题扩展为国际论坛问题。但尚有许多问题亟待解决，今后需以制定清晰的路线图、统一规范与治理、加强教育培训、促进透明与问责、系统推进制度建设等主题为重点进一步深入研究。而本研究的重心在于，如何理解科研诚信问责制，及如何推进科研诚信问责制建设。

　　本研究在理性选择、制度利益人、新公共治理、问责制等理论基础上，提出构建"四轮驱动"式整合性全过程科研诚信问责制的设想，主要运用文献分析法、制度分析法及案例研究法等研究方法开展研究。研究遵循理论与实践相结合的研究思路，首先从现实层面提出有关科研诚信方面亟待解决的具体问题，然后从理论层面将其上升为问责视角的学术研究问题，进而探讨与构建分析该问题的相关理论框架，接下来收集现实中有关高校科研诚信的相关数据进行初步描述与分析，然后回到理论层面进行解释与升华，最后总结研究结论，提出加强高校科研诚信问责制度建设的措施和建议。

　　研究结果显示，问责不仅仅是事后追责，而应被理解为明责—知责—察责—追责的问责链形态。这四个方面在问责全过程中都发挥重要作用，如汽车的四个轮子，如果四驱启动，形成联动模式，则力量倍增。因此，应当而且可以构建"四轮驱动"式整合性全过程科研诚信问责制。同时，为了建设与运行好上述"四轮驱动"式整合性全过程科研诚信问责制，提高科研诚信问题治理效能，从目前的基本情况来看，我国高校应在理念、结构、内容、

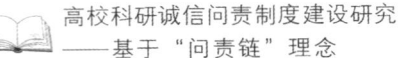
工具和运行五个方面加强突破。其中,理念起导向作用,涉及制度建设的方向、价值、目的和原则等问题;结构发挥整体功能,涉及制度的系统与层次等问题;内容是行动的具体依据,涉及制度文本所呈现内容的科学性、规范性等问题;工具辅助增效,涉及制度运行的载体和支持系统等问题;运行产生动力,涉及制定实施的机制与流程等问题。这也正体现了新制度主义宏观与微观相结合、制度与行为互动、结构重要性与行动者能动性同在等核心要义。

目　　录

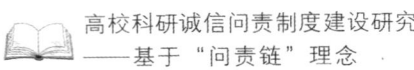

第一章

基于问责制视角审视科研诚信问题治理

科研诚信建设及相关问题治理是一个世界难题，国内外学术界对此进行了广泛深入的探究。为了更加有效地加强科研诚信建设，促进科研诚信问题治理，我们可以从问责制的视角对其进行深入分析。

第一节　促进科研诚信问题治理刻不容缓

新时代，我国科学研究事业一直保持着强劲的发展势头，科技论文数量不断创造新高。中国科学技术信息研究所发布的 2019 中国卓越科技论文产出状况报告显示[①]，自 2009 年 1 月至 2019 年 10 月，中国科技人员共发表国际论文 260.64 万篇，共被引用 2845.23 万次，论文数和被引用次数均排在世界第二位。但同时，违背科研诚信的行为也时有出现，造成了很不好的社会影响，需对此加强科学治理。

自人类有科研活动以来，科研诚信问题就存在。随着时代的变迁以及科研事业的发展，科研诚信问题日趋突显，日益受到人们的重视。为了有效应对和解决科研诚信问题，世界各国采取了多种多样的方式，甚至有一定形式的国际联合行动。[②] 例如，美国成立专门机构科研诚信办公室（The Office of Research Integrity，ORI）来处理科研诚信问题，通过立法活动制定相关国家政策、程序，明确负责任的科研行为要求。加拿大成立了三个专门机构，制定一系列政策来处理科研诚信问题。欧盟成立了处理科研诚信问题的专门机

①　张茜. 我国高被引论文和热点论文数量升至世界第二 [N]. 中国青年报，2019-11-20.

②　Steneck N，Anderson M，Kleinert S，et al. Integrity in the Global Research Arena [M]. Singapore：World Scientific Publishing Co. Pte，Ltd，2015.

构（The European Network of Research Integrity Offices，ENRIO），欧盟各个国家还有自己相对成熟的制度。澳大利亚制定了三个国家标准，用以规范负责任的科研行为，并为处理科研诚信问题提供指导，澳大利亚各高校及科研机构也制定了相应的标准。中国相关政府部门、大学、科研机构等也制定了许多不同层次的标准和指南来规范科研行为。

中国科技部成立科研诚信建设办公室，教育部成立科学技术委员会学风建设委员会等，旨在倡导良好的学术风气，加强学术道德建设，促进和保障学术活动的健康发展。

但在实践中，科研诚信问题依然存在，甚至愈演愈烈，因此日益受到人们的关注。例如，就中国而言，2016年，朱邦芬院士直言：受多种因素的影响，我国科研诚信问题涉及面之广及其严重程度度史无前例。国家自然科学基金委员会在北京召开的2016年"捍卫科学道德反对科研不端"通报会对外通报2015—2016年期间查处的8个科研不端行为典型案例，并公布61份科研不端行为案件处理决定。[①] 近年来，类似《自然》（Nature）撤稿、复制粘贴写论文、引用文献不加注、一稿多投重复发表、随意挂名发表作品、网上买卖论文、代笔当枪手、篡改、编造、抄袭等方面的现象经常出现在报道中，让科学界乱象丛生。[②] 早先也有专家学者痛陈中国学术腐败将动摇国本，认为抄袭造假、虚假引进、学术乱论、买卖论文等学术腐败在中国学界盛行，监督约束机制在权力和市场的扭曲下失效，疾呼必须防止学术竞争力继续削弱，以免动摇中国发展根基。[③] 科研诚信问题在我国的严重程度，以及治而不止等现象，就此可见一斑。

当然，科研诚信问题不只在中国存在，世界各国都面临着同样严峻的考验。许多国家相继出台相关政策法规加强科研诚信建设，相关高校也结合国内外相关制度，探索实践具体的有效途径。相对英美等国家而言，我国科研诚信建设起步较晚，目前的状况基本上可以概括为"三多三难"，即问题多、制度多、研究多，科研诚信问题难发现、性质难评判、结果难处理，很多科研诚信相关问题没有得到很好的解决。[④] 从根本上来讲，科研诚信问题治理相关

① 国家自然科学基金委员会通报科研不端行为典型案例及近期查处的科研不端行为案件处理决定［N］．中国科学报，2016-12-13．
② 周湘林．责任—问责：高校科研诚信问题及其治理［J］．北京教育，2019（4）：87-91．
③ 中国学术腐败将动摇国本［EB/OL］．［2018-05-03］．http：//check．cnki．net/Article/standard/think/2018/05/1880．html．
④ 周湘林．整合性全过程问责高校科研诚信问题的治理之道——以澳大利亚麦考瑞大学为例［J］．中国高教研究，2019（4）：80-85．

制度的完备性、信息不对称问题和利益的触动性等因素对此有深远的影响。中国共产党十九大报告提出良好的制度体系的基本要求是系统完备、科学规范、运行有效，按照这一要求，科研诚信制度建设中有许多问题需要制度化、系统化以及细化。

国家自然科学基金委员会前主任杨卫院士一针见血地指出：治乱须用重典，（科研）诚信建设要有"牙齿"。[①] 问责应该就是这样的"牙齿"。那么，从问责制的视角来看，如何理解科研诚信及相关问题治理？如何促进相关制度建设？本研究拟对这些问题进行深入探究。

本研究在理论上和实践上都具有重要意义，有一定的学术价值和应用价值。

第一，理论上，本研究意在基于新制度主义理论、新公共治理理论，以及法学、教育学等领域的相关理论和社会问责、权责一致、管研分离等思想观点，审视高校科研诚信问责制度。具体来讲，就是深刻把握问责制内涵，对科研诚信的实质、科研诚信问责制度及其运行机制、制度失灵及其创新等理论问题进行探究，深化对科研诚信及制度相关问题的认识。在此基础上，创新性地提出制度建设模型。

第二，实践上，本课题拟通过制度分析、案例分析，以及调查研究来考察我国高校科研诚信问责的现状，辨明存在的问题，并探寻国外可借鉴的经验，提出我国科研诚信问责制度建设的主要措施。这有助于促进科研诚信建设，防范和纠正科研诚信方面的相关问题，推进高校科研事业发展；有助于培养爱国精神、创新精神、求实精神、奉献精神、协同精神及育人精神等科学家精神；有助于为科研管理部门、科研资助机构、高等学校及其研究人员、学术团体以及其他利益相关者提供相关参考，提升科研治理效能。

第二节　加强透明度与问责制建设是重中之重

为了更好地规范和解决科研诚信问题，世界各国研究者对此展开了广泛的研究。从已有研究可以看出，加强透明度与问责制建设是未来的重中之重，值得进一步深入研究。

---

① 柏木钉. 学术诚信建设 要有"牙齿"［N］. 人民日报，2016-11-21.

一、国外有关科研诚信的研究

20 世纪 80 年代，美国学者开始对科研诚信问题展开广泛的讨论，近几十年来，其他许多国家或地区同样对科研诚信问题进行了不同程度的研究和探讨。国外关于科研诚信问题的研究涉及诸多论题，综合来看，主要有如下一些研究主题。

一是关于科研诚信相关概念的探讨。如对"负责任的研究行为""研究伦理""研究诚信"等概念的辨析及相应研究。[①]

二是对科研行为责任及科研诚信问题的认识等问题的探讨。一般认为科研行为责任应该由科学界和社会各界共同承担。[②] 同时，有调查显示，被调查者一致认为不负责任的研究行为至少应受适度谴责，或应受严厉谴责，不负责任的研究行为也被认为是（或几乎是）中度频繁的。[③]

三是关于世界各国处理科研诚信问题实践经验的研究，如对美国、加拿大、爱尔兰、丹麦、澳大利亚、中国等国家和地区处理科研诚信问题的机构、制度建设、办法措施等问题进行探究。[④] 有研究分别从政府和机构层面对澳大利亚科研诚信管理结构和政策进行了阐述，特别以南昆士兰大学和昆士兰大学为例进行说明，认为对机构管理者而言，规则的遵守、科研不端行为的管理及预防教育是促进科研诚信的三个关键因素。[⑤]

四是关于科研诚信问题影响因素的研究。如研究认为，不同的文化环境

① Steneck N H. Fostering integrity in research: Definitions, current knowledge, and future directions [J]. Science and Engineering Ethics, 2006, 12 (1): 53-74.; KraemerDiaz A E, Spearsjohnson C R, Arcury T A. Variation in the interpretation of scientific integrity in community-based participatory health research [J]. Social Science & Medicine, 2013 (97): 134-142.

② Mitcham C. Co-responsibility for research integrity [J]. Science and Engineering Ethics, 2003 (9): 273-290.

③ Cossette P. Research integrity: An exploratory survey of administrative science faculties [J]. Journal of Business Ethics, 2004 (49): 213-234.

④ Petrovecki M, Scheetz M D. Croatian medical journal introduces culture, control, and the study of research integrity [J]. Croatian Medical Journal, 2001, 42 (1): 7-13.; Sun Ping. How many codes of conduct do we need? The Chinese experience [C] //Mayer T, Steneck N. Promoting Research Integrity in a Global Environment. Singapore: World Scientific Publishing Co. Pte, Ltd, 2011.

⑤ Ren Yi, Suzanne Morris. 澳大利亚科研诚信管理探析 [J]. 科学观察，2011 (1): 1-6.

和社会经济环境①，公正公平的科研环境、个性特征②，职业成就③，竞争压力等，都会不同程度地影响科研诚信问题。

五是关于科研诚信问题与改进措施的研究。针对不断出现的科研诚信问题，专家学者提出了许多措施建议。如加强科研诚信问题评估方法④及同行评价⑤的有效性，加强评估与问责⑥⑦，合理处理利益冲突⑧，加强训练与指导⑨，建立共享的专业标准⑩，采用合适的行政结构⑪，提高出版物质量而不是数量⑫，加强对科研诚信问题审查的财政支持⑬，采取有效的战略步骤，包括对不端行为零容忍、保护举报者、说明如何报告科研诚信问题、训练指导者、使用替代机制、采用伦理行为模式⑭，等等。

六是世界科研诚信大会相关研究。全球性科研诚信研究会议的出现，使

① Hren D，Vujaklija A，Ivanisievic R，et al. Students' moral reasoning，Machiavellianism and socially desirable responding：Implications for teaching ethics and research integrity ［J］. Medical Education，2006（40）：269-277.

② Martinson B C，Crain A L ，De Vries R，et al. The importance of organizational justice in ensuring research integrity ［J］. Journal of Empirical Research on Human Research Ethics，2010，5（3）：67-83.

③ Cossette P. Research integrity：An exploratory survey of administrative science faculties ［J］. Journal of Business Ethics，2004（49）：213-234.

④ Iverson M，Frankel M S，Siang S. Scientific societies and research integrity：What are they doing and how well are they doing It? ［J］. Science and Engineering Ethics，2003（9）：141-158.

⑤ Elsevier B V. Whither research integrity? Plagiarism，self-plagiarism and coercive citation in an age of research assessment ［J］. Research Policy，2013（42）：1005-1014.

⑥ Mastroiannia A C，Kahnb J P. Encouraging accountability in research：A pilot assessment of training efforts ［J］. Accountability in Research，1999（7）：85-100.

⑦ Otto C M，Bradley S M，Newby D E. Research integrity：We are all accountable ［J］. Heart，2015（101）：414-415.

⑧ McCrary S V，Anderson C B，Jakovljevic J，et al. A national survey of policies on disclosure of conflicts of interest in biomedical research ［J］. The New England Journal of Medicine，2000（343）：1621-1626.

⑨ Anderson M S，Horn A S，Risbey K R，et al. What do mentoring and training in the responsible conduct of research have to do with scientists' misbehavior? Findings from a National Survey of NIH-funded scientists ［J］. Academic Medicine，2007（82）：853-860.

⑩ Steneck N H. Global research integrity training ［J］. Science，2013（340）：552-553.

⑪ Gunsalus C. Institutional structure to ensure research integrity ［J］. Academic Medicine，1993，68（9）：33-38.

⑫ Cossette P. Research integrity：An exploratory survey of administrative science faculties ［J］. Journal of Business Ethics，2004（49）：213-234.

⑬ Titus S，Bosch X. Tie funding to research integrity ［J］. Nature，2010（466）：436-437.

⑭ Titus S L，Wells J A，Rhoades L J. Repairing research integrity ［J］. Nature，2008（453）：980-982.

得对科研诚信问题的研究不断扩大与深入。2005年开始出现关于科研诚信问题的国际会议，旨在将美国科研诚信办公室的规程适用范围扩大到欧洲。

2007年，首届大规模的世界科研诚信大会在葡萄牙里斯本举行，旨在提高对于全球层面的科研规划、科研行为、科研报告的诚信问题的重要性的认识。

2010年，第二届世界科研诚信大会在新加坡举行，大会讨论了各国科研诚信问题的结构与状况、研究不端行为、行为标准、从国家层面促进负责任研究行为机构建设的方法、从个人层面促进负责任研究行为的方法、作者与编辑的诚信问题，以及新闻、气候变化、科技两用性方面的诚信问题等论题，产生了第一个共识性文件《科研诚信新加坡声明》，该声明提出了科研诚信的原则与责任，鼓励开发统一的负责任的研究行为政策、指南、标准。①

2013年，第三届世界科研诚信大会在加拿大蒙特利尔举行，大会讨论了各国处理科研诚信问题的多样性方法、原则与责任、对研究不端行为的应对、促进研究诚信、负责任的研究训练行为、诚信与社会等论题，产生了第二个共识性文件《关于跨界科研合作中科研诚信的蒙特利尔声明》，该声明明确了一系列责任，主要包括共通的合作责任、管理合作中的责任、合作伙伴责任、研究成果责任等。②

2015年，第四届世界科研诚信大会在巴西里约热内卢举行，总的主题是"研究科研奖励与诚信，促进负责任的研究"，大会讨论了促进科研诚信的国家制度与政策、鼓励科研诚信的环境与政策、资助者在促进科研诚信中的角色、奖励制度与诚信案例、不同国家的科研诚信教育与指导、科研产出的测算与奖励、抄袭与造假行为及审查、科研诚信与合作的标准、科研诚信指导与网络建设、早期阶段的科研诚信训练与教育、制度与科研环境、科研诚信中的同行评价及其角色、欧洲的科研诚信、研究与社会责任、出版伦理、不良研究与浪费性研究的原因、商业研究与诚信、负责任的研究行为和国家指南、报告和出版偏见及其应对，以及行为、信任和诚实等广泛的论题。③

2017年，第五届世界科研诚信大会在荷兰阿姆斯特丹举行，大会围绕与透明度和问责制（transparency and accountability）相关的主题展开讨论，认

① Mayer T，Steneck N. Promoting Research Integrity in a Global Environment ［M］. Singapore：World Scientific Publishing Co. Pte，Ltd，2011.

② Steneck N，Anderson M，Kleinert S，et al. Integrity in the Global Research Arena ［M］. Singapore：World Scientific Publishing Co. Pte，Ltd，2015.

③ Proceedings of the 4th World Conference on Research Integrity ［J］. Research Integrity and Peer Review，2016，1（Suppl 1）：1-56.

为科研诚信的前提是研究的诚实性和可靠性最好通过公开分享研究的所有方面并对其负个人责任，会议制定了《促进透明度和问责制阿姆斯特丹议程》。①该议程重申《科研诚信新加坡声明》中提出的在研究的各个方面做到诚实、在研究过程中明确责任等原则②，并进一步强调应更加重视在发展研究诚信政策时努力评估研究和利用实证信息时的诚信。为此，世界科研诚信基金会（WCRIF）建立"负责任研究行为研究注册处"（RRRCR），鼓励研究人员计划、开展、报告和分享他们围绕问题、影响、干预、假设或预期结果、评估、各项数据六个关键要素进行的研究，并鼓励资助机构支持关于科研诚信的研究，提高对科研诚信研究及其在制定循证政策时的用途的重要性的认识，组织和优先考虑开展关于科研诚信的未来的研究。③

2019年，第六届世界科研诚信大会制定的《香港准则》提出负责任的科研实践、透明的报告程序、开放科学（开放研究）、重视研究形式的多样性、认可所有科研贡献行为和学术活动五项准则，旨在推动对遵守健全、严谨、透明科研实践的科研人员予以表彰和奖励，促进对研究可信度、严谨性和透明度等因素的考查，使其在科研人员循证评估中起到至关重要的作用，并将研究严谨性推到科研评估的核心位置，使得科学研究在更大程度上造福人类社会。④

二、国内有关科研诚信的研究

就国内研究而言，主要有如下一些研究主题。

一是关于科研诚信的概念、内涵及原因的探析。如对中英文语义环境下与"科研诚信"有关的文字术语进行比较并进行相关讨论⑤；梳理科研诚信的概念和内涵，并通过因子分析法分析相关的科研不端行为要素，给出导致科研诚信问题的部分原因及相应对策，特别指出科研诚信和科技评价紧密相关⑥；通过分析科研诚信缺失的原因，对加强科研诚信建设与防范科研不端的

① 5th World Conference on Research Integrity [EB/OL]. https：//wcrif. org/wcri2017.

② Singapore Statement on Research Integrity [EB/OL]. https：//wcrif. org/documents/327-singapore-statement-a4size/file.

③ Amsterdam Agenda：5th World Conference on Research Integrity [EB/OL]. https：//wcrif. org/documents/42-amsterdam-agenda/file.

④ The Hong Kong Principles for Assessing Researchers：Fostering Research Integrity [EB/OL]. https：//wcrif. org/images/2020/HKP/HKPs _ preprint _ - _ English. pdf.

⑤ 方玉东，陈越，董宏伟. 与"科研诚信"有关的术语比较和翻译研究 [J]. 中国科技术语，2014（6）：32-34，38.

⑥ 夏文莉. 基于因子分析法的科研诚信评价机制研究 [J]. 科研管理，2013（10）：118-122.

措施进行讨论、评述、总结，以此推动科研诚信体系的进一步建设与完善①；还有研究认为，作为一种培育负责任研究行为的伦理文化环境，科研诚信具有科学家个体与科研机构或组织等双层内涵，并受到来自社会政治、经济、文化、教育等外部环境因素的影响，"科研诚信范式"在认识论上不仅能合理解释和预测科研不端行为的演变机制，而且在方法论上能正确引导政府与非政府组织、科研机构的相关政策设计以及科研人员的行为。②

二是关于科研诚信影响因素的研究。这方面主要涉及如下一些研究和观点。学术素质、学术环境、自身负压、科研能力都是重要的影响因素，它们相互之间的交织影响会导致科研不诚信行为愈演愈烈。③ 好奇心、创造性和探索性精神、独立性和自主性对诚信科研人员数量均值有显著的正向交互影响，对诚信科研人员数量标准差有显著的负向交互影响；好奇心、创造性和探索性精神、独立性和自主性都处在最高水平时，科研人员选择诚信行为的概率并不是最大的；好奇心、创造性和探索性精神、独立性和自主性之间存在协同促进作用。④ 科研诚信知识、科研诚信技能和科研诚信态度对科研诚信行为产生显著影响。在实践中，应将科研诚信知识的传授、科研诚信技能的实践以及科研诚信态度的培养有机结合起来，辅之以多样化的教育手段和教育模式，从而实现科研诚信教育的目标，最终影响学生的科研诚信行为。⑤ 还有研究着重从个体视角、组织视角、处境视角对科研诚信行为影响因素进行全面梳理、比较和评述，该研究综述认为，个体视角的自恋的个性、性别、道德判断，组织视角的组织氛围、组织领导职能、组织道德规范，处境视角的生活压力、工作竞争压力等因素都会不同程度地对科研诚信产生影响。⑥

三是关于科研诚信教育培训方面的研究。这方面的研究认为，科研诚信教育的途径是科研诚信教育从规划到考核的一系列教育活动的总和，有十个

① 马佰莲，谢婧. 近十年国内科研诚信研究述评［J］. 齐鲁师范学院学报，2012，27（6）：49-54.

② 蒋美仕，陈俊宇，徐陶. 科研诚信范式及其认识论和方法论意蕴［J］. 自然辩证法研究，2015（11）：42-47.

③ 熊建练，王婷婷，成黎明. 高校研究生科研诚信影响因素实证分析［J］. 统计与决策，2015（8）：114-117.

④ 单红梅，胡恩华，熊新亚，等. 科研人员的个体特征对其诚信行为的交互影响研究［J］. 科技管理研究，2015，35（1）：237-241.

⑤ 汪伟良，刘红. 基于结构方程模型的科研诚信行为影响因素［J］. 中国科技论坛，2015（4）：5-10.

⑥ 熊新正，胡恩华，修立军，等. 科研诚信行为影响因素研究综述［J］. 科学管理研究，2012，30（3）：39-42.

基本环节：规划、讲授、讨论、实践、实习、交流、练习、读书指导、互动、考核。科研诚信教育，对于青年学生和科技人员实事求是、追求真理、科技创新，保障我国科技教育事业的健康发展，具有十分重要和深远的意义。① 就研究生教育而言，应发挥导师对研究生的教育作用②；在研究生中开展诚信教育，要对科研诚信寻根溯源、清晰定位，以指导具体工作实践③。

四是专门从法学视角对科研诚信法律问题的探讨。这方面的研究主要对科研诚信法制建设的必要性、我国科研诚信立法现状、科研诚信法制建设的国际经验、科研不端行为的法律规制、我国科研诚信法制建设路径五个方面进行了探索。相对于哲学、伦理学和社会学等学科视角而言，国内从法学的角度对该问题的研究尚处于起步阶段，有待继续拓展和深化。④ 通过对世界各国科研诚信立法的基本模式（倡导负责人行为模式、惩处学术不端行为主导模式、兼顾模式）进行梳理，相关研究明确提出了我国科研诚信立法模式的主要特征和问题是缺乏统一和专门的科研诚信立法、各部门立法具有鲜明的部门性特征、立法的原则性规范特征突出、立法相互衔接性有待加强等。⑤

五是国外经验介绍与中外比较研究。这一类研究包括三个方面的内容。首先是多国研究。如对不同国家科研诚信制度体系的研究认为，世界主要国家的科研诚信制度体系大致分为四类：建立了完善的科研诚信体系的国家，如美国和日本；由资助机构来牵头进行科研诚信建设的国家，如英国、加拿大等；以北欧国家为代表的建立了独立的处理科研诚信问题外部机构的国家；尚没有出台专门的科研诚信政策的国家。⑥ 又如对美、英、德、丹、加、日等国促进科研诚信建设的成功经验进行综合研究分析，并在此基础上提出加强我国科研诚信建设的启示。⑦ 其次是对于单个国家或机构的研究。如通过对美国明尼苏达大学科研诚信制度体系的考察，分析科研诚信规章制度、科研不

---

① 肖雪珍，王念，殷刚. 科研诚信教育的内涵、途径和意义 [J]. 教育教学论坛，2014（3）：9-11.

② 方冬姝，杨磊，韦映梅. 导师对研究生科研诚信养成作用的实证研究 [J]. 中原工学院学报，2015，26（2）：98-103.

③ 雷晓锋，王文文，冯蓉，等. 高校研究生科研诚信教育的多维审视和途径分析 [J]. 思想教育研究，2014（6）：80-82.

④ 曹望华，谢玲. 国内科研诚信法律问题研究综述 [J]. 重庆社会主义学院学报，2013（3）：82-88.

⑤ 王国骞，唐伟华，陈越. 世界各国科研诚信立法模式及我国立法特征 [J]. 中国基础科学，2013（4）：59-61.

⑥ 程如烟，文玲艺. 主要国家加强科研诚信建设的做法及对我国的启示 [J]. 世界科技研究与成展，2013（1）：153-156.

⑦ 吴华刚. 国外促进科研诚信建设的经验概述及启示 [J]. 科技与产业，2014（3）：103-106.

端行为监管处理机制、教育计划等举措。① 对美国相对完善的大学教师科研诚信系统的研究认为，美国联邦政府负责制定相关政策与调查处理相关问题，大学实施一般性和针对性的诚信教育，社会第三方力量实施监督，该系统包括以"负责任的科研行为"为主要内容的诚信准则和照顾多方权益的调查与处理程序，但也存在惩处措施不够明晰且操作性不强等问题，我国应汲取美国的经验，构建一个有章可循、具有操作性的智能大学教师科研诚信系统。② 对美国高校学术不端的调查程序与处罚机制的研究认为，美国高校相对较低的学术不端发生率，与其健全的调查程序和严厉的处罚机制密切相关，因此，在预防和处理学术不端的过程中，大学与政府机构等部门需密切合作、完善法律法规、坚持程序正当原则、发挥举报者的关键作用，并辅以严厉的处罚，大学自身需坚守崇高的道德准则。③ 对英国的相关研究认为，英国研究理事会等八个部门和单位签署的《维护科研诚信协议》成为英国在国家层面协调科研诚信建设的重要一步，英国的科研诚信建设工作与我国有共通之处，其中一些做法和经验值得我国参考。④ 再者就是中外比较研究。如对中美高校科研诚信建设的比较研究认为，美国大学在科研诚信的宣导教育、监管模式、科研不端行为的处理等方面都具有先进的经验，我国的高校科研诚信建设应借鉴美国做法，通过多种途径加强高校的科研诚信建设，如通过多媒体联合的形式宣导科研诚信、建立独立的长期的具有监管职能的科研诚信管理机构、建立全国范围内的高校联盟机制、加强科学研究过程的监督和学术问责等。⑤

　　六是关于科研诚信问题改进措施的研究。大多数研究都会或多或少地提出一些措施建议，比较突出的有如下一些观点。有研究认为，从社会契约关系角度来看，科研诚信内部自我规范失灵⑥；而有的研究从自律建设的前提、重点和方式方面探讨有效的高校科研诚信建设自律策略⑦，认为更多注意力需

————————

　　① 刘军仪. 基于治理视角下的大学科研诚信建设研究——来自美国明尼苏达大学双城分校的经验［J］. 科技管理研究，2015，35（19）：80-83.

　　② 付淑琼. 美国大学教师科研诚信系统及其对我国的启示［J］. 高等教育研究，2015（1）：92-97.

　　③ 刘爱生. 美国高校学术不端的调查程序与处罚机制——以埃里克·玻尔曼案为例［J］. 外国教育研究，2016（11）：96-108.

　　④ 孙平. 英国加强科研诚信建设及其启示［J］. 科学中国人，2013（12）：28-30.

　　⑤ 陈文晶，曲长海. 中美高校科研诚信体系建设比较分析［J］. 黑龙江省政府管理干部学院学报，2014（4）：154-156.

　　⑥ 张萌. 从科学的社会契约关系角度谈科研诚信建设［J］. 产业与科技论坛，2015（11）：243-244.

　　⑦ 赵海萍. 高校科研诚信建设之自律策略分析报告——一项关于山西省高校科研诚信建设的实证研究［J］. 中国农业教育，2014（6）：83-86.

转向科研诚信建设的交流和教育，即科研诚信建设的自律策略领域[①]，应加强（学术共同体）学术自律[②]；还有研究认为，从利益相关者视角出发，科研诚信建设既不能单纯依靠科研共同体及其成员的自律，也不能单纯依靠公共机构的监督，而是应当将公众也纳入科研诚信建设的主体范围[③]。其他的观点如，应从学术道德培养、完善制度建设、加强执行与监督等方面加强对学术道德的规范和监督，推进学术诚信建设[④]；应结合高校实际情况，开发高校教师科研诚信管理系统，实现高校教师科研诚信管理的系统化、信息化及数字化[⑤]；通过建立健全科研诚信保障机制和诚信数据库，以形成完整的监督评价机制，让诚信在科研活动中扎根，保障科研活动健康可持续发展[⑥]；改革本科毕业论文管理体制，把本科毕业论文作为选修课程，不再列入毕业条件，科研诚信检测只作为辅助手段，以及促使导师全程监控与辅导，切实提高我国高等院校本科毕业论文质量[⑦]；科研诚信制度体系建设中，教育制度是基础，规范制度是前提，监督制度是关键，查处制度是手段，奖励制度是动力，当前急需完善科研评价制度、加强科研管理制度、优化资源配置制度，以构建完善的科研诚信制度体系。[⑧]

三、文献评析与总结

综上所述，已有研究针对科研诚信问题进行了广泛的探讨。这些研究涉及管理学、哲学、法学、政治学、社会学、心理学、教育学等多个学科视角；涉及科研诚信的概念内涵、责任标准、原因及影响因素、实践经验、教育培训、国际比较、问题与对策等多个主题；采取了辨析、调查、统计、案例等多种研究方法；研究也分别从国际、国家、机构、个体等多个分析层次展开。在这些研究的基础上，鉴于合作科研的不断加强、研究方法与工具的不断改

---

① 赵海萍.高校科研诚信之他律策略可行性分析——一项关于山西高校科研诚信建设的实证研究［J］.黑龙江高教研究，2015（4）：51-53.

② 朱珊珊，王建学.当前高校科研诚信建设的三个误区与化解［J］.人民论坛，2015（7）：42-43.

③ 解本远.构建合理的科研诚信观［J］.道德与文明，2014（2）：119-123.

④ 杜鹏，杨燕萍，关晓斌.高校人文社会科学科研工作者学术道德与诚信状况［J］.中国人民大学学报，2012（4）：144-153.

⑤ 高飞.基于三层架构的高校教师科研诚信管理系统研究［J］.软件导刊，2014（7）：86-87.

⑥ 倪楠.科研活动中诚信数据库的应用［J］.安徽科技，2016（6）：29-30.

⑦ 周晓艳，朱冰倩，郭建伟.如何提高本科毕业论文的质量——基于科研诚信检测手段的有效性及后果分析［J］.市场论坛，2014（7）：95-97.

⑧ 张欣欣.制度建设：科研诚信的有力保障［J］.中国高校科技，2014（9）：4-6.

进、研究及科研诚信问题的复杂性等原因，今后对于科研诚信问题的研究应以制定清晰的路线图、统一规范与治理措施、加强教育培训、促进透明与问责等为主要议题，进一步深入探究。正如科学欧洲（Science Europe）理事会于 2016 年底发表的一封公开信所言，保障科研诚信是一项共享的责任，应将科研诚信作为重中之重，加强原则与程序规定，并采取处理科研诚信问题的实际行动，加强培训，促进参与，强化问责。

第一，研究制定清晰的科研诚信建设路线图。关于科研诚信的相关概念、内涵、原则、标准等的理论探讨已有一定的基础，各国乃至全球下一步的重点首先就是研究制定清晰的路线图，明确如何为实际行动提供方向、程序、措施与步骤，增强解决和处理科研诚信问题的有效性。当然，这一路线图应包含若干具体的问题，例如，澳大利亚有专门研究报告就为亚太经合组织的科研诚信建设提供了路线图建议。该报告指出，亚太经合组织科研诚信建设路线图应由四个阶段组成：一是对科研诚信和科研伦理等问题进行明确定义，培育积极的科研文化环境和对科研诚信的共识，各成员经济体同样应在内部培育积极的科研诚信环境；二是形成跨领域研究中关于科研诚信一致认同的原则、清晰的过程和共同的程序，强化责任与问责；三是各成员经济体分享科研诚信教育项目并采取行动加强教育培训；四是制定正式的国际合作协议框架。这是非常值得借鉴的。

第二，建立国际、区域、国家层面的科研诚信统一规范。加强科研诚信治理，需要明确有关科研诚信在各个不同区域层次统一的原则、政策、标准、程序等问题，已有研究对此有诸多探讨。有些国家建立了国家层面的统一规范，如美国的《关于科研不端的美国联邦政策》和《负责任研究行为》，英国的《维护科研诚信协议》，澳大利亚的《澳大利亚负责任研究行为规范》等，区域性的统一规范如欧盟的《欧洲科研诚信行为守则》，全球性的实践指南或原则声明如经济合作与发展组织（OECD）出版的《国际合作研究项目中科研不端行为调查研究实用指南》，世界科研诚信大会发布的《科研诚信新加坡声明》和《关于跨界科研合作中科研诚信的蒙特利尔声明》等。但随着合作研究的日益增多，以及科研诚信问题的多层复杂性，需进一步研究探讨更加具体务实的全球性以及区域、国家和机构层面的统一规范。尚有许多区域或国家还没有形成统一的科研诚信规范，加之政治、经济、科技等各种环境的变化，以及法律对接问题的复杂性等因素的存在，不同层面统一的科研诚信规范研究亟待加强。

第三，加强科研诚信教育培训研究。已有研究对通过教育、培训来增强科研诚信的必要性、可行性、方法、措施等问题进行了探讨。研究表明，通过教育、培训来增强科研诚信具有一定的效果，应当大力加强。在方法上，相关研究与实践提倡或采取了入职或入学培训、网络学习、课程讲授、工作坊、讲座等诸多形式，也开发了专门的教材，如美国的《科研诚信：负责任的科研行为教程与案例》① 等。但教育培训具有专业性，科研诚信作为教育培训内容也具有特殊性，如何增强其实效，还需在教学理论、教育培训形式、教材开发、教学方法、案例分析、科教融合实训等方面深入研究。

第四，促进科研诚信透明与问责的相关制度与方法研究。科研诚信所倡导与强调的主旨就是负责任的研究，这不仅是一个伦理问题，也是一个管理问题。实践中，科研不端行为或者说不负责任的研究行为屡禁不止，而且花样翻新，防不胜防。如何有效解决这些问题，最大限度地达到科研诚信的理想状态，自律、他律、审查、监督等是经常使用的方式，也是这方面研究的主要议题。在此基础上，针对不尽如人意的效果，建立完善的科研诚信问责制度，促进参与与透明被提上了研讨与行动日程。如前所述，于 2017 年 5 月举行的第五届世界科研诚信大会围绕透明度和问责制相关的主题，制定了《促进透明度和问责制阿姆斯特丹议程》。我国教育部 2012 年出台的《关于切实加强和改进高等学校学风建设的实施意见》也明确提出应完善目标责任制、落实问责机制等要求。那么，应建立什么样的科研诚信问责制，如何建设这样的制度，无疑值得各国依据实际情况加强研究与实践，但目前对此的研究尚存欠缺。

总之，世界各国针对科研诚信问题展开了广泛的实践与研究，对于倡导和践行负责任的研究起到了良好的作用。已有的关于高校制度建设的相关丰富研究为本课题进一步系统探究制度建设模型奠定了良好的基础。可以说，科研诚信已从经验问题上升为学术问题，从学术界内部问题扩大为公众视野问题，从区域讨论问题扩展为国际论坛问题。但尚有许多问题亟待解决，今后需以制定清晰的路线图、统一规范与治理、加强教育培训、促进透明与问责、系统推进制度建设等主题为重点进一步深入研究。而本研究的重心在于，如何理解科研诚信问责制，及如何推进科研诚信问责制建设。

---

① ［美］Francis L. Macrina. 科研诚信：负责任的科研行为教程与案例［M］. 3 版 . 何鸣鸿，陈越，等，译 . 北京：高等教育出版社，2011.

第三节　高校科研诚信问责制度建设研究设计

一、研究思路

本研究遵循理论与实践相结合的研究思路，即首先从现实层面提出有关科研诚信方面亟待解决的具体问题，然后从理论层面将其上升为问责视角的学术研究问题，进而探讨与构建分析该问题的相关理论框架，接下来收集现实中有关高校科研诚信的相关数据进行初步描述与分析，然后回到理论层面进行解释与升华，最后总结研究结论，提出加强高校科研诚信问责制度建设的措施和建议，并就相关问题做出回应。

二、主要研究方法

为了达到研究目的，本研究拟主要采用如下四种研究方法。

第一，文献分析法。广泛收集国内外有关科研诚信问题研究的文献，进行深入分析，从中获得有关高校科研诚信问责方面具有规律性的观点和启示。

第二，制度分析法。制度分析主要关注制度是什么、制度如何产生、制度与行为的关系、制度变迁等问题。对我国高校科研诚信问责制度进行创新优化，需对相关制度的内涵、结构、产生、执行等问题进行深入探讨。本研究收集了国内外有关科研诚信方面的制度文本，对此进行分析。

第三，案例研究法。案例研究法是探索难以从所处情境中分离出来的现象时采用的研究方法。多案例研究是指在同一研究中包括两个或多个案例，以期能实现相互复现，包括原样复现（得出类似的结果）和理论复现（基于可以预测的原因得出不同的结果）。本研究结合案例对不同类型、不同程度的科研诚信问题的问责机制及科研诚信制度失灵等问题进行描述与分析，以期进一步深化对相关理论的认识。本研究选取的案例主要来源于公开报道的关于科研诚信问题的事例。

第四，调查研究法。对我国高校科研诚信问责制度方面的现状、存在的主要问题及其原因进行把握，需坚持定性分析与定量分析相结合，包括问卷调查、访谈、实地考察等具体方法，从中获得重要的调查数据。调查对象主要涉及高校管理者、研究者（含教师与研究生）及校外相关部门的管理者。

三、技术路线

结合研究思路、相关研究内容及研究方法，本研究的技术路线如图 1-1 所示。

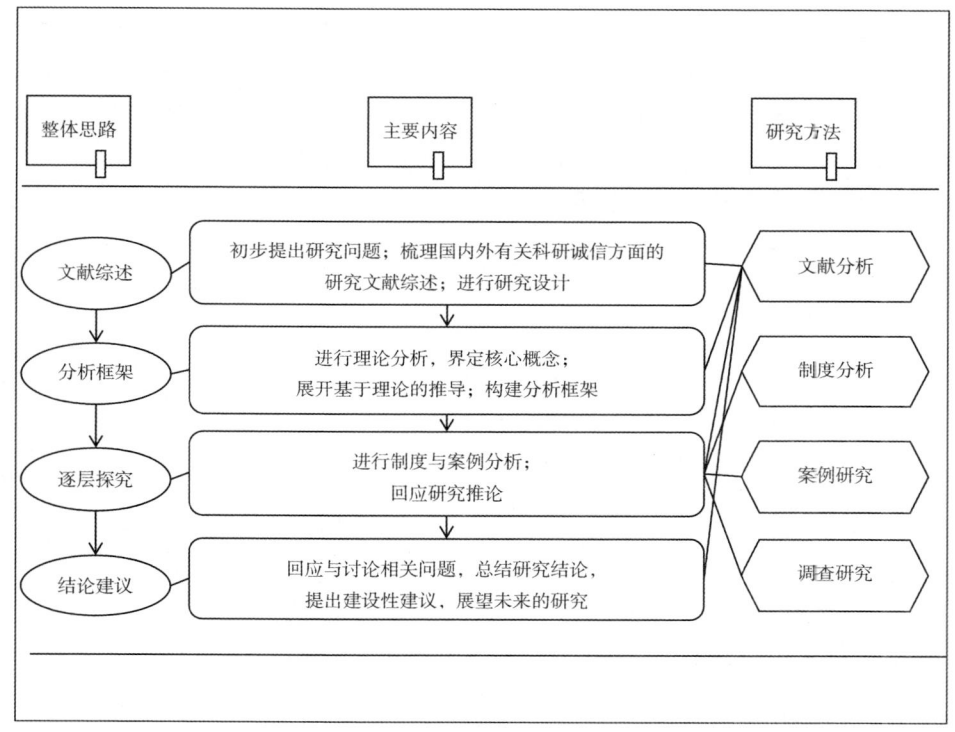

图 1-1 研究技术路线图

四、研究实施步骤

按照研究开展的先后顺序及研究内容与相关活动的安排，本研究的实施步骤如下。

第一步，收集国内外有关科研诚信研究的文献资料，进行文献述评与研究设计。

第二步，构建并完善理论探讨与分析框架。在已有研究的基础上，依据相关理论基础，构建分析高校科研诚信问责制度的分析框架，从理论层面深入探讨高校科研诚信问责的内涵、模式，及其制度体系、制度失灵与制度建设等重要问题；召开课题组会议，并与国内外同行进行必要的学术交流；发表相关研究成果。

第三步，结合政策文本、调查数据及相关案例，对我国高校科研诚信相关现状进行深入分析，剖析我国高校科研诚信问责制度的现状与存在的问题，探究科研诚信建设制度失灵的类型及制度创新的路径；召开课题组会议，并与国内外同行进行必要的学术交流；发表相关研究成果。

第四步，在定性分析与定量分析的基础上进行归纳总结，将理论探讨与实践分析结合起来，总结本研究形成的主要观点，探寻规律性发现，提出加强我国高校科研诚信问责制度能力建设的可行性措施；召开课题组会议，并与国内外同行进行必要的学术交流；发表相关研究成果。

第五步，综合整理，系统提升，出版专著。

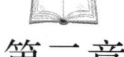

第二章

高校科研诚信问责制建设分析框架

理论基础是研究的前提，依据一定的理论基础，才能有理有据地提出对待研究问题的理论分析框架。本章首先界定与研究问题密切相关的核心概念"科研诚信"与"问责"，然后介绍理性选择理论、制度利益人理论、新公共治理理论及问责制理论等前提性理论，在此基础上提出本研究的科研诚信问责制度理论分析框架。

第一节　何为"科研诚信"与"问责"

依据研究问题来看，本研究的核心概念主要是"科研诚信"与"问责"，其他相关概念可以在此基础上进行延伸与演化。

一、科研诚信

对科研诚信的理解，有相类似的多种阐述。例如，科研诚信是指科研人员及其组织机构在申请、完成、评价和报告研究成果的活动中使用诚实和可检验的方法[1]；科研诚信是指科研人员、科研管理人员（包括组织者）在科研活动中实事求是，遵守科学研究的伦理规范以及科研活动的制度规范[2]；美国科研诚信办公室将科研诚信定义为一种负责任行为，指的是在申报、开展或评审科研项目过程中应用诚实、可验证的方法，提交的科研成果报告应遵守相关的规章、条例、准则和公认的职业规范或标准[3]。

① 刘军仪. 英美科研诚信建设的实践与探究 [M]. 北京：党建读物出版社，2015：2.

② 刘辉. 科研诚信问题研究 [D]. 吉林：吉林大学，2011.

③ Extramural Research [EB/OL]. https：//ori. hhs. gov/extramural-research.

美国科研诚信办公室的定义得到广泛认可，本研究同样认可该定义的主要内涵。科研诚信倡导的是一种负责任的研究行为，具有科研诚信是主动遵守负责任研究行为要求的道德原则和职业标准。[①] 数据的收集、管理、储存、共享和所有权，发表、署名、同行评议，师生关系中的行为规范与责任，合作研究中各方的义务与责任，受试者保护，环境与安全问题，以及财务责任等，都是涉及负责任研究行为的重要方面。[②]

二、问责[③]

"问责"一词对应的英文单词为"accountability"，从字面上理解，该词包含要求某人或某事能够被"说清楚"（accounted for）或"算清楚"（counted up）的"能力"（ability）或"可能性"（possibility），隐含着最基本的账薄式说明方式及账薄最低限度曝光原则（a principle of minimal exposure），如果进一步审视，其还包括透明度、惩罚、绩效、腐败、外部监督、公共利益、权力和委托代理关系（principal-agent relationship）等因素。惩罚性、回应性、强制性是问责的可行性要素。外在性、社会交互性、权威性是问责的外部关系要素。因此，问责是指行动者向其他利益相关者报告、解释、证明和回答有关行为举措、资源使用及其效果的情况，是一个证明行动者履行职责状况的过程，其目的是回应内外部需求并且改进工作。问责制也就是将这一关系、过程、手段、目的转变为制度化的规定。学界一般都把问责界定为追究责任，这无疑有一定道理，但还不止于此。本研究认为，不能仅仅将问责理解为责任追究，而应当将其看作一种综合治理方式，包含明责—知责—察责—追责等紧密相连的环节，形成完整的问责链。

第二节　相关理论基础

与本研究密切相关的理论基础主要包括理性选择理论、制度利益人观点、新公共治理理论、问责制理论等，其实质是研究的前提假设。

---

① 刘军仪.美英科研诚信建设的实践与探索［M］.北京：党建读物出版社，2016：24.

② ［美］Francis L. Macrina.科研诚信：负责任的科研行为教程与案例［M］.3 版.何鸣鸿，陈越，等，译.北京：高等教育出版社，2011：9-10.

③ 周湘林.从政府问责到社会问责：中国高校问责制的内涵、类型与变革［J］.高等教育研究，2010，31（1）：34-40.

一、理性选择理论[①]

理性选择理论是新制度主义的典型流派之一，是一个解释人类行为的精致的理想模型，理性选择理论因其假设明确、解释性强而著称于世。理性选择范式的基本理论假设就是：个人是自身最大利益的追求者；在特定情境中有不同的行为策略可供选择；人在理智上相信不同的选择会导致不同的结果；人在主观上对不同的选择结果有不同的偏好排列。"理性"就是解释个人有目的的行动与其所可能达到的结果之间的联系的工具理性，理性行动者趋向于采取最优策略，以最小代价取得最大收益。但是，任何理论都不是万能的，由于人与社会的复杂性，理性选择理论也显示出其局限性，因此不断得到新古典经济学家、新制度主义、社会学家、政治学家等的修正。例如，从"工具理性"拓展到"价值理性"，由"经济人"扩充到"社会人"；用"有限理性"替代"完全理性"，"满意准则"取代"最大化"假设；将制度与文化作为一种内在变量纳入对个体行动的分析；从行动者立场而非从外部立场来判断行为是否为理性选择，等等。同时，理性选择理论的运用应适当"条件化"，如行动者可做出的选择是有限的；诱因是清楚和实质性的；选择对个人非常重要；有前车之鉴。

二、制度利益人[②]

制度利益人亦是新制度主义的重要观点之一。在经济学、管理学等学科中，不乏对人性的假设，如"自然人""理性人""宗教人""经济人""社会人""文化人""复杂人""利益人""制度人"等。在一定的人性假设前提下，又会演化出一定的理论观点。如果将利益人假设与制度人假设进行整合，可形成新的更为具体的假设——制度利益人假设。基于这一假设，可以分析制度的利益驱动机制。利益人假设和制度人假设各有其利弊，二者在人的有限理性、多元利益需求、利益的多样性、利益权衡的情境性等方面具有共通性。但利益人假设并未突出制度这种重要的情境，而制度人假设则对制度背后的利益考虑不足。那么，辩证地来看，实质上可以将利益人假设与制度人假设进行整合，形成新的更为具体的假设——制度利益人假设。制度利益人假设

① 理性选择理论［EB/OL］. http://baike.baidu.com/item/理性选择理论/11035261.
② 周湘林. 制度利益人视角下高校教学质量问责机制分析［J］. 中国高教研究，2017（1）：54-59.

认为，首先，制度利益人考虑的利益是多元的，有多种表现形式，体现人的多重需求；其次，制度利益人在制度情境中进行利益权衡，这种利益权衡的结果不一定能实现利益最大化，因为多重利益之间是相互牵制的，获利存在机会成本，人往往根据现实条件和当下利益需求，以及直接和间接的利益影响，并兼顾长远考虑，采取相对具有可行性的行为；第三，制度的合法性、完整性和制度对利益的触动性是制度与行为互动并产生不同结果的重要因素。

三、新公共治理理论

新公共治理建立在制度和网络理论之上，以开放自然系统为特点，更加关注组织间及组织与环境的关系，更多地聚焦于外部关系的协调和平衡，在资源分配机制方面更加强调信任和关系契约，多元价值共存是其常态。①

在复杂网络协作治理模式下，不同的治理主体（如政府部门、私人部门、独立机构、公民个人等）围绕特定事务，坚持多元参与和分权的原则，以信任、价值协同、信息共享协调、沟通协商、知识共享等机制建设为保障，建立纵向深入、横向平等或纵横结合的扁平化网络结构②，各主体在相互依存的环境中分享公共权力③，保证主体间资源共享、良性互动和互补④，进而实现公共利益和共同治理目标。网络化治理中的多主体合作互信、追求公众利益和公共价值、广泛应用现代化治理工具等优势与特色适应了当代社会的发展需求，为科研诚信问题的多元协作治理及其机制构建提供了重要的理论支撑。

四、问责制理论⑤

问责实质上是在一定关系状态下的责任展现与综合治理过程，其目的是回应内外部需求并且寻求自身的改进和提高。问责制就是对这一关系、过程、手段、目的进行制度化的规定。从要素内涵来看，问责制的要素主要包括：第一，责任体系，即问责主体和问责对象各自的权责划分以及主体和对象相

① Osborne S P. 新公共治理？——公共治理理论和实践方面的新观点［M］. 包国宪，赵晓军，等，译，赵晓军，校. 北京：科学出版社，2016：viii.
② 李中政，诸大建. 网络治理视角下服务型政府建设初探［J］. 探索与争鸣，2008（12）：49-50.
③ 陈振明. 公共管理学——一种不同于传统行政学的研究途径［M］. 北京：中国人民大学出版社，2003：86.
④ 鄞益奋. 网络治理：公共管理的新框架［J］. 公共管理学报，2007（1）：89-96.
⑤ 周湘林. 从政府问责到社会问责：中国高校问责制的内涵、类型与变革［J］. 高等教育研究，2010，31（1）：34-40.

互之间的权责关系；第二，问责客体，是指"向谁问"；第三，问责主体，是指"由谁问"，又有同体问责主体和异体问责主体之分；第四，问责内容，也称问责范围或事由，是指"问什么"；第五，问责程序，是指"如何问"，包括问责启动、信息整理、认定与处理、救济等环节；第六，问责后果，是指"如何办"，包括责任的承担、改进等事项。问责制涉及政治、行政及社会的很多领域，按照不同的标准，问责可以划分为不同的类型。依据问责对象的不同，可以分为公司问责、行政问责、非政府组织问责、高校问责、高官问责、校长问责等；依据问责范围（或内容、事由），可以分为法律问责、职业问责、绩效问责、财务问责、技术问责、质量问责等；依据问责途径或手段，可以分为等级问责、政治问责等；依据问责方式，可以分为市场问责、分权问责、专业问责、管理问责等；依据问责主体与对象之间的关系，可以分为内部问责和外部问责、平行问责和垂直问责、同体问责和异体问责等；依据问责的时间维度，可以分为事前问责、即时问责、事后问责等；依据问责主体，可以分为政府问责、社会问责等。[①]

按照 Barbara S. Romzek 的观点，行政问责范式的构成有两个重要维度——控制途径（source of control）和控制程度（degree of control）。内外两种控制途径和高低两种控制程度构成了等级（hierarchical）、法律（legal）、职业（professional）和政治（political）四种典型的问责形式。等级问责属于控制程度高的内部控制途径，法律问责属于控制程度高的外部控制途径，职业问责属于控制程度低的内部控制途径，政治问责属于控制程度低的外部控制途径。在问责范式问题上，Romzek 将其划分为传统的"对责任的回答范式"和现代的"期望管理范式"两种类型。"对责任的回答范式"强调以外部问责控制行政，要么从外部维度将问责视为外部委托人对代理的组织或个人进行责任追究的过程，要么从内部维度将问责看作一种激励机制。在这两种情况下，行政管理者都处于被动者地位。"期望管理范式"则强调行政控制和管理外部问责，即公共部门和行政人员管理并实现来自组织内外部多种多样的期望。这样就将公共行政摆在主动位置去看问题，问责对公共行政不仅仅是制约，而且同时可以为公共行政所用，因而应以主动的姿态去认识、应对和管理行政问责。其实，责任回答与期望管理都是问责的当然要义，二者不能截然割裂，其实质上是一个"自律—他律"的连续体。①

世界银行专家组认为，世界范围的问责改革包含四个方面：马克斯·韦伯的科层制改革、市场化改革、独立问责机构和社会问责。其中，科层制问责的作用力源自自上而下的权力，市场化问责的作用力源自消费者的选择，独立机构问责的作用力源自自治的专业能力，社会问责的作用力则源自公民权利及其被赋予的权力。②

第三节 构建高校科研诚信问责制模型

上述理论基础在解释人类的社会行为等方面各有特点，综合起来可以为科研诚信问题治理提供系统的解释，即在一定的制度情境下，制度利益人会根据制度进行理性选择。但事实上，行动者并非完全遵守制度，也不是总在进行简单的成本—收益算计，而是会涉及许多文化的、环境的、观念的中间变量。人们往往倾向于以便捷的代价取得有效的收益，因为结果难以未卜先知，因此会增添许多非程序要求的交易性选择。特别是这样的异化选择之后，如果获得了收益，而且在法律审视、道德批判、人际关系、后续行为等方面毫不受影响，就会助长这种异化的行为选择，而且这种行为选择会不断得到传播。因此问责作为解决选择异化问题的重要措施，决不能仅仅限于事后的责任追究，而应当贯穿治理的全过程，形成明责—知责—察责—追责的问责链，共同目标是促进负责任行为的出现。为了使这一治理过程有效运行，必须加强相关问责制度建设，并采取具体可行的问责机制。

从已有研究来看，对于高校制度建设相关方面的已有研究采取了广泛的视角和多重维度，如法治、价值、管理、治理、文化、实践、系统等具体视角，规范—人本、内涵—外延、外部—内部等多重维度，提出了许多可取的意见和建议。这些研究的主题也可以概括为理念、结构、内容、运行和工具五大方面，理念方面如制度建设中的意识、个性、精神、价值、理念、文化、认识、目标、人本、思想、人性、人道、原则等相关观点，结构方面如制度体系、框架、结构、系统等相关观点，内容方面如制度涉

---

① 周湘林. 从政府问责到社会问责：中国高校问责制的内涵、类型与变革 [J]. 高等教育研究，2010，31（1）：34-40.

② The World Bank. Social Accountability in the Public Sector：A Conceptual Discussion and Learning Module [M]. Washington D. C.：The World Bank，2005：9-12.

及的主体、权责、关系、利益、行为等相关观点，运行方面如制度运行中的程序、制定、解释、执行、清理、落实、流程、实施、设立、审核、汇总、调节、检查、评价、监督、评估等方面的相关观点，工具方面如支持制度运行所用的技术、信息平台等方面的相关观点。这为本研究的分析框架构建奠定了良好的基础。

从理论上来看，新制度主义将研究视角从静态制度转向动态制度，强调制度与行为的互动。新制度主义认为，制度文本的条文是一回事，人们预期社会实际会发生的事态则是另一回事，而后者往往才是影响人们行动决策的条件。[①] 制度是规范参与者行为的规则，如果制度达不到调整参与者行为的目的，就会出现制度失灵。[②] 近年来，新制度理论还从过分强调国家、政府等强制性压力以及理性力量转向开始关注制度下微观个体的非理性特征，探究新制度理论的微观基础以及制度中人的情感等前沿领域。[③]

结合已有研究基础及新制度主义理论、新公共治理理论的最新观点，本研究认为开展制度建设应坚持系统—整体观，从建设什么制度、如何建设制度等方面着手，关注结构、行动等多重层面，从而建立健全相关制度体系。应当制定什么样的制度？制度之间形成什么体系？制度规定什么？制度如何运转生效？制度运行如何更加便捷高效？这是系统—整体观视角下制度建设必须考虑的基本问题，即制度建设涉及的理念、结构、内容、运行和工具等基本问题。基于问责视角对科研诚信问题进行综合治理就应当从明责—知责—察责—追责的问责链视角去理解。这四个方面在问责全过程中都发挥重要作用，如汽车的四个轮子，如果四驱启动，形成联动模式，则力量倍增。而系统完备、科学规范、运行有效则是良好制度体系的主要标准，可以作为加强制度建设的基本维度。基于此种隐喻，结合上述分析，可以构建"四轮驱动"式整合性全过程科研诚信问责制，如图2-1所示。

在该模型中，明责—知责—察责—追责是有机结合的问责链，是科研诚信问责制的基础逻辑。在明责阶段，应加强制度设计，规范制度为容，做到科研诚信问责制度系统完备、科学规范。在知责阶段，应就科研诚信问责制对各科研主体加强宣传教育与培训，使科研诚信观念深入人心，使科研主体

① 吴获枫. 制度引进有时为什么会失灵 [N]. 深圳特区报，2016-12-27.

② 李振宇，黄少安. 制度失灵与技术创新——农民焚烧秸秆的经济学分析 [J]. 中国农村观察，2002 (5): 13.

③ 李超平，徐世勇. 管理与组织研究常用的 60 个理论 [M]. 北京：北京大学出版社，2019：264.

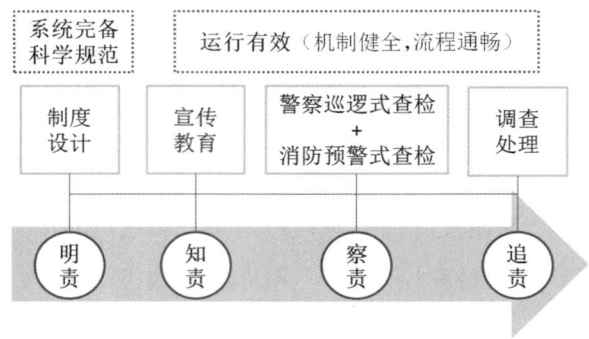

图 2-1　"四轮驱动"式整合性全过程科研诚信问责制

形成良好的习惯，加强科研道德自律。在察责阶段，应采取多种机制加强查检，促进过程性治理，防微杜渐。在追责阶段，对业已存在的科研失信行为认真调查，严肃处理。知责、察责、追责阶段的机制与举措共同保证制度执行效果，达到运行有效的目的。

综上所述，未来促进科研诚信问题治理的重中之重是加强透明度和问责制，这已是世界共识。那么，该建设什么样的科研诚信问责制？如何打造问责"利剑"？本研究在此基于上述"四轮驱动"模型框架进行分析，认为应从问责理念、制度体系、制度内容、工具载体、运行流程等方面采取有力举措，以便促进我国高校科研诚信问责制度建设，提升科研诚信问题治理能力和治理效果。也就是说，为了建设与运行好上述"四轮驱动"式整合性全过程科研诚信问责制，提高科研诚信问题治理效能，我国高校应在理念、结构、内容、工具和运行五大方面加强突破。其中，理念起导向作用，涉及制度建设的方向、价值、目的和原则等问题；结构发挥整体功能，涉及制度的系统与层次等问题；内容是行动的具体依据，涉及制度文本所呈现内容的科学性、规范性等问题；工具辅助增效，涉及制度运行的载体和支持系统等问题；运行产生动力，涉及制定实施的机制与流程等问题。这也正体现了新制度主义宏观与微观相结合、制度与行为互动、结构重要性与行动者能动性同在等核心要义。

本研究依据这一研究思路和分析框架，旨在实现如下几个方面的突破。一是对问责的理解要从狭义的责任追究转变到广义的综合治理层面；二是在中国当前语境下，使得各层面的科研诚信问责制度形成体系；三是采取具体可行的科研诚信问责形式，厘清与强化不同问责机制的控制点和作用力；四是考察结构与能动性，分清科研诚信问责制度失灵的不同类型，以便采取有针对性的措施；五是探究采用什么样的制度扩散机制，以更有效地促进制度能力建设。

第三章

科研诚信问责的内涵、形式、模式及其融合

理解问责的内涵与具体形式是建设问责制的前提和基础。明确科研诚信问责的内涵、形式、模式及其融合的趋势与理念，能为科研诚信问责制建设提供基础和依据。

第一节　科研诚信问责的内涵

问责（accountability）的本质内涵是对责任及履责状况的阐明、曝光，包含责任的明确、履责情况的考察及对失责行为的责任追究等多个层面。对问责的理解不能仅仅限于责任追究层面，而应当将其看作一种综合治理方式，形成明责—知责—察责—追责的完整问责链。问责链基本逻辑是：首先规定相关主体的责任要求，然后通过教育、培训、宣传等方式让责任主体广为知晓责任所在，接下来在事项运行过程中，运用各种机制进行监督考察，实时跟踪履责情况，如果发现有失责现象，采取相应措施及时调查处理。这就有似如多层漏斗的过滤作用，明责、知责使相关主体明确责任，进行自我激励，要求自我恪守责任，主要起到防患于未然的作用。察责是对履责情况的实时考察，鞭策大多数人尽到责任，同时发现未尽责任的情况。最后出现失责行为的人只是少数，此时须采取有力措施予以审查处理，即追责，以儆效尤、以绝后患。

科研诚信指的是在申报、开展或评审科研项目过程中应用诚实、可验证的方法，提交的科研成果报告应遵守相关的规章、条例、准则和公认的职业规范或标准。① 科研诚信包含科研不端行为、科研中的利益冲突、科研对象的保护、科研方法与态度、道德标准、研究计划、研究资源的使用、科研中的交流与合作、图像与数据处理、同行评议、署名与成果发表等诸多方面。科研诚信倡导的是负责任的研究行为,具有科研诚信是主动遵守负责任研究行为要求的道德原则和职业标准。② 数据的收集、管理、储存、共享和所有权,发表、署名、同行评议,师生关系中的行为规范与责任,合作研究中各方的义务与责任,受试者保护,环境与安全问题,以及财务责任等,都是涉及负责任研究行为的重要方面。③ 那么,对于与研究相关的主体,是否尽到相应责任就应当有一个责任考察及当科研诚信缺失时的责任追究过程。问责可以作为解决科研诚信问题的治理方式。

那么,基于问责视角对科研诚信问题进行综合治理就应当形成明责—知责—察责—追责的完整问责链。科研诚信问责的对象主要是相关研究的人员与机构;问责主体则包括政府、机构、社会等广泛的利益相关者;问责内容主要涉及上述各个方面,看其是否符合相关责任要求;在问责程序中,首先通过科研诚信各种相关政策、法规、规范、办法等明确负责任研究行为的基准及相关人员与机构的责任,然后制定相应机制对科研行为进行责任考察,一旦发现科研诚信缺失现象,即出现不负责任研究行为,应启动责任追究模式进行审查处理,最后依据问责结果做出相应处理。

第二节 科研诚信问责的主要形式

具体的问责形式是有效实施问责的重要途径,依据不同的标准,可以划分为不同的问责类型。本研究依据科研诚信问题中涉及的不同问责主体及其发挥的不同作用,来讨论科研诚信问责形式问题。

一、问责形式

科研诚信问责是一种关于科研诚信问题的综合治理方式,是一个非常复

---

① Extramural Research [EB/OL]. https://ori.hhs.gov/extramural-research.
② 刘军仪. 美英科研诚信建设的实践与探索 [M]. 北京:党建读物出版社,2016:24.
③ [美] Francis L. Macrina. 科研诚信:负责任的科研行为教程与案例 [M]. 3 版. 何鸣鸿,陈越,等,译. 北京:高等教育出版社,2011:9-10.

杂的过程与系统，上述单一类型的问责形式并不能解决所有问题。借鉴上述分类基础，本研究依据科研诚信问题的预防、查检及失责追究等环节中涉及的不同问责主体及其发挥的不同作用来划分科研诚信问责形式。据此具体可以将科研诚信问责形式分为自我问责、团体问责、组织问责、行业问责、社会问责、市场问责、法律问责等相对独立又紧密相关的形式。

科研诚信自我问责是指科研人员及相应科研机构自身通过相关制度了解、明确其在科研诚信方面应达到的具体标准，增强责任意识与观念，鞭策与指导自己做出负责任的科研行为。该种问责形式的作用主要源自人的价值观、责任心等对行为的引导。科研诚信团体问责是指科研人员所在的科研团队或机构，在科研成果公开之前，先在内部对这些成果进行审查，考察是否存在相关科研诚信问题，以防患于未然。该种问责形式的作用源自团队同行的专业能力与责任。科研诚信组织问责是指科研人员所在的单位及相应的政府管理部门，运用组织权力对科研人员及相应机构进行科研诚信方面的问责。该种问责形式的作用源自自上而下的科层权力。科研诚信行业问责是指科研专业协会或机构，对行业内科研人员及相应机构的科研诚信状况进行问责，可以设置科研诚信行业标准、职业指南等，对业内科研人员及相应机构在科研诚信方面的符合性进行审查。该种问责形式的作用源自行业内同行专家的专业能力。科研诚信社会问责是指社会公众对科研人员及相应机构的科研诚信状况进行问责，通过公民参与，以帮助政府、组织等主体更好地发挥科研诚信责作用。该种问责形式的作用源自公民权利及被赋予的权力。科研诚信市场问责主要是指在科研成果的应用与消费市场，消费者基于科研诚信状况而对科研成果进行选择取舍，从而形成压力而产生问责作用。该种问责形式的作用源自消费者的选择权。科研诚信法律问责是指当出现较严重的科研诚信缺失行为时，司法机关对其进行的违法审查。该种问责形式的作用源自法律规范的强制力。

上述类型的科研诚信问责形式相对独立存在，但又不是孤立的，他们共同作用，形成相互衔接的全过程问责。明责、知责阶段主要使用自我问责、组织问责、行业问责等形式。察责阶段主要使用团体问责、组织问责、行业问责、社会问责等形式。追责阶段则主要使用组织问责、行业问责、社会问责、市场问责、法律问责等形式。

二、各种问责形式既相对独立又发挥合力

自我问责、团体问责、组织问责、行业问责、社会问责、市场问责及法

律问责等不同的科研诚信问责形式各有利弊，仅靠单一的问责形式难以解决科研诚信方面存在的问题。从传统到现代，对科学研究问题的认识应发生转变，上述不同问责形式需要协同运转，形成合力，才能最大程度地处理好科研诚信问题。

　　传统上，我们在看待科学研究的问题上持有一种完美的理念，认为科学家是理性的，运用的是理性思维，科学家和科学界凭借强烈的责任心与自律完全能解决科研中的问题，科研诚信方面并不值得重视。人们认为，科学研究有完整的自我验证体系，严密的逻辑推理、尊重客观的科学精神、同行评议以及重复实验等自律机制能将不良的科研避之门外，而出现某些问题只是个别人心态失常的结果。然而，古今中外一桩桩舞弊、伪造等科研诚信缺失的事实，使我们看到理想与现实大相径庭。因此，我们有理由对理想的理念提出质疑，应当认识到，科学研究只不过是平常的社会活动之一，而且与其他社会活动有着广泛的联系，科研活动中并不只有纯洁的、客观的成分；科学家依赖的既有理性思维，也有非理性思维，科学家获得新知识既靠逻辑性和客观性等理性因素，也靠巧辩、宣传、个人成见等非理性因素。[1] 科学家们由于过于相信自己看问题客观，往往更容易陷入自我欺骗和轻易受骗的泥淖而不能自拔。[2] 传统上，科学意识形态有一整套设想和准则，包含科学的认知结构、科研成果的可检验性和同行评议三个方面。科学的认知结构是指可观察的事实—猜想或假说—实验检验—体现事实的定律—解释定律的理论这一科学发现与验证的体系。科研成果的可检验性是指科学研究是探讨和验证彼此研究的一种公共活动，即学者们生产可验证知识的活动，可检验性是科学知识与其他知识的不同之处。同行评议则是指研究成果发表、研究经费申请等事项中由同行做出的学术评审。这种科学意识形态要求科学家们严格遵守规则，但它本身并没有被实践证明总是行之有效，这不能不说是一个悖论。加之哲学家、社会学家、历史学家等从各自的专业出发突出科研的逻辑性、规范性、进步性、理性，但却忽视作为常人的科学家的感情、欲望和弱点，使得这一科学意识形态无疑带有片面性和理想化色彩。现代科研已是一种学术职业，已然不完全是"怀着闲逸的好奇心"进行探究的活动，科学研究已完成了从一种爱好变成一种职业的发展过程。科研中的晋升压力、赏罚不公

　　[1]　威廉·布罗德，尼古拉斯·韦德. 背叛真理的人们：科学殿堂中的弄虚作假 [M]. 朱进宁，方玉珍，译. 上海：上海科技教育出版社，2004：iii-iv.
　　[2]　威廉·布罗德，尼古拉斯·韦德. 背叛真理的人们：科学殿堂中的弄虚作假 [M]. 朱进宁，方玉珍，译. 上海：上海科技教育出版社，2004：89.

的制度都对真实或表面的科研成就起到推动作用。① 即使是纯粹的师生关系也发生了变化，师生关系已然由智力关系转变为物化关系。传统的师生之间的关系建立在智力上的互相关心、取长补短、教学相长上，良好的师生关系建立在兴趣一致及对真理的共同信仰的基础上，而现在，师生关系在某种程度上是由于设备、研究经费等物质需要而联结在一起的物质化的关系，智力结合有时并不总是牢固，科学界中交易、占有等常常被滥用，甚至会演变出一种权力操作模式，诸如用人唯贤的制度实质上建立在这一权力结构上，其中的掌权人有很大的影响力去控制报酬和荣誉。老师们通常很容易就占有成果，但当问题出现时，他们只会受到象征性的惩罚，真正受责备的常常是犯错的下手、学生。② 这些都容易导致科研诚信问题的出现。

逻辑思维在科研过程中极为重要，但创造力、个人欲望等非理性因素也有突出作用。逻辑实证论者把科学视为逻辑结构而非一种过程，科学论文就像八股文，其通过乌托邦式的方式来描述科学，是严重反历史的。书面的科学论文简直可以说是一种虚构物，旨在维护科学逻辑性的谎言。科学起着类似神话和宗教般的激励作用。库恩的范式理论则不同于逻辑实证论者的观点，其认为科学是一系列处于激烈的思想革命之间的平静期，而不是一种知识稳步积累的过程，非理性因素在这场斗争中起着主要作用，而逻辑和实验是不充分的。科学范式变革是科学上的一种革命，是取代，而不是在旧基础上的积累。哲学家费耶阿本德同样认为科学中的成功取决于合理的论证，以及巧辩、诡辩、宣传的结合，非理性因素不仅存在，而且占据着统治地位，如果过于强调科学的逻辑性，无异于严重的科学沙文主义。科学中的虚怀若谷、客观性往往不灵验，固执己见、抗拒新思想、排斥青年在科学界是通例，伟大的、著名的科学巨匠概莫能外。总之，现实中的科学运作方式，以及知识发现、发展及创新的过程不是一个完全理性的客观的逻辑过程，其中逻辑性、客观性极其重要，但直觉、想象、固执、巧辩、宣传、权威、说服手段等非理性因素同样起着重要作用。科学过程既是理性的，又是非理性的；既是逻辑的，又是非逻辑的；既是客观的，又是主观的；既是思想开放的，又是刻

---

① 威廉·布罗德，尼古拉斯·韦德. 背叛真理的人们：科学殿堂中的弄虚作假 [M]. 朱进宁，方玉珍，译. 上海：上海科技教育出版社，2004：5-9.
② 威廉·布罗德，尼古拉斯·韦德. 背叛真理的人们：科学殿堂中的弄虚作假 [M]. 朱进宁，方玉珍，译. 上海：上海科技教育出版社，2004：119-134.

板教条的；既是革新的，又是守旧的；既追求真理，又投机钻营。① 科研诚信缺失问题正是伴随着非理性因素而来的，倡导与遵从科研诚信与其说是坚守传统科学意识形态的信念，不如说是对科研过程中非理性因素的规范。加之，为了某些政治目的，政治意识形态常常向科学求助，苏联 20 世纪 30 年代兴起的李森科主义及其权力维护机制即是明证。在科学发展过程中，科学家及科研机构有时对保护其最核心的原则免受政治的侵犯之类的问题显得无能为力。科学方法抵御非科学意识形态侵犯的能力是很有限的。如果科学组织表面正常但内部存在许多虚假教义，那这正是李森科主义所反映出的可怕特点。如果国家受伪科学或伪装成科学的教条影响，但科学家们却不能或不敢揭穿其真相，这就是更大的威胁。②

因此，我们应当看到，在科学研究中，一切好的和不好的都是一种正常的存在，科学研究的实际进行方式与书本上所描述的严密体系根本不同，这是我们看待和分析问题的前提。当然，这并不意味着不好的可以任意存在与蔓延，而是需要构建自律机制之外的其他机制来进行综合治理。在当今的科研职业化时代，科学研究逐渐与名望、利益等交织在一起，重复实验、同行评议等传统纠错机制越来越难以发挥有效作用。科研诚信问题治理已由传统科学意识形态自律转向公共政策约束，由传统科学界的内部自律转向行政、法律及意识形态控制相结合的综合治理。③

对此，历史上的欺骗、野心家的崛起就是一种明证。在我们的印象中，似乎名气小的学者才会出现科研诚信缺失问题，而那些伟大的科学家无论在哪方面都是我们应当崇敬与学习的榜样。殊不知，有很多事实却令人大跌眼镜。托勒密的大部分天文"观察"结果是从一位希腊天文学家的著作中抄袭而来的，但这些使托勒密成为"古代最伟大的天文学家"。同行们很难重复得出与伽利略相同的实验结果，伽利略因此被怀疑是否真正做过这些实验。牛顿曾在其著作中使用站不住脚的虚假因素做论据以使其工作显得更有预见性。现在的化学家没有一人能重复得出道尔顿完美的化学实验结果。诺贝尔奖获得者美国物理学家密立根大量篡改自己的工作，以使实验结果更令人信服。在大量的类似事实面前，我们不得不感慨，并非所有

① 威廉·布罗德，尼古拉斯·韦德.背叛真理的人们：科学殿堂中的弄虚作假 [M].朱进宁，方玉珍，译.上海：上海科技教育出版社，2004：105-118.

② 威廉·布罗德，尼古拉斯·韦德.背叛真理的人们：科学殿堂中的弄虚作假 [M].朱进宁，方玉珍，译.上海：上海科技教育出版社，2004：153-163.

③ 中国科学院.科学与诚信：发人深省的科研不端行为案例 [M].北京：科学出版社，2013：2.

伟大的科学家都那么诚实，他们的研究结果也并非像当时报道的那样完美。科学发现的优先权、原创性在科学中至关重要，正是赢得荣誉、博取同行尊敬等名望追求使科学家拥有充足的动力，甚至不惜发表经蓄意修饰的"真理"。① 职业野心引诱加上威慑手段缺乏，导致科研诚信缺失问题时常出现，而且大有愈演愈烈之势。

自我问责、团体问责、行业问责等科学的自我管制机制并非屡试不爽。德国社会学家韦伯认为科学是一项神圣的使命，每个科学家对真理的献身精神、科学家天生的诚实能使科学保持纯洁无瑕。如果出现科研诚信缺失问题，不应责备整个科学机构，而应责备出问题的个人，就像挑出"坏苹果"丢掉一样。法国社会学家涂尔干则认为是整个科学群体，而不是个人，才得以保持科学的纯洁性。美国科学社会学家默顿与涂尔干一样，认为科学的诚实其实受到制度方面的制约，而不由科学家个人品德决定。但默顿确信和坚守的制度是科学的自我管制机制，即同行评议、论文审查制、重复实验等，认为这能确保科学史上不存在舞弊问题。因此，人们认为整个社会不必干预科学界的事务。然而，现实却远未得到如此保证，有利可图、被抓获的难易度、科学家个人品德这些主要因素影响着科研诚信缺失的程度，野心、傲慢、疏忽、争抢新理论的优先权、不相互得罪等情感因素往往阻碍了这些机制发挥作用，人们看不见的情感往往支配着人们看得见的事件的发展，只靠科学的自我管制机制来防止舞弊时常失灵。科研诚信缺失的根源在科学的本身，科学的激励系统及职业结构是促使问题出现的重要因素，科研自我管制的松散性使问题日益严重。相比之下，一些外部的管制力量居然能查出大量低水平科研、严重的错误以及蓄意的欺骗等问题。②

科学界的精英制度与特权也时常对科学家起保护作用，精英们免受检查，某些人和事因"光环效应"或"马太效应"而被认为理所当然没有问题。正式的科学安全机制往往严重失灵，关键之处就是特殊的保护使得信息阻隔、信息不对称，以至问题"深藏不露"。而起作用的有时却是依赖熟知情况的"内部人"的举报和揭发，但这也屈指可数。如此看来，同行评议、学术审查、重复实验，以及这三种机制包含的普遍性原则，都不是科研的最终把关者。科研的最终把关者似乎是历史，时间是最好的"洗涤

① 威廉·布罗德，尼古拉斯·韦德. 背叛真理的人们：科学殿堂中的弄虚作假［M］. 朱进宁，方玉珍，译. 上海：上海科技教育出版社，2004：10-11.
② 威廉·布罗德，尼古拉斯·韦德. 背叛真理的人们：科学殿堂中的弄虚作假［M］. 朱进宁，方玉珍，译. 上海：上海科技教育出版社，2004：45-70.

剂",终将涤荡谬误与伪科学。① 随着时间的推移,一切都在经受考验,后来的人们可以毫无顾忌地去审查、批判。但时间涤荡的也主要是那些为数不多的显著而重大的研究,至于那些无足轻重、名不见经传的大多数问题可能都被湮灭了。而且时间也是一个毫无确定性的因素,有时需要很多年甚至上千年才能见效。那么,又有什么机制能使这个"破局"之时来得更早一些,乃至在当时就能尽快见效呢?

综合来看,科学研究中的目标具有双重性,即认识世界和争取自身工作的认同。多数情况下,这两个目标是一致的,但有时又互相抵触。科学中的等级制纵容了野心,使追求真理与追求名誉这两大目标相互脱节,有利于沽名钓誉而不是踏踏实实追求真理。科研工作同样充满宗派和帮会色彩,研究人员常常把自己归入某些相互重叠的团队中,这和其他职业有共同点,只是科学家以及科学意识形态都不承认是这样而已。② 科研群体既是追求真理的同行的组合,同时又是一个竞赛场,竞争的压力往往导致科研诚信缺失。科研群体还是一个由精英组成的名流体系,他们掌握着各种资源和话语权,这一体系也有利于追求个人名誉而不利于追求真理。科学是非常讲究实效的事业,是实用的和经验的,是试错的复杂过程。重复实验、客观性等科学的方法论往往被抛得很远。科学是一个社会过程,也是一个历史过程,同时又是一种文化形式。科学中有强大的理性因素,但它并非科学思维的唯一重要因素,创造力、想象力、直觉、固执、野心、嫉妒、欺骗等非理性因素都起着重要的作用。科学是人类智力活动之一,而不是与其他智力活动相区别的异类活动。制约科学的既有科学意识形态赋予科学家的所有美德,也有野心、骄傲、贪婪等一般的人类情感。科研诚信缺失是科学中的一种职业通病。"真理是时间的女儿,不是权威的女儿"(培根语),对科研诚信缺失问题的预防比查处更重要,应采取措施杜绝科研诚信缺失的诱因。政府等机构应出台相应的治理制度,同时应发挥好市场供求规律的作用。③ 由此,组织问责、社会问责、市场问责及法律问责等科研诚信问责形式理应发挥作用,派上用武之地。

① 威廉·布罗德,尼古拉斯·韦德. 背叛真理的人们:科学殿堂中的弄虚作假 [M]. 朱进宁,方玉珍,译. 上海:上海科技教育出版社,2004:76-87.

② 威廉·布罗德,尼古拉斯·韦德. 背叛真理的人们:科学殿堂中的弄虚作假 [M]. 朱进宁,方玉珍,译. 上海:上海科技教育出版社,2004:152.

③ 威廉·布罗德,尼古拉斯·韦德. 背叛真理的人们:科学殿堂中的弄虚作假 [M]. 朱进宁,方玉珍,译. 上海:上海科技教育出版社,2004:181-191.

第三节　科研诚信问责的主要模式及其发展

科研诚信所倡导与强调的主旨就是负责任的研究，这不仅是一个伦理问题，也是一个管理问题。实践中，科研不端行为或者说不负责任的研究行为屡禁不止，而且花样翻新，防不胜防。如何有效解决这些问题，最大限度地达到科研诚信的理想状态，自律、他律、审查、监督等是经常涉及的方式，也是这方面研究的主要议题。在此基础上，针对不尽如人意的效果，建立完善的科研诚信问责制度，促进参与度与透明度被提上了研讨与行动日程。加强对科研诚信的问责，已成为各国政府及社会共同的心声与努力的方向。加强问责是国内外关于科研诚信问题研究的议题之一，是世界科研诚信大会的新主题，如，2017年5月在荷兰阿姆斯特丹举行的第五届世界科研诚信大会就是围绕透明度和问责制相互关联的主题展开的，会议还制定了《促进透明度和问责制阿姆斯特丹议程》。① 加强问责也是在实践中解决科研诚信问题的急需之策，国家自然科学基金委员会前主任杨卫院士曾一针见血地指出：治乱须用重典，（科研）诚信建设要有"牙齿"。② 这个"牙齿"主要就是指问责。

世界各国都非常重视科研诚信问题，并采取措施加强治理。传统上，人们相信科学家的自律、同行评议、重复实验等科学界内部的纠错机制与相应措施能保证科研成果的客观性和真实性。但随着科研事业复杂性的增强，及层出不穷的科研不端行为，许多国家都已认识到，必须强调由传统科学意识形态自律转变为公共政策约束，由传统科学界的内部自律转变成科学意识形态、行政、法律等控制手段相结合的综合治理体系③，才能全面应对科研诚信问题。这就显示出，科研诚信问责已超越了自我问责、内部问责、外部问责形式，而呈现出整合性全过程问责的特点，这也正体现出科研诚信问责的综合治理的内涵。就世界银行专家组提出的问责改革方式而言，实质上，科层制问责、独立机构问责、市场化问责和社会问责正在走向融合，整合性全过程问责才能起到更好的治理效果。

① Conference Theme，Program Structure，and Envisioned Output of the 5th World Conference on Research Integrity［EB/OL］. http：//www. wcri2017. org/program/conference-theme.
② 柏木钉. 学术诚信建设要有"牙齿"［N］. 人民日报，2016-11-21.
③ 中国科学院. 科学与诚信：发人深省的科研不端行为案例［M］. 北京：科学出版社，2013：2.

一、科研诚信问题治理的问责模式

世界银行专家组认为，从问责主体这一视角来看，问责制的改革方向主要有四种，即科层制问责、市场化问责、独立机构问责和社会问责。其中，科层制问责的作用力源自自上而下的权力，市场化问责的作用力源自消费者的选择，独立机构问责的作用力源自自治的专业能力，社会问责的作用力则源自公民权利及其被赋予的权力。① 有研究认为，主要国家的科研诚信制度体系大致可分为四种情形：一是美、日等国建立的完善的科研诚信体系；二是英、加等国由资助机构牵头建设科研诚信；三是北欧国家等建立的独立外部机构处理科研诚信问题；四是尚没有出台专门的科研诚信政策。② 从问责主体视角综观世界范围的科研诚信监督管理状况，可以说，上述四种类型的问责制都在一定程度上相应存在。

第一，科研诚信科层制问责。许多国家都由政府部门出台相应的科研诚信政策法规，并且政府相关部门具有最终的问责处理权，从这一层面来说，这就带有一定程度的科层制问责性质。例如，美国的科研诚信办公室和国家科学基金会总监察长办公室是进行审查和监督的政府部门的监管机构，发挥一定的科层制问责作用。③ 又如，中国教育部于 2016 年出台《高校预防与处理学术不端行为办法》，明确由教育部、国务院有关部门和省级教育行政部门负责制定高等学校学风建设的宏观政策，指导和监督高等学校进行学术不端行为的处理，而高等学校则制定规则与程序，对本校学术不端行为进行预防与处理。

第二，科研诚信市场化问责。市场化问责可能离日常意义上的科研诚信问题的直接处理稍远一点，但在科研成果的转化、应用过程中，消费者可以发挥一定的作用。

第三，独立机构对科研诚信的问责。独立机构是除了政府部门和教学、研究机构之外的其他机构，能发挥专业优势，集中力量处理科研诚信问题，能一定程度地避免行政主导，以及克服研究机构自查可能带来的问题。例如，

① The World Bank. Social Accountability in the Public Sector: A Conceptual Discussion and Learning Module [M]. Washington D. C.: The World Bank, 2005: 9-12.

② 程如烟，文玲艺. 主要国家加强科研诚信建设的做法及对我国的启示 [J]. 世界科技研究与发展，2013 (1)：153-156.

③ 中国科学院. 科学与诚信：发人深省的科研不端行为案例 [M]. 北京：科学出版社，2013：10.

丹麦的科研不端委员会、挪威的国家研究伦理委员会、芬兰的国家研究伦理顾问委员会等，这些独立机构集中对全部学科科研不端行为进行调查和监管，当然也有某种形式的向下授权。

第四，科研诚信社会问责。社会问责是一种强调公民广泛参与的问责类型，世界各国在科研诚信问题的处理中，普遍设立举报制度，这就是一种社会问责形式。当然，这种形式的社会问责主要还是核心利益相关者在发挥作用，还需要更好地组织与调动其他公民及相应机构参与其中。

实质上，任何一个国家的科研诚信问责制度体系都不是孤立存在的，而是各取所长，相互协同，共同致力于促进科研诚信。政府部门、科研资助机构、高等学校和科研机构、出版机构、学术团体等都在科研诚信问责中发挥着各自的作用，对科研诚信的问责需要各利益相关者相互协同的整合性问责。美国构建的较为完善的层级监管体系体现出科研诚信整合性问责的特点，其顶层协调机构是白宫科技政策办公室，政府部门的监管机构是美国科研诚信办公室和美国国家科学基金会总监察长办公室，具体执行机构是大学、科研机构及相关专业共同体，这三者相结合，共同进行对科研诚信问题的综合治理。① 世界范围内，也在通过举办世界性科研诚信会议等方式，寻求学术与政府联合、国家与国家协作的问责行动方式，积极应对科研不端行为国际化。此外，从问责时间维度来看，问责类型可分为事前问责、即时问责和事后问责三大类型。例如，就科研诚信问责而言，事前问责就是指科研行为未发生之前的"预防性"告知与规范，即时问责就是在科研行为进行过程中的伴随式审查，旨在及时发现问题，促进改进与提高，而事后问责则是在科研不端行为等问题出现后，进行调查处理，重在惩罚并纠错。从已有研究与实践来看，这三类问责类型也是相应存在的。如，教育、培训、文件规范等就属于事前问责，论文查重、同行评议等就是即时问责，举报调查则是典型的事后问责。为了更好地促进科研诚信，就必须建立全过程的科研诚信问责机制。

可见，整合性全过程问责模式是科研诚信问题治理的世界趋势。这种模式强调的基本逻辑是：科研诚信的各相关责任主体职责明确，协同合作；加强整合基于问责主体视角的各种科研诚信问责模式，发挥综合作用；强调基于时间维度的各种科研诚信问责类型形成链条，全过程贯通。

---

① 中国科学院．科学与诚信：发人深省的科研不端行为案例［M］．北京：科学出版社，2013：10.

二、澳大利亚麦考瑞大学科研诚信问题治理模式分析

作为澳大利亚著名大学之一，麦考瑞大学非常重视科研诚信与科研不端行为管理。从具体实践来看，麦考瑞大学对于科研诚信问题的治理模式较好地体现了整合性全过程问责模式的特点。

第一，综合协调的管理结构。

对于科研诚信问题的治理，在麦考瑞大学，在学校层面由一名科研副校长牵头负责，然后由科研办公室（相当于科研处）和高等学位研究办公室（相当于研究生院）分头管理。科研办公室负责教师的科研诚信培训、调查等事项，在科研副校长的决策下由人力资源办公室负责相关处罚事宜。高等学位研究办公室负责学生的科研诚信培训、调查、处罚等事项，学术委员会在个别环节参与相关事项的处理。科研办公室和高等学位研究办公室共同设立科研伦理和诚信办公室，负责科研诚信专门事项的管理。由全校各学部科研副部长和研究生副部长组成科研诚信咨询顾问团队。各学部还具体负责部分科研诚信教育、培训、检查等工作。具体管理结构如图3-1所示。

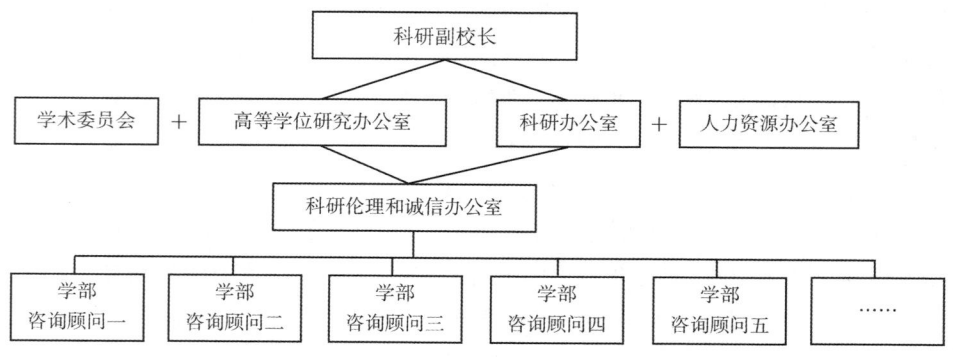

图 3-1　麦考瑞大学科研诚信管理结构

大学与研究人员责任明确。其中，麦考瑞大学的责任主要包括：促进负责任的行为研究，建立良好的治理和管理实践，为所有研究人员提供引导、培训和继续教育，加强对参与研究的每个人的有效指导和监督，确保安全的研究环境。研究人员的责任主要包括：保持高标准的负责任的研究，确保负责任地报告研究结果，尊重研究参与者并遵守人类研究伦理的所有要求，尊重用于研究的动物并遵守动物研究伦理学的所有要求，尊重环境，举报研究不端行为。

通过明确责任，加强管理，麦考瑞大学旨在为研究人员提供资源和指导，来促进和支持负责任的研究实践，以便将科研诚信融入研究者的实践中，使科研诚信成为麦考瑞大学研究质量的要素，并且使科研诚信成为麦考瑞大学毕业生的关键特质。同时，建设和保持鲜明的研究文化，诚实守信，尊重人类研究参与者、动物和环境，尊重用于研究的资源，适当确认研究贡献者，负责任地沟通研究成果。

第二，宏观与微观相结合的制度体系。

为了有效进行科研诚信与科研不端行为管理，麦考瑞大学从宏观到微观建立了相对完善的制度体系。

宏观层面的制度主要有《澳大利亚负责任研究行为规范》（2007）、《澳大利亚动物保护和使用科学用品业务守则》（2013）、《国家关于涉及人类的研究中的道德行为声明》（2014）、《基因技术法》（2000）、《基医技术条例》（2001）等。

微观层面的制度主要有《麦考瑞大学负责任研究行为守则》（2015），麦考瑞大学学术诚信系列政策（含《麦考瑞大学伦理声明》、《麦考瑞大学企业协议》、学生纪律系列规则、学生纪律程序、评估政策、员工行为准则等），麦考瑞大学知识产权系列政策（含知识产权程序、知识产权商业化准则、研究间接（开销）成本政策、利益冲突政策、负责任研究行为准则、员工行为准则、学生行为准则、员工投诉管理程序、学生和公民投诉管理程序等），麦考瑞大学高等学位研究监督系列政策（含高等学位研究监督程序、研究战略计划中列出的研究活动指标、员工行为准则等），麦考瑞大学高等学位研究生版权信息，麦考瑞大学导师/候选人冲突管理，麦考瑞大学作者署名模板，研究生手册中的相关规定，等等。

此外，麦考瑞大学还提供相关科研诚信国际性规则与声明等制度，如《科研诚信新加坡声明》（2010）、《关于跨界科研合作中科研诚信的蒙特利尔声明》（2013）、《调查国际合作研究项目中的不当行为指控：实用指南》（2009），等等。

第三，"事前"的教育与培训。

除了加强管理与制度建设，麦考瑞大学还非常重视科研诚信教育与培训工作，主要措施有开展培训，召开信息会议（包括导师及高等学位研究生在线培训），提供与美国科研诚信办公室的在线资源对接及其他有用的在线资源链接等。

一是培训与信息会议。培训与信息会议由科研伦理与诚信办公室及各学部举办，有意参加培训者可以联系科研伦理与诚信办公室进行专门操作。就在线培训而言，导师及高等学位研究生在线培训主要是指高校研究人员技能项目学习，是一组综合性的培训课程资源。高校研究人员技能课程可供导师及高等学位研究生使用，其中包含一个关于研究诚信的模块，有意参加在线培训者可以联系高等学位研究办公室进行操作。

二是网络资源对接。美国科研诚信办公室提供基于研究者的实验室与研究诊所，可以进行科研诚信互动式在线培训，同时提供有关科研诚信的案例研究集，以及科研诚信实际案例的摘要。这些资源可通过麦考瑞大学科研诚信网站直接运用。

第四，"事中"和"事后"的科研违规与科研不端行为处理。

麦考瑞大学明确指出，违反麦考瑞大学相关科研诚信规则是指无意中没有遵守麦考瑞大学对研究者研究行为相关政策的原则或具体规定，违规行为在数据解释方面不包括诚实的差异。科研不端行为是指不遵守麦考瑞大学相关规则、《澳大利亚负责任研究行为规范》或大学治理研究者研究行为相关政策的具体规定。科研不端行为包括有意、深思熟虑、鲁莽或持续的过失，和/或严重偏离研究和学术界提出、进行或报告研究的公认标准，并可能会造成严重后果。值得注意的是，科研不端行为不包括解释或判断数据的错误或差异，这些并非不诚实、鲁莽或持续的疏忽。当然，重复或持续违反麦考瑞大学相关规则可能构成研究不端行为，实践中也确实出现过这些现象。

麦考瑞大学采取了一系列措施来处理科研违规与科研不端行为。首先是举报校内师生的违规与科研不端行为，学校鼓励对可能构成违规与科研不端行为的工作人员或学生进行举报。在举报之前，举报人需要先咨询科研诚信顾问，然后形成书面报告（包括电子邮件或硬拷贝等），尽量提供有用的证据，一并提交给科研伦理与诚信负责人。基于自然正义的原则，麦考瑞大学通常不会对匿名指控采取行动，如果投诉人可能希望不被其他人识别，学校会对举报人身份严格保密。其次是指控损害公共利益的不法行为。对于腐败行为、行政失当、公共部门严重浪费、没有按照政府信息法的规定行使职能等不法行为，应按照公共利益披露政策和程序进行举报。再次是举报校外人员的违规与科研不端行为。学校支持对构成违规与科研不端行为的校外人员进行举报，举报材料会被送往被举报人员所在的相应机构，如果这一指控与出版物有关，那么该报告可以发给该出版物的编辑。如果需要建议或协助来确定向谁报告指控，可以联系科研伦理与诚信负责人。最后是防范和应对报复和恶意指控。麦考瑞大学不会容忍对准确而诚实地举报可能的违规或研究不当行为的工作人员的任何报复行为。在评估和处理可能违规或研究不端行为的报告时，大学将考虑被举报人采取报复行动的可能性，并尽量避免其发生。如果担心报复行为有可能发生，应该向科研伦理与诚信负责人提出并进行咨询。对于准确、诚实地举报可能的违规或研究不当行为的个人采取有害行动的工作人员，可根据相关大学政策和行业制度进行纪律处分。另外，对于任何违规或研究不端行为的琐屑、无聊、恶毒、恶意指控都不会被容忍，必须接受调查。提出这种指控的人可能受到纪律处分，在严重的情况下，或该人来自麦考瑞大学校外，该事项可能会被转交给警方。①

上述大致流程如图 3-2 和图 3-3 所示。

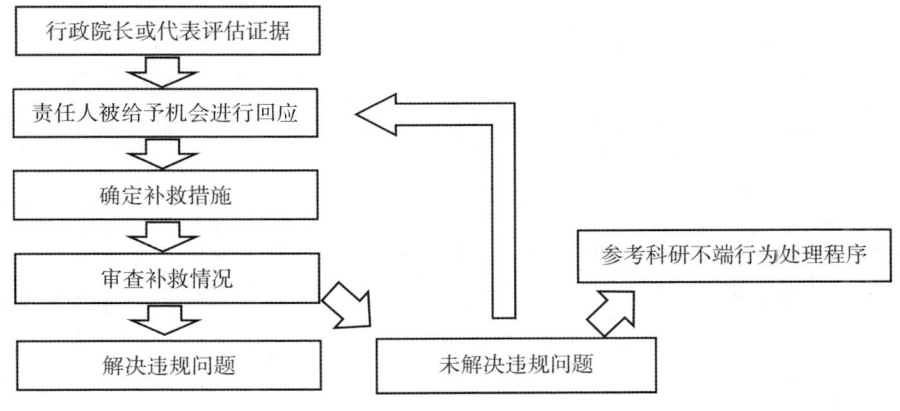

图 3-2　违规行为处理程序

第五，嵌入性事例②。

合作指导和联合培养博士项目在研究型大学越来越普遍，成为国际研究合作的重要组成部分。作为研究型大学，麦考瑞大学有着澳大利亚最大的合作指导和联合培养博士项目，合作指导和联合培养博士已成为麦考瑞大学高等学位研究领域非常重要的部分。合作指导和联合培养博士来自不同的国家

---

①　Reporting a breach or research misconduct ［EB/OL］. （2020-02-25）［2020-04-19］. https：//www. mq. edu. au/research/ethics-integrity-and-policies/research-integrity/reporting-a-breach-or-research- misconduct.

②　Ren Yi. Research integrity management framework for Joint PhD and Cotutelle candidates at Macquarie University ［C］//Steneck N, Anderson M, Kleinert S, et al. Integrity in the Global Research ArenaWorld Scientific Publishing，2015：223-229.

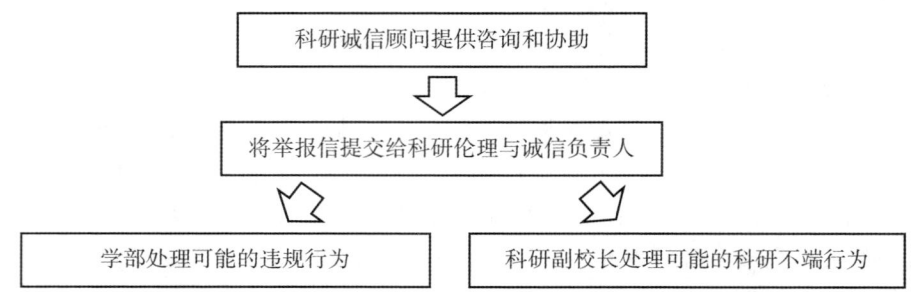

图 3-3　科研不端行为处理程序

和地区，而不同的国家和地区有着不同的科研诚信规则、规范、政策、协议等，很多合作的大学甚至在这方面没有很好的管理制度和实践，标准难于统一，责任难以划分，加之国际上缺乏处理科研不端行为的共同程序规范，这就使得对合作指导和联合培养博士的科研诚信管理工作非常复杂。例如，对于合作指导和联合培养博士的署名、数据管理、利益冲突和研究诚信培训等都是经常出现的棘手问题。

随着合作指导和联合培养博士项目规模的扩大，麦考瑞大学加强了管理，初步建立起合作指导和联合培养博士科研诚信管理制度框架，主要包括《澳大利亚负责任研究行为规范》，麦考瑞大学科研诚信系列政策，合作指导和联合培养博士项目合同协议中的科研诚信条款，科研诚信培训规划，合作指导和联合培养博士管理工作坊，《科研诚信新加坡声明》与《关于跨界科研合作中科研诚信的蒙特利尔声明》，国际经济合作与发展组织关于科研不端行为调查的指南，等等。

根据上述制度规定，麦考瑞大学采取措施与机制来规范合作指导和联合培养博士的研究行为和处理科研不端行为。第一，签订合法协议。每位合作指导和联合培养博士都在多个机构注册，与这些参与培养的机构签订法律协议，近年来，科研诚信条款在所有个人协议中都已标准化。第二，科研诚信培训。麦考瑞大学在多个层面采取多种方式对合作指导和联合培养博士生进行科研诚信培训教育。例如，在学校的开学教育和导引中嵌入科研诚信培训。每年学校有 2 个开学教育项目和 10 个导引项目，学期初，每位合作指导和联合培养博士必须参加一次开学教育项目和一个导引项目。也有学部通过实验来进行科研诚信培训，主要是科学学部等涉及实验操作的学部采取这种方式。许多材料中也包含科研诚信规则，如研究生手册、科研训练网站、个人协议等。还有科研诚信培训针对合作机构的管理者和行政人员，如开展合作指导和联合培养博士国际研究管理工作坊等。第三，采用国际性规则。如《科研诚信新加坡声明》主要涉及合作指导和联合培养博士、合作机构管理者和行政人员的科研诚信培训，OECD 的政策则主要用于科研不端行为调查处理。

针对合作指导和联合培养博士项目，麦考瑞大学还在以下方面持续加强努力：理解与研究合作国家与机构的所有政策；加强科研诚信意识并与合作机构开展科研诚信培训；开发新的科研诚信培训计划；在高等学位研究办公室设专职人员，为合作指导和联合培养博士在麦考瑞大学和海外合作机构开展科研诚信培训；制定类似于《科研诚信新加坡声明》和《关于跨界科研合作中科研诚信的蒙特利尔声明》的获得国际认同的科研诚信原则，等等。

综上可见，麦考瑞大学正是按照整合性全过程问责的特点来加强科研诚信建设。学校科研诚信相关制度体系完整，各相关责任主体职责明确，协同合作。科层制问责、独立机构问责、社会问责等问责模式在该校科研诚信问题治理中得到一定程度的整合，发挥了综合作用。教育、培训、举报、审查等事前问责、事中问责、事后问责类型贯通全过程，形成链条，有利于建立科研诚信问题治理长效机制。

第四节　高校科研诚信问责需秉持"问责链"理念

本研究表明，科研诚信问题是非常复杂的世界性问题，对科学、问责等方面的认知应发生转变。现实中的科学运作方式，以及知识发现、发展及创新的过程不是一个完全理性的客观的逻辑过程，其中逻辑性、客观性极其重要，但直觉、想象、固执、巧辩、宣传、权威、说服手段等非理性因素同样起着重要作用。科学过程既是理性的，又是非理性的；既是逻辑的，又是非逻辑的；既是客观的，又是主观的；既是思想开放的，又是刻板教条的；既是革新的，又是守旧的；既追求真理，又投机钻营。科研诚信缺失问题正是伴随着非理性因素而来的，倡导与遵从科研诚信与其说是坚守传统科学意识形态的信念，不如说是对科研过程中非理性因素的规范。在理念上，对问责的理解不能仅限于责任追究层面，而应当将其看作一种综合治理方式，形成明责、知责、察责、追责的完整问责链，并构建自我问责、团体问责、组织问责、行业问责、社会问责、市场问责、法律问责等相对独立又紧密连接的形式，这些不同问责形式需要协同运转，形成合力，才能最大程度地处理好科研诚信问题。

科研诚信问责已超越了自我问责、内部问责、外部问责形式，而呈现出整合性全过程问责特点，这也正体现出科研诚信问责的综合治理内涵。科研诚信整合性全过程问责模式包含了本研究提出的各种问责形式，如政府主导、责任规范、立德自律、专业把关、社会参与、法律规制，形成连贯的问责链。就世界银行专家组提出的问责改革方式而言，实质上，科层制问责、独立机构问责、市场化问责和社会问责正在走向融合，整合性全过程问责才能起到更好的治理效果。美国构建的较为完善的层级监管体系体现出科研诚信整合性问责的特点，澳大利亚麦考瑞大学对于科研诚信问题的治理模式也较好地体现了整合性全过程问责模式的特点。加强整合性全过程问责是科研诚信问题治理的应为也是可为之举。

第四章

科研诚信问责制度体系与内容

科研诚信问责制是将科研诚信问责中涉及的关系、过程、手段、目的进行制度化的规定。问责内涵、问责形式通过问责制度得以体现并落实。完整的科研诚信问责制度体系应体现在系统完备、科学规范、运行有效三大方面，即要做到科研诚信问责制度类型丰富、内容全面、机制健全。

第一节　科研诚信问责制度体系

本研究从国家与高校两个层面对科研诚信问责制度体系进行考察分析。研究主要采用文献归纳分析方法，即依据有关科研诚信制度方面的已有研究文献，对世界主要国家科研诚信相关制度进行分析归纳，得出相应的类型分析结果或主要观点。

一、国家层面科研诚信问责制度体系分析

有关科研诚信问责的各类制度形成一定的结构就构成了相应的体系。就国家层面而言，按照问责组织实施的不同状况，可以将各国科研诚信问责制度体系分成四类，即政府主导型、资助机构与学术团体主导型、国家层面独立机构主导型和法律兼治型。

第一，政府主导型科研诚信问责制度体系。

政府主导型科研诚信问责制度体系的形成主要是由政府牵头制定相关政策法规，与科研相关的各机构制定具体实施办法，各层面的制度形成协调运行的整体。例如，美国构建了较为完善的科研诚信整合性全过程问责体系，其中白宫科技政策办公室是顶层协调机构，美国科研诚信办公室和美国国家科学基

会总监察长办公室是政府部门的监管机构，大学、科研机构及相关专业共同体等是具体执行机构。与此相对应，上述各层面的机构都制定了相关制度，形成政府主导型科研诚信问责制度体系，在科研诚信问责中起着重要的作用。

美国联邦政府出台防治科研不端和加强科研诚信的政策法规。联邦政府出台国家层面的联邦政策和备忘录，即《关于科研不端行为的联邦政策》（2000）和《科学诚信总统备忘录》（2009），以此为基础，美国相关科技管理部门和资助机构出台了细化的科研诚信政策和科研不端管理规定。① 美国联邦政府还出台总体性的以及关于实验人体保护、实验动物保护、利益冲突、数据管理等多方面的相关政策法规。《关于科研不端行为的联邦政策》主要针对科研不端行为的定义、相关责任与权力、问责程序、方法等进行了明确，标志着美国在治理科研不端行为方面的规范化和统一化。② 《科学诚信总统备忘录》细化了在保证科研诚信方面对政府部门和相关机构的要求。美国联邦部门为了实施《关于科研不端行为的联邦政策》，通过修改、替换或新出台法规和管理办法等方式形成关于处理科研不端行为的措施，如美国国家科学基金会的《科研不端行为管理规定》（2002）、美国农业部的《农业部针对外部研究不端行为的规定》（2010）等。按照《科学诚信总统备忘录》的要求，美国所有联邦部门也都出台了科研诚信政策条文，如美国海洋大气管理局关于开展科研诚信的政策方针规定了关于科研诚信的原则、政策，科学行为守则，科学监管伦理守则，科研不端及其裁决等内容。③

美国科研机构、大学、学术团体、出版团体建立相应的加强科研诚信与防治科研不端行为的制度，共同促进科研诚信问责制度体系的建立和完善。研究机构制定相关的政策和处理程序，对科研不端行为进行调查、研究和裁决，加强对本单位研究人员的培训。如美国国家实验室的国家实验室制度，在科研诚信方面就实验室、科研诚信官、举报人、被举报人、裁决官等各方的作用、责任和义务，处理程序，处理措施等做出规定；美国卫生医学研究机构制定规章制度，明确了科研不端行为质询、调查等处理程序，对举报人、被举报人的保密措施，科研记录与证据的处理，被举报人救济渠道，因未查出科研不端行为对被举报人进行保护或恢复名誉的程序等。

---

① 主要国家科研诚信制度与管理比较研究课题组.国外科研诚信制度与管理［M］.北京：科学技术文献出版社，2014：5.

② 中国科学院.科学与诚信：发人深省的科研不端行为案例［M］.北京：科学出版社，2013：10.

③ 主要国家科研诚信制度与管理比较研究课题组.国外科研诚信制度与管理［M］.北京：科学技术文献出版社，2014：22-30.

大学重在通过教育、培训进行事前预防，学术诚信是美国高校人才培养的重要内容之一，各大学对此都十分重视，一般都制定学术诚信条例，对学生、教职员工、管理人员的职责进行规定并提出详细实施细则。如麻省理工学院《教师和职员指南》第十章"学术不端和不诚实"，规定了对教师研究与治学领域不端行为和学生学术不诚实行为的处理程序；乔治·华盛顿大学出台《学术诚信条例》，对规范学校教师、学生的学术诚信行为起到了重要作用。

美国各种各样的学术团体将科研诚信与科研伦理、道德相结合，在促进科研诚信方面发挥了重要作用。如美国科学促进会发布《科学与负责任的科学家》《学术团体在促进科研诚信中的作用和行动》等报告，对学术团体的作用、道德规范、教育、合作与指导、研究与评估等提出建议，以此增强科技界的科研诚信；美国微生物学会制定《道德规范》，对学会会员的道德标准、行为准则、道德评议过程做出规定；美国物理学会发布《职业行为指南》，强调科学道德和科研诚信的重要性；美国国家科学院发布《负责任的科学》报告，相关机构出版了《科研道德：倡导负责行为》《怎样当一名科学家——科学研究中的负责任行为》等书籍，倡导"负责任的科学"，阐明相关培训和教育、政策和程序以及工具和支撑系统，指导科研人员恪守科研诚信，从学术指导、数据处理、错误或疏忽、科研不端行为、针对违反职业标准的处理、研究中涉及人体和动物的问题、研究中的实验室安全、研究成果的共享、著作权和名誉权的分配、知识产权等方面说明如何开展负责任的科学研究。

科学出版团体是研究成果的最重要载体，在科研诚信中的作用也非常重要。如美国科学编辑理事会发布《促进科学期刊出版诚信白皮书》，就出版诚信相关各参与者的责任、发现和处理科研不端行为程序等提供指南；美国工业与应用数学学会发布《关于科学出版中作者诚信的指南》，就不端行为种类、处理程序做出规定，以此规范科学出版中的科研诚信问题；出版商 Wiley 发布《出版道德规范最佳实践指南：出版商的观点》，就透明度、促进研究诚信、编辑标准与程序、研究观点及表达形式的所有权、流程图、道德规范政策模板等做出规定，描述了对于学术出版主要道德规范的原则立场。①

第二，资助机构与学术团体主导型科研诚信问责制度体系。

资助机构与学术团体主导型科研诚信问责制度体系是指主要由资助机构

---

① 主要国家科研诚信制度与管理比较研究课题组. 国外科研诚信制度与管理［M］. 北京：科学技术文献出版社，2014：32-60.

与学术团体主导发布相关科研诚信制度，而政府部门则没有相关重要政策或不占主导地位，从而形成相应的科研诚信问责制度体系。德国、英国、加拿大、澳大利亚等国家的科研诚信治理主要体现出这种制度体系。德国的德意志研究联合会、职业自律国家委员会、马克斯·普朗克学会等学术团体主导颁布了许多重要制度。如德国科学职业自律国际委员会提出《关于保障良好科学实践的建议》，就相应规则、程序、组织架构、人员培养、数据保存、作者资格、基金使用等方面做出规定，已成为德国科研体系的核心部分；马克斯·普朗克学会也依据该建议制定了具体简洁的规范①，《良好学术实践规则》明确了保持科研诚信的一般性规则，《可疑学术不端行为案件处理规定》提出了解决学术不端可疑案件的程序规定；莱布尼茨学会也发布《关于保障良好学术规范的建议》，推广良好的学术规范，提出对学术不端行为的处理办法②。英国政府科学办公室公布《科学家通用伦理准则》，强调严谨、诚实和诚信，主要在科研团体、科研机构和大学中做出有关良好科研行为和科研不端行为举报的规定或要求③；英国医学研究理事会发布《关于科研不端行为指控调查的政策和程序》《关于捍卫良好科学行为》等文件，就科研不端行为的调查程序、良好科学行为的关键因素等方面做出规定；英国研究理事会（英国七个研究理事会组成的战略合作组织）颁布《关于良好研究行为管理的政策规范》，规定了良好科研行为规范、良好科研行为管理指南、科研不端行为报告和调查指南；英国科研诚信办公室（由英国大学联盟建立）发布了《科研不端行为调查程序》等。④ 加拿大三大学术理事会（三大科研拨款机构，即卫生研究院、自然科学与工程研究理事会、人文与社会科学研究理事会）联合发布的《关于研究与学术诚信的政策声明》，是该国维护科研诚信、处理科研不端行为的纲领性文件⑤，三大理事会还发布了《加拿大三大理事会政策框架：负责任的研究行为》，使其在科研诚信方面的政策范围更广，更加透明和严格，执行措施也更协调，可以促进科研人员了解和尊重所有的相关法律规定

① 中国科学院. 科学与诚信：发人深省的科研不端行为案例［M］. 北京：科学出版社，2013：12-13..

② 主要国家科研诚信制度与管理比较研究课题组. 国外科研诚信制度与管理［M］. 北京：科学技术文献出版社，2014：105-107.

③ 主要国家科研诚信制度与管理比较研究课题组. 国外科研诚信制度与管理［M］. 北京：科学技术文献出版社，2014：117.

④ 中国科学院. 科学与诚信：发人深省的科研不端行为案例［M］. 北京：科学出版社，2013：13-14.

⑤ 中国科学院. 科学与诚信：发人深省的科研不端行为案例［M］. 北京：科学出版社，2013：14.

和政策。① 澳大利亚研究理事会、国家健康和医学研究理事会和校长委员会共同发布《澳大利亚负责任研究行为规范》，就各方责任、数据管理、结果发表、科研不端行为定义和处理程序等做出规定，是该国加强科研诚信建设的指导性文件。② 澳大利亚创新、工业、科学与研究部组织成立澳大利亚科研诚信委员会，对相关机构的程序进行审查，起到补充作用。这样，澳大利亚形成从政府到大学和研究机构的较为完善的科研诚信治理制度体系。③

第三，国家层面独立机构主导型科研诚信问责制度体系。

国家层面独立机构主导型科研诚信问责制度体系是指在国家层面成立统一的科研诚信建设最高负责机构，颁布相应制度，全权、专门负责维护科研诚信与处理科研不端行为事务。北欧国家是此类型的主要代表。丹麦调查和处理科研不端行为的最高国家机构是科研不端委员会，由丹麦科学技术与创新部管辖。该机构依法（《研究咨询系统法》）制定《科研不端（管理）委员会执行准则》，明确科研不端行为的定义、指控调查的一般程序、处罚措施等，还出版了《科研诚信良好实践指南》，来促进良好科研氛围的形成。④ 芬兰成立国家研究伦理顾问委员会，制定《良好科研规范及科研不端和欺诈行为的处理程序》，界定科研欺诈和科研不端行为的定义、规定违规行为的处理程序⑤，还制定了《人文社会科学和行为科学研究伦理准则和伦理评估建议》，阐明人文社会科学和行为科学研究伦理准则，也完善了自然科学评估体系⑥。挪威教育和研究部成立专门的官方管理机构国家研究伦理委员会（下属国家科学技术研究伦理委员会、国家人文与社会科学研究伦理委员会和国家医疗卫生研究伦理委员会三个专业领域的委员会），系独立的外部机构，负责制定全国统一的相关政策准则。挪威颁布《研究伦理与诚信法》，并依法成立科研

① 主要国家科研诚信制度与管理比较研究课题组. 国外科研诚信制度与管理［M］. 北京：科学技术文献出版社，2014：74.

② 中国科学院. 科学与诚信：发人深省的科研不端行为案例［M］. 北京：科学出版社，2013：15.

③ 主要国家科研诚信制度与管理比较研究课题组. 国外科研诚信制度与管理［M］. 北京：科学技术文献出版社，2014：212.

④ 中国科学院. 科学与诚信：发人深省的科研不端行为案例［M］. 北京：科学出版社，2013：11.

⑤ 中国科学院. 科学与诚信：发人深省的科研不端行为案例［M］. 北京：科学出版社，2013：14.

⑥ 主要国家科研诚信制度与管理比较研究课题组. 国外科研诚信制度与管理［M］. 北京：科学技术文献出版社，2014：159.

不端行为国家调查委员会，该委员会享有对研究活动进行调查和裁定的权力。① 其中，国家科学技术研究伦理委员会制定《科学技术研究伦理准则》，国家人文与社会科学研究伦理委员会制定《人文与社会科学研究伦理准则》《互联网研究的研究伦理准则》《关于不确定或未知来源材料的研究的声明》等制度，促进科研诚信建设。②

第四，法律兼治型问责制度体系。

与国家政策、相关机构的规范性文件同样重要的是，相关法律在不同国家科研诚信问题治理中也发挥着重要作用。如，德国《刑法》对伪造数据、科研欺诈、伪造篡改数据造成伤害等行为做出界定，规定如研究者在项目申请中使用虚假的陈述，或者由于作者的马虎导致错误数据的使用，为获取基金资助而使用已完成的项目又未加以说明的情况均构成欺诈；德国《版权法》和《民法典》规定了对剽窃他人研究成果或创意的认定和处理办法；德国《高校法》阐明了作者的署名原则，对严重学术不端行为者将取消学位、学术头衔等③；德国《公务员法》规定对于严重学术不端行为者可处以罚款、减薪、降职、开除公职、减少或取消退休金等处罚；德国《劳动法》规定有严重学术不端行为者将被记入人事档案、受到警告或解雇。④

美国的《信息自由法》《减少文牍法》《虚假请求法》等也涉及科研诚信方面的相关规定。⑤ 1981年，美国众议院科技委员会调查和监督分会在戈尔（A. Gore）众议员的主持下召开了美国历史上第一次有关科研不端行为的听证会，开始了政府介入和推动科研不端行为的治理体系建设的进程，美国逐渐形成了由顶层的联邦政策、各部门科研不端行为政策及基层科研机构的处理规范相结合的三层行政规制体系，同时相关法律也在科研不端问题的处理过程中逐渐发挥越来越大的作用。如，美国用于处理联邦基金申请中的科研不端行为的法律有《虚假请求法》（FCA）和联邦法典中的相应条款（18U. S. C. §1001），其中《虚假请求法》适用于民事诉讼，18U. S. C. §1001条款则适用

① 中国科学院. 科学与诚信：发人深省的科研不端行为案例［M］. 北京：科学出版社，2013：14.

② 主要国家科研诚信制度与管理比较研究课题组. 国外科研诚信制度与管理［M］. 北京：科学技术文献出版社，2014：144-149.

③ 中国科学院. 科学与诚信：发人深省的科研不端行为案例［M］. 北京：科学出版社，2013：12.

④ 主要国家科研诚信制度与管理比较研究课题组. 国外科研诚信制度与管理［M］. 北京：科学技术文献出版社，2014：91.

⑤ 主要国家科研诚信制度与管理比较研究课题组. 国外科研诚信制度与管理［M］. 北京：科学技术文献出版社，2014：31.

于刑事诉讼。《虚假请求法》允许公民代表美国政府以个人名义对欺诈联邦政府的行为提起诉讼并可与政府分享追缴回来的款项，以鼓励公民维护政府利益。政府和社会形成共识，对严重科研不端行为不能仅靠传统的补救行为来进行调整，而需要采取更为严厉的法律手段来进行调整。从法律角度加大科研不端行为的成本和风险，使之无利可图，将逐渐成为遏制科研不端行为的有效方略。[1]

有些国家颁布了专门的科研诚信相关法律法规，如挪威的《研究伦理与诚信法》，丹麦的《研究咨询系统法》《关于丹麦科研不端委员会的政府条例》等。[2] 其中，挪威在 20 世纪 90 年代就开始建立国家研究伦理委员会体系，主要负责为研究团体、政府部门和公众提供研究伦理问题方面的咨询服务及相关伦理指南的发布等，该委员会并没有处理科研不端问题的权力。医学研究领域由于其特殊性，更多地由医药健康研究的法律规范发挥作用。20 世纪末以来，立法机构在科研领域特别是医学研究领域发挥了更加积极的作用。挪威涉及科研行为的法规主要有三类：一是保护性法律法规，如 1999 年通过的《个人权益法案》《病人权利法案》，2000 年颁布的《个人信息法案》等；二是研究活动具体过程的相关规范，如 1993 年发布的《社会科学、法律以及人类研究中的伦理问题指南》等；三是科学研究成果出版的行为规范，如 1978 年通过的《生物医学期刊投稿的统一要求》。2006 年，挪威颁布了《研究中的伦理与诚信》法案，目的是确保挪威公共和私人研究机构所从事的研究活动符合既有的伦理标准，根据该法案，挪威成立科研不端行为国家调查委员会，该委员会享有对研究活动进行调查和报告的最高权力，法案还规定基层科研单位在科研不端行为的处理中负有首要责任。随着该法案的颁布，挪威的绝大多数科研机构也开始制定和执行相应的科研不端行为的规范。[3]

其他如法国的《知识产权法》《刑法》《民法典》《劳动法》等法律中都涉及对科研不端的相关规定。[4] 英国的《数据保护法》《人权法》《种族关系法》

① 中国科学院．科学与诚信：发人深省的科研不端行为案例［M］．北京：科学出版社，2013：72-76.

② 主要国家科研诚信制度与管理比较研究课题组．国外科研诚信制度与管理［M］．北京：科学技术文献出版社，2014：9.

③ 中国科学院．科学与诚信：发人深省的科研不端行为案例［M］．北京：科学出版社，2013：145-149.

④ 主要国家科研诚信制度与管理比较研究课题组．国外科研诚信制度与管理［M］．北京：科学技术文献出版社，2014：8.

《信息自由法》等法律中的相关条款也与科学家行为的准则相衔接。① 芬兰的科研诚信有关制度与法律政策，如知识产权、刑事责任、行政事务程序、公众记录、所有人的人权协定等相结合，共同发挥促进科研诚信建设的作用。②

可见，法律手段已逐渐成为各国规范科研不端行为的重要手段之一，但也必须明确法律的适用边界问题。法律调控不是要取代科研道德的调节作用，而是要将科学界内单一的、内生的标准发展为内外标准相结合的模式，使学术界封闭的、隐蔽的标准逐渐地向透明的标准转化，使科学界对科研不端行为的单一自律调整向综合调整逐渐过渡。只有在传统道德约束失灵的情况下，才应由法律介入。可以探索第一层次法律（行政法、民法）制约和第二层次法律（刑法）制约相结合的犯罪化过滤机制，实施学术问责、行政问责、法律问责协调配合、综合治理的模式。③

综上所述可以看出，各国在科研诚信问题治理方面形成了多主体、多层级相结合的问责格局，以政府主导、资助机构与学术团体主导、国家层面独立机构主导的非法律性问责制度体系与法律法规相关规定构成的法律性问责制度体系同样起着重要的作用。非法律性问责制度主要在于加强科研诚信宣传教育和促进科学界自律自查，法律性问责制度与此相结合，共同发挥推进科研诚信建设的功能和作用。在前竞争时代，科研治理主要采用自治模式，而在竞争时代，则逐渐形成了制度＋综合治理模式，学术规范、行政规范、法律规范相得益彰，将科研人员的道德自律与制度化他律更加有效地结合起来。科学研究越发展，越需要来自外界的监督，越需要遵守科研道德、伦理规范、法律规范等，这是对科学研究健康发展的支持，更是对科学家的保护。科研诚信问责已不是单一机构或制度发挥作用，而是形成了协调联动的格局。

二、高校层面科研诚信问责制度体系分析

就高校层面而言，世界各国高校也有相应的科研诚信问责制度体系，一般与该国的宏观制度相结合。各国高校在国家各类科研诚信问责制度的指导

---

① 主要国家科研诚信制度与管理比较研究课题组．国外科研诚信制度与管理［M］．北京：科学技术文献出版社，2014：117.

② 主要国家科研诚信制度与管理比较研究课题组．国外科研诚信制度与管理［M］．北京：科学技术文献出版社，2014：154.

③ 中国科学院．科学与诚信：发人深省的科研不端行为案例［M］．北京：科学出版社，2013：79.

下，制定校本化科研诚信问责制度，并形成宏观与微观紧密结合的科研诚信问责制度体系。表 4-1 呈现了部分国家高校层面的科研诚信相关制度。

表 4-1　国外高校科研诚信制度状况

国家	大学	制度	组织
美国	麻省理工学院	《教师和职员指南》第十章"学术不端和不诚实"	纪律委员会
	乔治·华盛顿大学	《学术诚信条例》	学术诚信委员会、听证小组、学术诚信实施小组
加拿大	麦吉尔大学	《科研行为规章》《科研不端行为调查规章》	分管科研的副校长办公室，专门的研究服务办公室，1 名科研诚信官和 1 名代理，科研不端调查委员会
	维多利亚大学	《学术诚信条例》	—
巴西	圣保罗大学	《圣保罗大学道德条例》	道德委员会
德国	海德堡大学	《保障良好学术实践条例》	常设委员会
	雅各布大学	《确保良好学术实践和处理教学和研究中的学术不端行为的指南》《学生诚信守则》	学术诚信委员会
丹麦	奥尔胡斯大学	《保障良好科学行为守则》	校长办公室、内部顾问委员会
挪威	阿格德尔大学	挪威的法律法规、欧盟第七框架计划的一整套伦理准则、温哥华准则、《阿格德尔大学伦理准则》	学校董事会下属的中央研究委员会
	卑尔根大学	《卑尔根大学工作学术诚信教育工作行动计划（2009—2012）》	—

续表

国家	大学	制度	组织
挪威	奥斯陆大学	—	学校董事会、医学伦理部门
	特罗姆瑟大学	—	学校董事会
	挪威科技大学	—	学校董事会
芬兰	韦斯屈莱大学	芬兰大学没有制定科研诚信专门规定，主要根据相关法律行事	伦理委员会
	坦佩雷技术大学		校学术委员会
	拉普兰大学		研究理事会
	赫尔辛基大学		学校管理执行委员会任命的秘书
	土尔库大学		学校管理执行委员会任命的秘书
澳大利亚	悉尼大学	《负责任的科研活动行为规范和科研不端行为举报的处理指南》	—
	新南威尔士大学	《负责任的科研活动行为规范》	—
	墨尔本大学	校规中规定了"科研行为规范"	
	卧龙岗大学	《科研活动规范》	—
	南昆士兰大学	《负责任的研究行为》《不端的研究行为》	—
日本	东京大学	《东京大学科学研究行动规范》《东京大学科学研究行为规范委员会守则》	科学研究行为规范委员会
	早稻田大学	《早稻田大学学术研究伦理宪章》《学术研究伦理准则》《防止科研活动不端行为的守则》	学术研究和伦理审查委员会

续表

国家	大学	制度	组织
韩国	高丽大学	《确保研究诚信的研究伦理指南》《学生守则》	学术伦理委员会（隶属于大学事务办公室）
	首尔国立大学	研究诚信指南	研究诚信委员会、研究事务办公室、生物伦理委员会

（资料来源：依据《国外科研诚信制度与管理》整理。主要国家科研诚信制度与管理比较研究误题组．国外科研诚信制度与管理［M］．北京：科学技术文献出版社，2014．）

从表 4-1 可以看出，许多国家的高校都很重视科研诚信相关制度建设，在国家相关政策法规的指导和要求下，制定符合本校实际的科研诚信相关制度，做到有制可循、有制可依。这些制度多以指南、条例、守则、准则、规范等形式出现，主要体现的原则是教育为主、惩罚为辅，从问责的角度来看，就是事前问责、事中问责与事后问责紧密结合，发挥综合效应。问责的首要一环是明确责任，国外高校科研诚信相关制度对此非常重视，明确指出教师、研究人员、管理人员、图书馆员及学生都在学术诚信教育中负有责任，许多高校都在学校学术诚信相关条文中规定各方的职责。有些制度文本直接以"负责任"作为关键词，如悉尼大学的《负责任的科研活动行为规范和科研不端行为举报的处理指南》、新南威尔士大学的《负责任的科研活动行为规范》、南昆士兰大学的《负责任的研究行为》等。而且，国外高校一般都设有负责科研诚信教育、培训、调查、处理等相关事务的专门机构，在科研诚信问责的各个环节发挥作用。

第二节　科研诚信问责制度内容

政策文本本身不一定是一种具体的制度，但一定反映出某种或某些制度，我们可从政策、法规等文件中透视制度内容及相关规定。在此，以澳大利亚

《澳大利亚负责任研究行为规范》（2007）①② 和澳大利亚麦考瑞大学《麦考瑞大学负责任研究行为守则》（2017）③ 为例，对科研诚信问责制相关内容进行分析。

问责制有其自身的要素结构和运行逻辑。一般认为，问责制构成要素主要包括权责体系（依什么问）、问责内容（问什么）、问责主体（谁来问）、问责对象（向谁问）、问责程序（如何问）、问责后果（怎么办）等几个部分。④可以依据这一要素分析框架来分析上述两个文件所体现的科研诚信问责制相关内容。

一、《澳大利亚负责任研究行为规范》问责制要素分析

《澳大利亚负责任研究行为规范》（以下简称《规范》）由澳大利亚国家卫生与医学研究理事会、澳大利亚研究理事会和澳大利亚大学联盟联合制定，与所有的研究学科有广泛的相关性。《规范》的目的是为从事负责任科研实践的机构和人员提供指导。《规范》分为两大部分，第一部分描述良好科研行为的特征，提出针对机构和科研人员、鼓励负责任科研行为的原则和实践，第二部分提出管理偏离最佳科研实践行为的建议，围绕机构和科研人员的责任，提供应对违反《规范》和科研不端行为指控的框架。《规范》是澳大利亚负责任科研行为的指南，专为大学和其他公共部门研究机构而制定。

第一，责任体系。

《规范》指出组织内的科研文化鼓励和指导负责任科研，这种科研文化总体上会表现出如下特征：诚实和诚信；尊重人类科研参与者、动物和环境；对用于进行科研的公共资源进行良好的管理；对研究中其他人的作用进行适当的感谢；负责任地交流研究结果等。《规范》以大篇幅内容描述了机构和科研人员的责任，整理后的内容如表 4-2 所示。

---

① Australian Code for the Responsible Conduct of Research，2018 ［EB/OL］. https：//www. nhmrc. gov. au/about-us/publications/australian-code-responsible-conduct-research-2018.

② 《澳大利亚负责任研究行为规范》于 2018 年进行了修订，但由于《麦考瑞大学负责任研究行为守则》2017 年进行修订时依据的仍是 2007 年版的《澳大利亚负责任研究行为规范》，为了保持分析上的一致性，且 2018 年版《澳大利亚负责任研究行为规范》在精神实质及核心内容上并没有本质变化，因此此处仍以 2007 年版《澳大利亚负责任研究行为规范》作为分析对象。

③ Macquarie University Code for the Responsible Conduct of Research ［EB/OL］. https：//staff. mq. edu. au/work/strategy-planning-and-governance/university-policies-and-procedures/policies/responsible-conduct-of-research.

④ 周湘林. 从管理到治理：中国高校问责制范式转型 ［J］. 华中师范大学学报（人文社会科学版），2011（3）：144-149.

表 4-2   《规范》（2007）描述的机构与科研人员的责任

《规范》内容	简介	机构责任	科研人员责任	其他
维护并促进负责任科研环境	负责任科研由组织内科研文化来鼓励和引导，机构和科研人员对维护和促进负责任科研环境负有责任	推动负责任的科研行为，建立良好的治理和管理实践，培训员工，推动辅导，确保安全的科研环境	坚持负责任科研的高标准，负责任地报告科研，尊重科研参与者，尊重研究中使用的动物，尊重环境，报告科研不端行为	特殊责任：土著和托雷斯海峡岛民、消费者和社会对科研的参与
管理研究数据和主要材料	解决研究材料和数据的所有权并储存，项目结束后的保留以及适当获取途径的政策问题	保留研究数据和主要材料，提供可靠的研究数据储存和记录保留设施，明确研究数据和主要材料的所有权，明确研究数据和主要材料的安全和保密	保存研究数据和主要材料，管理研究数据和主要材料的储存，维护研究数据和主要材料的保密性	—
监督科研受训者	所有科研受训者必须接受有关科研道德、本《规范》和相关机构的科研政策方面的培训，且在其职业生涯期间尽早完成	为监督和辅导设定标准，引导科研受训者	科研人员和科研受训者指导人员的责任：确保培训的进行，辅导和提供支持，确保正确有效的研究，确保适当的奖励	科研受训者的责任：寻求指导、进行入门教育和培训

续表

《规范》内容	简介	机构责任	科研人员责任	其他
研究成果的发表和传播	传播研究成果有许多途径，包括学术期刊、书籍、非出版物（如网页）、其他媒体（展览或胶片），以及专业和机构资料室	推动负责任地发表和传播研究成果，保护保密性的资料和管理知识产权，支持与更广泛的公众交流研究成果	传播所有的研究成果，确保发表和传播的准确性，全面准确地引用其他作者的著作，提交研究成果的说明，获得重复出版的许可，准确披露研究支持信息，登记临床试验，管理保密性的资料，在公共场合负责任地交流研究成果	—
署名	如果署名为作者，科研人员必须对该著作做出实质性学术贡献，并且至少能为其做出贡献的部分负责；实质性贡献包括项目的概念和设计、研究数据的分析和说明、草拟著作的重要部分或对其进行重大修改以有助于说明等实质性智力参与	设定署名标准	遵守署名的相关政策，禁止非法署名，公平地对其他做出贡献的人致谢，将署名政策拓展至网上出版物，保留所有出版物的署名确认书	—

续表

《规范》内容	简介	机构责任	科研人员责任	其他
同行评议	公正、独立地评估在相同或相关领域工作的其他人的研究成果	鼓励参与同行评议，进行负责任的同行评议	不干涉同行评议，参加同行评议，在同行评议时辅导受训者，说明利益冲突	—
利益冲突	当个人利益与其专业责任相悖时，就存在利益冲突，此时个人的专业行为受到其自身利益的不当影响，包括财务利益冲突，个人、专业和机构的好处等	维持政策	明示利益冲突	—
跨机构合作研究	研究可能涉及机构内部、机构之间以及国际广泛合作，存在分享知识产权、管理研究成果、处理利益冲突以及研究成果的商业化等问题	就每项合作达成协议，处理利益冲突，管理研究材料的获取	遵守多机构协定，说明利益冲突	—

续表

《规范》内容	简介	机构责任	科研人员责任	其他
解决违反《规范》的举报以及科研不端行为	了解自己的责任、机构的科研管理政策以及受理举报的程序，对已经出现的科研不端行为产生合理怀疑的任何人必须依据该机构的政策及时采取行动	制定受理科研投诉或举报的书面政策，审议雇主—雇员协议，任命指定人员和科研诚信顾问	部门或研究中心的责任：建立负责任科研环境，保持科研实践的高标准，指定人员和部门首脑应成为第一个联系人，部门内积极处理、公正处理并给予改进的机会，保留全部的处理过程记录，遵守机构政策	责任主体有首席执行官、相关指定人员、科研诚信顾问、部门或研究中心领导、科研指导人员、科研人员

（资料来源：依据《规范》整理。）

从表 4-2 可以看出，《规范》分门别类详尽地列出了机构和科研人员在组织和实施负责任科研行为方面的责任，为各方面遵守规则提供了依据和参考，也为违规行为的处理提供了参照标准。很显然，保持和维护科研诚信不只是科研人员的责任，相应的机构同样负有重要的责任。正如日本科学道德问题研究专家山崎茂明所言，科研诚信缺失问题的出现与不合理的现代科学研究组织和研究体系密切相关，而与当事人在精神上是否存在问题无关，只要这种不合理的现代科学研究机制存在，科研诚信缺失问题就会不断出现。[①]

第二，问责内容。

按照本研究的观点，问责不仅仅是指事发后的追责，而是一个全过程的治理过程。因此，科研诚信问题相关的问责内容也不应仅指出现不负责任的科研行为后的责任追究情况，而应包含整个治理过程中的相关情况。《规范》从三个方面体现了这一观点。一是通过明确责任，起到事前问责的作用，这个责任体系实际上也是事前问责要落实的内容；二是违反《规范》的行为属

---

① 山崎茂明. 科学家的不端行为——捏造·篡改·剽窃［M］. 杨舰，等，译. 北京：清华大学出版社，2005：36-37.

于科研过程中出现的小问题，或称轻微违规行为，主要指可以在机构内部适当纠正的、不太严重的违反《规范》的行为；三是科研不端行为，或称严重违规行为，主要包括在申报课题、开展研究或汇报研究结果时捏造、伪造、剽窃或欺骗，不能说明或处理的严重利益冲突，研究道德委员会认可的可避免的未完成研究计划，尤其是未完成可能导致给人类、动物或环境带来不合理的风险和危害，其他人故意隐瞒或助长科研不端行为，反复或持续违规等，当然，管理科研项目判断中的诚实偏差、轻微或无心的诚实错误可能不属于科研不端行为。

第三，问责主体。

问责主体具体负责问责相关事务的实施。《规范》指出，在科研诚信问题治理的整个过程中，事前问责与事中问责的主体主要是科研人员所在的机构，而事后问责涉及的问责主体则更为具体，包括举报人、首席执行官、相关指定人员、科研诚信顾问、部门或研究中心领导、科研指导人员、科研人员等。

第四，问责对象。

在科研诚信问题治理的全过程中，谁负有责任，谁就可能成为相应的问责对象。《规范》在责任描述与违规行为处理两部分中，明确了科研人员所在机构在营造良好科研环境、教育培训、监督管理等方面的责任，科研人员保持良好科研行为的责任，以及违规行为处理人员与机构在处理违反《规范》的举报与科研不端行为时的责任，因此，科研人员所在机构、科研人员以及违规行为处理人员与机构在具体问责情境中都是可能的问责对象。

第五，问责程序。

问责程序是问责实施的具体步骤与环节。《规范》在科研诚信事前问责与事中问责的程序规定上较为宏观，主要涉及制定政策、教育培训辅导、监督管理等环节与事项。但《规范》具体规定了事后问责的程序，即涉及谨慎调查、正式质询、制裁或惩罚、纠正形势的行动、向专家组提出建议、发布恰当的公开声明等若干或全部环节。上述内容见图4-1。

第六，问责后果。

问责后果主要是指问责结果的运用。《规范》描述的科研不端行为框架目的在于明确事实调查结果，划分可能存在的科研不端行为的类别，严格来说，《规范》本身不涉及惩戒问题。但《规范》指出，对于该《规范》程序发现的事实以及对科研不端行为的认定，必须随后用于机构独立的聘用程序，即解决科研不端行为的过程应被逐步纳入研究机构的聘用机制，聘用机构有权决定聘用或惩罚被发现有科研不端行为的员工。同时，《规范》还指出对不实举

明确责任

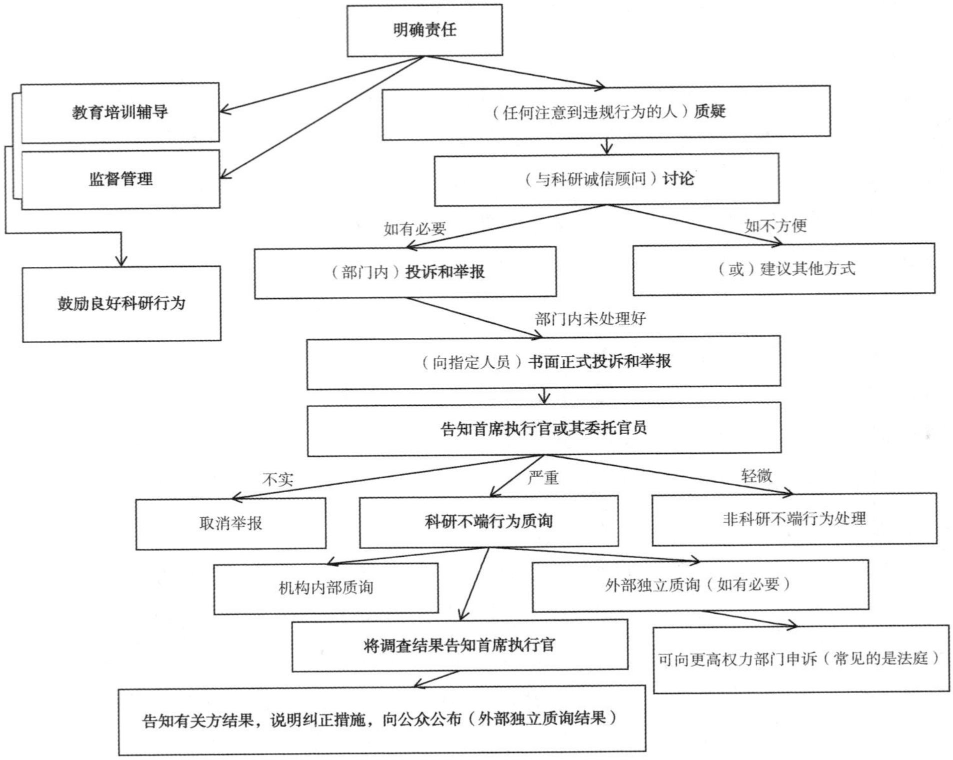

教育培训辅导

监督管理

（任何注意到违规行为的人）**质疑**

（与科研诚信顾问）**讨论**

鼓励良好科研行为

如有必要

如不方便

（部门内）**投诉和举报**

（或）建议其他方式

部门内未处理好

（向指定人员）**书面正式投诉和举报**

告知首席执行官或其委托官员

不实

严重

轻微

取消举报

科研不端行为质询

非科研不端行为处理

机构内部质询

外部独立质询（如有必要）

将调查结果告知首席执行官

可向更高权力部门申诉（常见的是法庭）

告知有关方结果，说明纠正措施，向公众公布（外部独立质询结果）

图 4-1　澳大利亚科研诚信问责相关程序

报或恶意举报的规定，一旦发现举报没有依据，机构应尽力恢复被举报科研人员及其合作者的良好声誉，对实施恶意举报的人进行惩罚。

二、《麦考瑞大学负责任研究行为守则》问责制要素分析

《麦考瑞大学负责任研究行为守则》（以下简称《守则》）于 2017 年修订后继续施行，该文件由麦考瑞大学研究伦理与诚信办公室与澳大利亚人类研究咨询服务机构（AHRCS）合作编制。《守则》概述了麦考瑞大学从事研究的所有人员的责任和道德行为准则，以及未能遵守这些准则的后果。《守则》符合《规范》中规定的标准。作为麦考瑞大学科研诚信问题治理的核心文件，《守则》体现了问责制的一些要素。

第一，责任体系。

《守则》分为两大部分，其中，A 部分详细规定了"鼓励负责任的研究行为的原则和做法"，通过总体原则、各分项责任要求，以及特殊责任要求体现科研人员应负的责任和相应要求。详见表 4-3。

表 4-3　　《麦考瑞大学负责任研究行为守则》体现的责任体系

总体原则	分项责任	特殊责任
研究人员和专业人员必须在其研究的各个方面： ① 按照《麦考瑞大学道德声明》的原则，以合乎道德规范，秉承专业精神正直行事； ② 遵守公平和公正原则； ③ 有效和透明地申报和管理利益冲突（实际的、感知的或潜在的）； ④ 确保与研究有关的人员的安全和福祉； ⑤ 尊重人类研究参与者，并遵守诚信、尊重、公正和仁慈的道德原则〔《人类研究中道德行为国家声明》（2007年，2014 年 3 月更新）和《价值观和道德——土著和托雷斯海峡岛民健康研究道德行为准则》（2003）规定了在研究中保护人类参与者的原则〕； ⑥ 根据《澳大利亚为科学目的照料和使用动物的行为守则》（2003），尊重他们在研究中使用的动物；	① 妥善保管研究数据、资料和记录； ② 合理署名； ③ 正确出版和传播研究成果； ④ 认真负责地监督学生开展研究； ⑤ 妥善处理利益冲突； ⑥ 认真负责地开展好同行评议； ⑦ 处理好与其他组织的合作研究；	① 土著居民和托雷斯海峡岛民在研究方面有特殊责任：人们承认，对土著居民和托雷斯海峡岛民的研究涉及许多方法和学科，土著和托雷斯海峡岛民个人、社区或群体参与《守则》适用的研究或受其影响的方式存在很大差异。《守则》应与《价值观和道德——土著和托雷斯海峡岛民健康研究道德行为准则》（2003）、《澳大利亚土著研究道德研究准则》（2012）和《保持跟踪研究：土著和托雷斯海峡岛民健康研究伦理指南》（2006）同步使用。 ② 消费者和社区参与研究：麦考瑞大学及其研究人员应鼓励并为消费者适当参与研究提供便利，可同时参考《守则》与《消费者和社区参与健康和医学研究声明》（2002）。

续表

总体原则	分项责任	特殊责任
⑦ 确保保护人和环境免受转基因生物研究和释放所带来的风险，在实现这一目标时，研究人员必须遵守《基因技术法》（2000）、《基因技术条例》（2001），履行基因技术监管机构规定的相关职责； ⑧ 尊重环境并进行研究，以尽量减少对社区和环境的更广泛的不利影响； ⑨ 适当承认他人在研究中的作用； ⑩ 负责研究成果的沟通；遵守《守则》《规范》以及所有大学中关于大学研究人员进行研究的政策和行为准则，研究方法、成果和产出应开放，接受审查和辩论。	⑧ 做好研究诚信顾问； ⑨ 必须遵守法律或麦考瑞大学规定的特殊工作绩效标准和道德行为准则。	③ 研究人员在研究其他群体方面也负有特殊责任，《人类研究中道德行为国家声明》（2007 年，2014 年 3 月更新）为与这些团体合作提供了指导方针，包括：怀孕妇女和人类胎儿；儿童和青年；有受抚养或不平等关系的人；高度依赖医疗护理、可能无法表达认同的人；有认知障碍、智力残疾或精神疾病的人；可能参与非法活动的人；在其他国家的人。

（资料来源：依据《守则》整理。）

第二，问责内容。

《守则》强调：研究人员和专业人员必须熟悉《守则》，并确保遵守其规定；未能遵守《守则》或《规范》，可能导致纪律处分。这实际上包含了科研诚信方面的知责、守则、察责、追责等多项要求。是否知悉责任所在，是否实行负责任研究行为，是否有违规行为，是否有科研不端行为等，都将是问责内容。

第三，问责主体。

《守则》规定：所有麦考瑞大学的教职员工和学生有义务向研究伦理与诚信主管报告任何可能违反《守则》或《规范》或可能的研究不当行为；麦考

瑞大学的指定人员是副校长；副校长将规定人员的具体职责和责任，包括将与《守则》相关的权力委托给研究伦理与诚信负责人。可见，《守则》包含的问责主体包括所有教职员工、学生，其中包括研究伦理与诚信主管、副校长等，是一个广泛的群体。

第四，问责对象。

《守则》指出，该文件适用于参与研究或支持研究的所有学术人员、专业人员、学生和技术人员，以及访问学者和联合任命者。这就说明，在科研诚信方面，该大学中参与研究或支持研究的所有学术人员、专业人员、学生和技术人员，以及在该大学的所有访问学者和联合任命者，都是问责对象，都必须知悉和遵守《守则》，如有违规，则当被追责。

第五，问责程序。

《守则》列出了麦考瑞大学科研诚信相关政策文件，以便明责，并促进知责。这些文件包括麦考瑞大学内部文件和外部文件。麦考瑞大学内部文件如学术诚信政策，学术人员协议，数字论文提交指南，高等学位研究论文准备、提交和考试程序，高等科研监管政策，上级监督程序，知识产权政策，《麦考瑞大学道德声明》，投诉、培训视频和支持资源，访问策略开放，专业人员协议，公众意见政策，《报告不当行为：公共利益披露政策》，《报告不当行为：公共利益披露程序》，员工行为准则，学生行为准则，社会媒体指南等。外部文件如《守则》《澳大利亚为科学目的照料和使用动物的行为守则》《澳大利亚研究诚信委员会框架》《澳大利亚研究生院院长和主任委员会利益冲突指南》《基因技术法》《基因技术条例》《澳大利亚土著研究道德研究指南》《ICMJE：角色和职责》《保持跟踪研究：土著和托雷斯海峡岛民健康研究伦理指南》《关于跨界科研合作中科研诚信的蒙特利尔声明》《科研诚信新加坡声明》《消费者和社区参与健康和医学研究声明》《人类研究中道德行为国家声明》《价值观和道德——土著和托雷斯海峡岛民健康研究道德行为准则》等。

同时，《守则》在 B 部分详细规定了对违规或研究不当行为指控的处理措施，明确了各方面的具体内容，包括区分与界定科研不端行为、违规行为，处理指控的一般流程（收到违反或可能的科研不端行为指控的信息—调查和解决可能的违规行为—对麦考瑞大学伦理委员会批准的与生物安全或研究伦理行为有关的指控的调查—调查可能的科研不端行为—内部研究不当行为调查—外部独立研究不当行为调查—研究不当行为调查过程—上诉—（可能）外部审查—非麦考瑞大学的研究员的合作研究与研究行为等）。

第六，问责后果。

《守则》规定，应保存科研诚信问题调查处理的详细记录，并将结果通知相关各方，可在完成调查之前终止雇佣被投诉人。

通过以上分析可见，科研诚信问题治理需要综合的问责制度体系。就国家层面而言，包括政府主导型、资助机构与学术团体主导型、国家层面独立机构主导型和法律兼治型问责制度体系。就高校层面而言，一般都在国家相关政策法规的指导和要求下，制定符合本校实际的科研诚信相关制度，教育为主、惩罚为辅，事前问责、事中问责与事后问责紧密结合，发挥综合效应。通过政策文本分析可见，国家和高校两个层面的科研诚信问责制度都详细地体现了问责制的各要素，以便起到良好的综合问责效果。

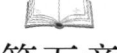

第五章

我国高校科研诚信问责制度分析

　　2016 年 4 月，教育部部长办公会议审议通过《高等学校预防与处理学术不端行为办法》（以下简称《办法》），《办法》于 2016 年 9 月 1 日开始施行。实质上，《办法》正是在国内科研诚信问题屡禁不止，甚至愈演愈烈，国际科研诚信问题研究日益深化之时，教育行政主管部门针对学术不端行为开出的治理之方。高校作为科教融合下的学术共同体①，也急需如此治理之方。

　　2016 年 12 月底，光明微教育两篇文章指出，四川某高校爆出同班同学集体举报该校学生最高奖候选人借淘宝网花钱发表论文、获取专利，以及存在"学风不正、评奖不信"等多个问题，买来的论文成为大学生评奖、保研"敲门砖"，"学术不端"的毒瘤染上本科生②；代写论文、代发论文产业在网络上空前繁荣，花钱买学术已成生态链③。朱邦芬院士也曾直言：受多种因素的影响，我国科研诚信问题涉及面之广及其严重程度史无前例。国家自然科学基金委员会在北京召开的 2016 年"捍卫科学道德 反对科研不端"通报会对外通报 2015—2016 年期间查处的 8 个科研不端行为典型案例，并公布查处的 61 份科研不端行为案件的处理决定。④ 早先也有专家学者痛陈中国学术腐败将动摇国本，认为"抄袭造假、虚假引进、学术乱伦、买卖论文等学术腐败在中国学界盛行，监督约束机制在权力和市场的扭曲下失败"，为此疾呼"必须防

---

　　① 周湘林，马海泉．探索科教融合下的大学学术及学术共同体［J］．中国高校科技，2017（10）：4-6.

　　② 邓晖，王乐．买来的论文成大学生评奖、保研"敲门砖"："学术不端"的毒瘤为何染上本科生［N］．光明微教育，2016-12-20.

　　③ 罗志敏．代写论文、代发论文……如何斩断花钱买学术的生态链［N］．光明微教育，2016-12-22.

　　④ 国家自然科学基金委员会通报科研不端行为典型案例及近期查处的科研不端行为案件处理决定［N］．中国科学报，2016-12-13.

止学术竞争力继续削弱，以免动摇中国发展根基"。① 国家自然科学基金委员会前主任杨卫院士一针见血地指出：治乱须用重典，（科研）诚信建设要有"牙齿"。② 这个"牙齿"主要指的就是问责制度。

当然，科研诚信问题不只在中国存在，世界各国都面临着同样严峻的考验。为了更好地规范和解决科研诚信问题，国内外研究者对此展开了广泛的研究，涉及科研诚信的概念内涵、责任标准、原因及影响因素、实践经验、教育培训、国际比较、问题与对策等多个议题。未来研究的趋势与重点主要是在已有研究的基础上，切实加强落实，并加强科研诚信教育、培训、问责等完整的体系性制度建设。正如科学欧洲理事会于2016年底发表的一封公开信所言，保障科研诚信是一项共享的责任，应将科研诚信作为重中之重，加强原则与程序规定，并采取处理科研诚信问题的实际行动，加强培训，促进参与、透明与问责。2017年5月举行的第五届世界科研诚信大会也主要围绕透明度和问责制的主题而展开，并制定了《促进透明度和问责制阿姆斯特丹议程》。

可见，《办法》符合国际科研诚信问题研究的发展趋势，是加强我国科研诚信问责的制度保障和行动指南。那么，从问责的视角来看，《办法》究竟能有什么样的问责效力？其包含哪些问责制要素？在《办法》的授权与指导下，高等学校应如何采取实际行动加强科研诚信问责制度建设？本研究拟对这些问题进行探讨。

第一节　《高等学校预防与处理学术不端
行为办法》的问责效力

"效力"一词通常具有三个层面的意义：一是文学层面的"效劳、出力"和"功效、效验"；二是管理学层面的"效果、有效性"，即达到预定目标的程度与等级；三是法律层面的"约束力"。③ 就"问责效力"这一术语而言，一般不会言及文学层面的意义，而主要是指管理学或法律层面的意义。如

① Ping Sun. How Many Codes of Conduct Do We Need? The Chinese Experience. Promoting Research Integrity in a Global Environment. World Scientific Publishing Co. Pte，Ltd，2012.

② 柏木钉．学术诚信建设 要有"牙齿"［N］. 人民日报，2016-11-21.

③ 效力［EB/OL］. http：//www. baike. com/wiki/%E6%95%88%E5%8A%9B.

《着力提升行政问责效力》①、《田承毅：人大监督应有问责效力》② 等研究中所说的"问责效力"主要是指管理学层面的意义，而《论行政问责的效力范围》③ 等研究则主要是从法律层面来分析问责效力问题。

本研究从法律层面对"问责效力"这一术语的意义进行定位，包括法律效力等级和问责效力范围两大方面，而其管理学方面的意义则要通过《办法》的实施来进行后续考察研究。具体来讲，本研究探讨《办法》的问责效力，就是要分析在相关问责中，《办法》的法律效力等级和问责效力范围如何。

一、《办法》的法律效力等级

法律效力等级是指不同国家机关制定的规范性文件在法律渊源体系中所处的效力位置和等级，可以分为上位法、下位法和同位法。我国的法律效力等级体系主要由宪法、法律、行政法规、地方性法规、部门规章及其他规范性文件构成。《中华人民共和国立法法》根据法律的效力原理规定了不同等级法律之间的效力关系，即下位法不得与上位法的规定相抵触，同位法之间具有同等效力，在各自的权限范围内施行。

《办法》第一条载明，其是"根据《中华人民共和国高等教育法》《中华人民共和国科学技术进步法》《中华人民共和国学位条例》等法律法规"制定的，制定机关是教育部，因此《办法》属于部门规章，不得与其所依据的上位法（即前述两部法律和一部行政规章）相抵触。

《办法》第五条规定"高等学校应当建设集教育、预防、监督、惩治于一体的学术诚信体系，建立由主要负责人领导的学风建设工作机制，明确职责分工；依据本办法完善本校学术不端行为预防与处理的规则与程序"；第三十九条规定"高等学校应当根据本办法，结合学校实际和学科特点，制定本校学术不端行为查处规则及处理办法，明确各类学术不端行为的惩处标准"；《办法》其他条款也有相应的高校相关制度建设规定。这实质上是对高校的授权，高校应当依据《办法》制定更加具体的、操作性强的规章制度，但不得与《办法》相抵触。

《办法》第四十一条表明"教育部此前发布的有关规章、文件中的相关规定与本办法不一致的，以本办法为准"。这就说明，教育部发布的相关同位法

① 庞丽峰. 着力提升行政问责效力 [J]. 中共山西省委党校学报，2012（1）：79-81.
② 王君宏，张双山. 田承毅：人大监督应有问责效力 [J]. 公民导刊，2016（5）：22-23.
③ 周海源. 论行政问责的效力范围 [J]. 河北工业大学学报（社会科学版），2014（4）：26-31.

在各自的权限范围内施行，但有不一致的地方，其他相关同位法则要遵从《办法》的规定。

二、《办法》的问责效力范围

有研究认为，法律层面的问责效力范围是主体范围与客体范围的集合。问责效力作用的主体范围包括责任承担者，追究责任的机关和不特定的机构、组织。问责的客体是问责行为指向的对象，那么，问责效力作用的客体应当为基于问责对象与问责主体之间的关系而产生的权利义务，而不涉及宪法和法律赋予问责对象的基本权利或负担的额外义务。① 这种观点值得借鉴。

就《办法》问责效力作用的主体范围而言，《办法》第二条规定"本办法所称学术不端行为是指高等学校及其教学科研人员、管理人员和学生，在科学研究及相关活动中发生的违反公认的学术准则、违背学术诚信的行为"，可见，其中责任承担者包括高等学校及其教学科研人员、管理人员和学生；《办法》第五条规定"高等学校是学术不端行为预防与处理的主体"，"高等学校应当充分发挥学术委员会在学风建设方面的作用，支持和保障学术委员会依法履行职责，调查、认定学术不端行为"，可见，其中追究责任的主体是高等学校及其学术委员会；《办法》第四条规定"教育部、国务院有关部门和省级教育部门负责制定高等学校学风建设的宏观政策，指导和监督高等学校学风建设工作，建立健全对所主管高等学校重大学术不端行为的处理机制，建立高校学术不端行为的通报与相关信息公开制度"，第七章规定主管部门具有监督的权利与责任，第八章指出"教育系统所属科研机构及其他单位有关人员学术不端行为的调查与处理，可参照本办法执行"，可见不特定的机构、组织主要包括教育部、国务院有关部门和省级教育部门、教育系统所属科研机构及其他单位有关人员。

就《办法》问责效力作用的客体范围而言，依据高等学校与教师的法律关系，高等学校与学生的法律关系，以及主管部门与高等学校的法律关系，《办法》对被问责对象的权利和义务做了明确的规定。在教师方面，《办法》第二十九条规定"高等学校应当根据学术委员会的认定结论和处理建议，结合行为性质和情节轻重，依职权和规定程序对学术不端行为责任人作出如下处理：（一）通报批评；（二）终止或者撤销相关的科研项目，并在一定期限

---

① 周海源. 论行政问责的效力范围 [J]. 河北工业大学学报（社会科学版），2014（4）：26-31.

内取消申请资格；（三）撤销学术奖励或者荣誉称号；（四）辞退或解聘；（五）法律、法规及规章规定的其他处理措施。同时，可以依照有关规定，给予警告、记过、降低岗位等级或者撤职、开除等处分。学术不端行为责任人获得有关部门、机构设立的科研项目、学术奖励或者荣誉称号等利益的，学校应当同时向有关主管部门提出处理建议"；在学生方面，《办法》第二十九条规定"学生有学术不端行为的，还应当按照学生管理的相关规定，给予相应的学籍处分。学术不端行为与获得学位有直接关联的，由学位授予单位作暂缓授予学位、不授予学位或者依法撤销学位等处理"；在高校方面，《办法》第三十七条规定"高等学校处理学术不端行为推诿塞责、隐瞒包庇、查处不力的，主管部门可以直接组织或者委托相关机构查处"，第三十八条规定"高等学校对本校发生的学术不端行为，未能及时查处并做出公正结论，造成恶劣影响的，主管部门应当追究相关领导的责任，并进行通报。高等学校为获得相关利益，有组织实施学术不端行为的，主管部门调查确认后，应当撤销高等学校由此获得的相关权利、项目以及其他利益，并追究学校主要负责人、直接负责人的责任"，等等。

第二节　《高等学校预防与处理学术不端行为办法》所明确的问责制要素

问责制有其自身的要素结构和运行逻辑。一般认为，问责制构成要素主要包括权责体系（依什么问）、问责主体（谁来问）、问责对象（向谁问）、问责内容（问什么）、问责程序（如何问）、问责后果（怎么办）等几个部分。[①]从这一要素分析框架来看，《办法》对于学术不端行为问责涉及的权责体系、问责内容、问责主体、问责对象、问责程序、问责后果等都有所规定。当然，问责有事前问责与事后问责之分。事前问责是预防性问责，一般主要通过常规性检查等方式进行。事后问责是事发性问责，一般程序更为复杂。《办法》对学术不端行为的事前问责有原则性规定，主要体现在第二章中，那就是通过加强教育、培训、检查与审核、查询、监督、评审、鉴定、考核评价等常

[①] 周湘林. 从管理到治理：中国高校问责制范式转型［J］. 华中师范大学学报（人文社会科学版），2011（3）：144-149.

规措施来防患于未然。以下内容主要对《办法》规定的学术不端行为事后问责的相关制度要素进行分析。

一、权责体系

权责体系主要明确责任人的权利及其责任，权责体系是问责的具体依据，也是责任人的行为标准。

《办法》第二条指出，"本办法所称学术不端行为是指高等学校及其教学科研人员、管理人员和学生，在科学研究及相关活动中发生的违反公认的学术准则、违背学术诚信的行为"。这其中所称的学术准则、学术诚信就是一种责任标准，但具体内容是什么，《办法》并没有详细规定。《办法》其他条款有一些相应的说明或规定，如第一条中的"根据《中华人民共和国高等教育法》《中华人民共和国科学技术进步法》《中华人民共和国学位条例》等法律法规，制定本办法"，第四条中的"教育部、国务院有关部门和省级教育部门负责制定高等学校学风建设的宏观政策"，第五条中的"高等学校应当建设集教育、预防、监督、惩治于一体的学术诚信体系，建立由主要负责人领导的学风建设工作机制，明确职责分工；依据本办法完善本校学术不端行为预防与处理的规则与程序"，第六条中的"高等学校应当完善学术治理体系，建立科学公正的学术评价和学术发展制度"，第十条中的"高等学校应当遵循学术研究规律，建立科学的学术水平考核评价标准、办法"，第三十九条中的"高等学校应当根据本办法，结合学校实际和学科特点，制定本校学术不端行为查处规则及处理办法，明确各类学术不端行为的惩处标准"等。

以上条款规定的内容说明，《办法》只是原则性地指出了权责体系所依据的法律法规，并授权高校制定相应的具体权利与责任标准。

二、问责主体

问责主体是指由谁来问责。这里可以分两个层次来看。

一是对于高校教学科研人员、管理人员和学生，《办法》规定由所在的高等学校来对学术不端行为进行问责，如《办法》第五条明确规定"高等学校是学术不端行为预防与处理的主体"，"高等学校应当充分发挥学术委员会在学风建设方面的作用，支持和保障学术委员会依法履行职责，调查、认定学术不端行为"。同时，其他利益相关者也是重要的问责主体，如《办法》第十四条规定"高等学校对媒体公开报道、其他学术机构或者社会组织主动披露的涉及本校人员的学术不端行为，应当依据职权，主动进行调查处理"，第三

十七条规定"高等学校处理学术不端行为推诿塞责、隐瞒包庇、查处不力的，主管部门可以直接组织或者委托相关机构查处"。可见，高等学校、媒体、其他学术机构或者社会组织，以及主管部门等利益相关者，是对高校教学科研人员、管理人员和学生的学术不端行为进行问责的问责主体。

二是对于高等学校本身，《办法》规定由主管部门对其处理学术不端行为不力或组织实施学术不端行为等现象进行问责，如《办法》第三十八条规定："高等学校对本校发生的学术不端行为，未能及时查处并做出公正结论，造成恶劣影响的，主管部门应当追究相关领导的责任，并进行通报。高等学校为获得相关利益，有组织实施学术不端行为的，主管部门调查确认后，应当撤销高等学校由此获得的相关权利、项目以及其他利益，并追究学校主要负责人、直接负责人的责任"。同时，高等学校还要接受社会监督，如《办法》第三十六条规定"高等学校应当按年度发布学风建设工作报告，并向社会公开，接受社会监督"。可见，高等学校主管部门及其他社会机构和广大公众是对高校相关行为进行问责的问责主体。

三、问责对象

问责对象是指对谁进行问责。《办法》明确指出了学术不端行为问责的主要对象是高等学校及其教学科研人员、管理人员和学生。如前所述，实质上有两类问责对象，一是高校中的教学科研人员、管理人员和学生，二是高等学校本身。

四、问责内容

问责内容是指问什么责，是问责的具体事由。

就教学科研人员、管理人员和学生而言，《办法》第二十七条规定应当问责的学术不端行为是："（一）剽窃、抄袭、侵占他人学术成果；（二）篡改他人研究成果；（三）伪造科研数据、资料、文献、注释，或者捏造事实、编造虚假研究成果；（四）未参加研究或创作而在研究成果、学术论文上署名，未经他人许可而不当使用他人署名，虚构合作者共同署名，或者多人共同完成研究而在成果中未注明他人工作、贡献；（五）在申报课题、成果、奖励和职务评审评定、申请学位等过程中提供虚假学术信息；（六）买卖论文、由他人代写或者为他人代写论文；（七）其他根据高等学校或者有关学术组织、相关科研管理机构制定的规则，属于学术不端的行为。"

就高等学校而言，问责的内容主要是处理学术不端行为推诿塞责、隐瞒包庇、查处不力，未能及时查处并做出公正结论、造成恶劣影响，有组织实施学术不端行为等方面（见前述《办法》第三十七条、第三十八条规定）。

五、问责程序

问责程序是指问责如何组织实施，主要包括问责启动、信息整理与呈现、认定与处理、反馈与救济等环节。《办法》第三章、第四章、第五章和第六章对此有专门规定，这也是《办法》的主体内容，当然，这些程序规定主要是对教学科研人员、管理人员和学生的学术不端行为问责而言的，至于对于高等学校本身的不当行为问责程序如何，《办法》并未明确规定。具体分析详见表 5-1。

表 5-1 　《办法》规定的学术不端行为问责程序

环节	事项	行动者
问责启动	对于以书面方式实名举报或情况属实的匿名举报，进行公开报道，主动披露信息；决定受理或不受理	社会组织、个人、媒体、其他学术机构；高校设定的具体部门
信息整理与呈现	决定调查或不调查；进行调查；出具调查报告	学术委员会、有关专家、举报人；调查组（纪检、监察、专家等）、资助方、被举报人、有关单位和个人
认定与处理	汇报；审查；认定；处理	调查组；学术委员会、学校
反馈与救济	送达处理决定；提出异议或复核申请；提出申诉	举报人或学术不端行为责任人；学术委员会、高等学校；主管部门

《办法》关于学术不端行为的问责程序规定是高等学校制定具体实施方案并开展行动的依据。

六、问责后果

问责后果是指将问责结果拿来做什么，有什么相应处理，一般涉及奖励与惩罚两个维度。对于问责结果认定为学术不端行为的，《办法》明确规定了批评、终止、撤销、辞退、解聘、处分等惩罚措施（见前述《办法》第二十九条规定）。对于高等学校有相关不当行为的，《办法》也规定了"追究相关领导的责任，并进行通报""撤销高等学校由此获得的相关权利、项目以及其他利益，并追究学校主要负责人、直接负责人的责任"等相应处理措施（见前述《办法》第三十八条规定）。

同时，《办法》还规定了问责处理的关联性后果，即第十一条规定"高等学校应当建立教学科研人员学术诚信记录，在年度考核、职称评定、岗位聘用、课题立项、人才计划、评优奖励中强化学术诚信考核"。

第三节　高校切实开展科研诚信问责的可行举措

《办法》的实施为高等学校切实开展学术不端行为问责提供了制度基础及权力基础，高等学校应借此机会，依据《办法》的授权制定相应措施，采取实际行动狠抓科研诚信建设。学术不端行为仅是科研诚信的一部分，高校应在更为广阔的视野下来加强制度建设，形成明责—知责—察责—追责的完整问责制度体系。其中，明责就是要制定责任标准，使科研有规可依，使问责有据可依；知责就是通过教育培训使责任人明白自己的职责所在，引导负责任的科研行为，尽量防患于未然；察责是对履职情况的考察；追责则是在出现失责行为时的处理措施，惩前毖后。

一、制定负责任研究行为准则

科研诚信倡导的其实就是负责任的研究行为，那么首先就需要一个负责任研究行为的准则。从国外来看，这样的准则或原则性声明已有许多。国际性的如世界科研诚信大会达成的《科研诚信新加坡声明》和《关于跨界科研合作中科研诚信的蒙特利尔声明》，区域性的如欧盟的《欧洲科研诚信行为守则》，国家层面的如美国的《科研诚信官员守则》、英国的《维护科研诚信协议》、澳大利亚的《澳大利亚负责任研究行为规范》，大学层面的如澳大利亚南昆士兰大学的《负责任的研究行为》和《不端的研究行为》、麦考瑞大学的《麦考瑞大学负责任研究行为守则》，等等。

我国也有类似的准则，如教育部制定的《高等学校哲学社会科学研究学术规范（试行）》《高校人文社会科学学术规范指南》，科技部编写的《科研活动诚信指南》，中国科学院编写的《科研活动道德规范读本》，以及国家自然科学基金委员会、国家哲学社会科学基金委员会等制定的相关准则。一些高校也制定了相应的准则，如《清华大学教师学术道德守则（试行）》《北京大学教师学术道德规范》《中国人民大学科学研究行为规范及管理办法（试行）》《浙江大学学术道德行为规范及管理办法》等。

但我国更多的高校却没有明确的负责任研究行为准则。我国高校数量众多，类型与层次多样，高校应依据《办法》的授权，充分借鉴国内外的成功经验，制定符合本校实际的负责任研究行为准则。如澳大利亚南昆士兰大学的《负责任的研究行为》和《不端的研究行为》就是依据澳大利亚国家层面的《澳大利亚负责任研究行为规范》制定的。其中，《负责任的研究行为》内容包括南昆士兰大学科研诚信管理原则，大学、院系及科研人员的责任，研究数据管理，保密性管理，道德考量，署名权，研究监督，利益冲突；《不端的研究行为》内容包括科研不端行为的定义、初步调查、专门调查委员会的构成等。[①] 这些都非常值得参考。

二、加强科研诚信教育与培训

通过教育、培训来增强科研诚信具有一定的效果，能使相关责任人明白责任所在，在一定程度上防患于未然。《办法》对高等学校开展相关教育、培训做了原则性规定，如第七条规定"高等学校应当将学术规范和学术诚信教育，作为教师培训和学生教育的必要内容，以多种形式开展教育、培训。教师对其指导的学生应当进行学术规范、学术诚信教育和指导，对学生公开发表论文、研究和撰写学位论文是否符合学术规范、学术诚信要求，进行必要的检查与审核"等。

那么，高校应根据《办法》要求，制定相应的制度、方案，通过入职或入学培训、网络学习、课程讲授、工作坊、讲座等诸多形式来切实加强科研诚信教育与培训。同时，教育培训具有专业性，科研诚信作为教育培训内容也具有特殊性，如何增强其实效，还需在教学理论、教育培训形式、教材开

① Ren Yi，Suzanne Morris，莫京. 澳大利亚科研诚信管理探析［J］. 科学观察，2011（1）：1-6.

发、教学方法、案例分析、科教融合实训等方面深入研究。

三、建立相应的科研诚信问责机制

实践中，科研不端行为或者说不负责任的研究行为屡禁不止，为了有效解决这些问题，最大限度地达到科研诚信的理想状态，自律、他律、审查、监督等是经常使用的方式。建立完善的科研诚信问责制度，促进参与与透明已被提上了研讨与行动日程。如前所述，2017 年 5 月举行的第五届世界科研诚信大会就围绕透明度和问责制的主题，制定了《促进透明度和问责制阿姆斯特丹议程》。我国教育部 2012 年出台的《关于切实加强和改进高等学校学风建设的实施意见》明确提出应"完善目标责任制，落实问责机制"等要求。《办法》的出台，更是为高校建立科研诚信问责制提供了制度保障与行动指南。

一些高校已制定了类似的制度、措施，如《复旦大学学术规范及违规处理办法（试行）》等。但同样，更多高校尚没有制定相应的制度。研究表明，制度与行为之间的相互作用是设计问责机制控制点与作用力的重要依据，把握好机制的控制点，才能使相应的作用力发挥出来。① 高校应依据《办法》的授权和要求，借鉴国内外先进经验，制定符合本校实际的、更加完整意义上的科研诚信问责机制。

总之，《办法》是教育行政主管部门针对学术不端行为开出的治理之方。从问责的视角来看，《办法》具有一定的问责效力，明确了相关问责制要素。高等学校应依据《办法》的授权和要求，采取有针对性的措施，形成明责—知责—察责—追责的完整问责制度体系，切实抓好科研诚信建设。

第六章

高校科研诚信问责机制

面对违背科研诚信方面的问题，世界各国都采取相应行动加强科研诚信建设，制定科研诚信相关政策、法规、规范等许多制度处理问题，其中对于科研诚信问题治理尤以促进透明与问责为重中之重。① 传统上，各界主要将问责理解为一种事后追责行为。本研究认为，问责的内涵不能仅仅局限于责任追究，而应转变为一种综合治理方式，并形成明责—知责—察责—追责的完整问责链。科研诚信强调的是负责任的科研行为，科研诚信问责制度就是对科研行为是否符合责任要求进行审察的制度化规定。就科研诚信问题治理而言，应加强整合性全过程问责，形成明责—知责—察责—追责的完整问责链，可将该问责链各环节的相关科研诚信制度都理解为问责制度。同时，制度的有效运行依赖可操作的机制，没有良好的机制设计，制度就难以发挥实际作用。机制彰显制度的生命力，机制健全是制度运行有效的有力保障。通过政策、法规、规范等体现出的科研诚信问责制度，在具体实施过程中包含了许多行之有效的机制，每种机制都通过一定的方式发挥相应的作用力。那么，实践中都有哪些切实可行的科研诚信问责机制？我国高校科研诚信问责机制状况如何，该如何改进？本研究拟对这些问题进行考察分析，以期对我国高校加强科研诚信问题治理有所助益。

第一节 科研诚信问责主要机制

本研究通过文献分析，对科研诚信问责运行机制进行归纳总结，并做

---

① Amsterdam Agenda：5th World Conference on Research Integrity［EB/OL］. https：//wcrif. org/documents/42-amsterdam-agenda/file.

分类阐述。首先广泛收集科研诚信方面的相关文献，然后记录文献中所反映的科研诚信问责具体机制，最后对这些具体机制进行分类与拓展分析。依据分析结果，就世界主要国家科研诚信问题治理的状况来看，实践中运行有效的科研诚信问责机制在逻辑上形成了明责—知责—察责—追责的完整问责链。其中，明责阶段的科研诚信问责机制主要有制度规范机制等；知责阶段的科研诚信问责机制主要有教育培训机制、承诺与荣誉守则机制等；察责阶段的科研诚信问责机制主要有内部评审机制、编矸沟通机制、同行评议机制、信息披露机制、科研信用评戒机制、署名审查机制、论文查重机制、重复实验机制、利益冲突回避机制等；追责阶段的科研诚信问责机制主要有举报机制、科研不端行为调查处理机制、自愿排除协议机制、黑名单机制、撤销机制等。

一、明责阶段的科研诚信问责机制

明责是指通过政策、法律、规范、标准等形式明确规定和指出相关责任与标准，就科研诚信方面的明责而言，主要指负责任研究行为的相关制度规定及标准设置。明确科研诚信责任与标准是科研行为未发生之前的预防性告知与规范，综合来看，一般是通过制定和颁布相应的制度文件予以规定和明示，这种机制可以概称为制度规范机制。

有研究表明，就国家层面而言，世界各国一般建立了政府主导型、资助机构主导型、独立机构主导型或法律兼治型科研诚信问责制度体系。就高校层面而言，高校一般都在国家相关政策法规的指导和要求下，制定符合本校实际的科研诚信相关制度，教育为主、惩罚为辅，明责、知责、察责、追责各阶段紧密结合，发挥综合效应。国家和高校两个层面的科研诚信问责制度都具体详细地体现出问责制的各要素，责任明确，程序具体，预防为主，惩罚为辅，以便起到良好的综合问责效果。[1] 例如，澳大利亚制定了国家层面的《澳大利亚负责任研究行为规范》（2007）[2]，澳大利亚麦考瑞大学据此制定了校本层面的《麦考瑞大学负责任研究行为守则》（2017）[3]，这些制度都对科研

---

① 周湘林．体系与内容：科研诚信问责制度分析［J］．江苏高教，2020（3）：59-67.

② Australian Code for the Responsible Conduct of Research, 2018 ［EB/OL］. https：//www. nhmrc. gov. au/about-us/publications/australian-code-responsible-conduct-research-2018.

③ Macquarie University Code for the Responsible Conduct of Research ［EB/OL］. https：//staff. mq. edu. au/work/strategy-planning-and-governance/university-policies-and-procedures/policies/responsible-conduct-of-research.

机构、科研人员等主体的责任予以明确规定。这种通过建立科研诚信问责制度体系以明确相关主体责任等事项的机制正是制度规范机制。

二、知责阶段的科研诚信问责机制

责任明确后，如何让相关责任主体知晓，这并不必然是一个自动的过程，还应采取一些相应举措予以推动，以便让责任要求深入人心、落实到行动。知责阶段的科研诚信问责机制就是使广大科研人员和科研机构等责任主体知晓科研诚信相关制度，主要涉及教育培训机制、承诺与荣誉守则机制等。

第一，教育培训机制。指贯彻教育为主、惩罚为辅的原则，通过打造科研诚信教育内容和课程体系、职业生涯教育培训体系、体验式学习、情境学习等方法[1]，让科研相关主体知晓制度规范和要求。有研究表明，科研诚信知识对科研诚信技能产生显著影响，科研诚信知识、科研诚信技能和科研诚信态度对科研诚信行为产生显著影响，因此应将科研诚信知识的传授、科研诚信技能的实践以及科研诚信态度的培养有机结合起来，辅之以多样化的教育手段和教育模式，从而实现科研诚信教育的目标，最终影响学生的科研诚信行为。[2]

第二，承诺与荣誉守则机制。指事前对相关事项做出保证性说明和责任承诺。这种方式在行政管理、项目管理、信用管理等领域得到了广泛使用，在科研诚信问题治理中也时常用到。如，在研究项目申请、毕业论文提交、研究成果发表等环节，研究人员被要求在与此相关的"承诺页"签名，表示遵守相关规定、没有出现违规行为、对相关要求负责等。又如，将学校所推崇的荣誉观念分类列出来，并广而告之，而且要求新生入学时在荣誉守则上签名，使荣誉观念深入人心，营造遵规守纪的良好校园氛围。有研究表明，荣誉守则机制能激发学生强烈珍惜荣誉感，不屑于采用虚伪和欺诈行为来应付学校和老师。在有荣誉守则机制的大学中，学生的不诚信行为很大程度上少于没有荣誉守则机制大学的学生。[3] 可见，承诺机制和荣誉守则制度通过观念影响能起到很好的事前问责作用，有助于促进科研诚信建设。但承诺机制

---

① 中国科学院.科学与诚信：发人深省的科研不端行为案例［M］.北京：科学出版社，2013：60.

② 汪伟良，刘红.基于结构方程模型的科研诚信行为影响因素［J］.中国科技论坛，2015（4）：5-10.

③ 韩宇.荣誉守则对大学图书馆道德管理方法的启示［J］.大学图书馆学报，2011，29（5）：5-9＋21.

和荣誉守则机制同样都不是"万能药",并不能解决所有的科研诚信问题,必须与其他相关问责机制相结合,发挥综合作用。

三、察责阶段的科研诚信问责机制

察责是指对是否遵循责任要求进行查检、比对。察责阶段的科研诚信问责机制是在科研行为进行过程中的伴随式反映和查检,旨在及时发现问题,促进改进与提高。该类问责机制主要有内部评审机制、编研沟通机制、同行评议机制、信息披露机制、科研信用评戒机制、署名审查机制、论文查重机制、重复实验机制、利益冲突回避机制等。

第一,内部评审机制。这是一种科研人员所在团队的内部预先审查办法,即一项成果在发表之前,会作为技术备忘录在实验室或科研团队内部研究人员中进行传阅,从而引发研究人员的非正式讨论,这样能使研究结果得到内部确认,所存在的问题也能够及早被发现。例如,美国贝尔实验室(Bell Laboratories)以其杰出的科学成就获得很高的学术声誉,与其早期技术部研究院和管理层负责人所坚持的内部评审机制密不可分。但是在舍恩(Jan Hendrik Schon)事件披露后,贝尔实验室的管理层也承认,其问题出现的重要原因之一是在 20 世纪 90 年代,论文的内部审查机制已基本弃用了。[①] 可见,研究成果的内部评审机制能起到良好的事中问责作用,在研究过程中将问题消灭在萌芽状态。

第二,编研沟通机制。科研论文是研究成果的记录,也是自身或同行开展后续研究的基础。在学术期刊公开发表是研究成果正式宣布、得到认可、记录和保存的重要方式。其中,期刊编辑在这一过程中是关键角色之一,发挥极为重要的作用。对于语言、格式、规范等显性的问题,编辑能较容易把好关,但对于伪造、篡改、捏造等严重违规行为,编辑及编辑部门却不一定能及时发现。这就需要建立和完善科研人员所在机构、科研人员和学术期刊的沟通机制,增强编辑与编辑部门的责任意识,在问题未"发酵"之时及时防止,防患于未然。[②]

第三,同行评议机制。同行评议是一种经挑选的人群来评判他人研究成果的程序,做出评判的受邀专家经确认都与被评议成果的科研人员是同行或

---

① 中国科学院.科学与诚信:发人深省的科研不端行为案例[M].北京:科学出版社,2013:95.

② 中国科学院.科学与诚信:发人深省的科研不端行为案例[M].北京:科学出版社,2013:58-59.

具有同等地位。常见的同行评议出现在出版或使用、基金受助、职称评审、评奖评优、政策咨询、项目评审等过程中。同行评议是接受评议的个人或申报方，执行评议的个人，以及提出评议要求的个人、结构或组织之间的关系。传统上，同行评议被认为是保持科学客观性的法宝之一。同行评议能促进科研诚信，其本身也要讲求诚信。美国国会议员康兰（Conlan）曾指出，同行评议是一个由"老朋友"关系网主导的"精英分子系统"，这不可避免严重影响同行评议的公正性。[①] 因此，同行评议应建立健全回避与披露机制，加强匿名评审制度。[②] 可见，同行评议既是科研诚信问责机制之一，其本身也需要被问责。

第四，信息披露机制。信息不对称是影响科研诚信问题治理效果的重要因素之一，建立信息披露机制能有效提高科研诚信问责的作用。在研究过程中，如果缺乏研究进展、经费使用、科研实力、研究人员诚信指数等相关信息的披露机制，容易产生逆向选择和道德问题。许多国家通过立法等方式明确规定信息披露机制。通过相关信息披露及时发现问题，采取准入、限制等措施，提高弄虚作假的机会成本，起到及时有效的问责作用。[③] 当然，信息披露机制在很大程度上影响举报人的举报意愿，应保护举报人的信息，明确举报人与被举报人的信息披露范围，建立报告制度、公示制度。这样，才能更好地通过促进相互监督、减少恶意举报对科学家的影响、提高威慑力来促进科研诚信建设。

第五，科研信用评戒机制。建立科学的科研信用评价体系，借助互联网技术开发科研信用评价征信平台，对科研人员及相关机构进行科研信用评级，并对违规者特别是严重科研信用失信者实行全方位联合信用惩戒，能起到强大的问责作用。这能对失信科研工作者产生一处失信、处处受限的长期后发影响，比一般的行政惩戒措施更有威慑力，影响更为深远。在技术上，科研信用评戒机制首先应有行之有效的评价体系与相应规定，即按照一定的规则，遴选信用要素构建指标体系，基于信用主体的行为结果，从诚信度、合规度、践约度等方面对其科研信用情况进行评分和评级，对一般失信行为实行"扣分制"，对严重失信行为采取"一票否决制"，并能与不同机构及社会公众共

① 龚旭. 同行评议公正性的影响因素分析 [J]. 科学学研究，2004，22（6）：613-618.
② 中国科学院. 科学与诚信：发人深省的科研不端行为案例 [M]. 北京：科学出版社，2013：86-87.
③ 方瑾. 构建信息披露机制加强高校科研管理 [J]. 会计师，2016（23）：58-59.

享相关信息，实现科研管理的风险预警和失信联合惩戒。① 在制度上，建立健全相关法律法规，建立科研诚信记录系统与规则，将科研诚信和社会信用联动，将正面宣传教育与打击严重失信行为相结合，从而有效惩治和震慑学术不端行为。②

第六，署名审查机制。研究成果中的署名是体现研究成果知识产权的重要方式，良好的署名机制是与研究有利害关系的研究人员维护个人署名权的重要保障，也是对不切实际的署名问题的一种解决方式。在研究成果中署名的人员必须对该研究工作有突出贡献，对成果内容负有责任。但现实中诸如礼节性署名、馈赠性署名、照顾性署名，甚至压力性署名、贿赂性署名、欺诈性署名等不良现象则比比皆是。③ 规范研究成果署名机制是加强科研诚信问责的重要一环，应建立相关教育培训体系，使研究人员通过教育和学习习得科研活动中诸如署名等方面的技术规范和基本行为规范，提高认识，树立正确的世界观、价值观和人生观，预防为主，从源头治理。同时，应通过制度建设加强署名合规性的审查机制，加大不规范署名的制度性成本，使得不当署名者不敢为、不能为、不愿为。④

第七，论文查重机制。为了考察项目或研究成果的重复率问题，以便侦查抄袭等不良现象，借助网络技术查重可以提供一定程度的帮助。查重一般是指从已有相关数据库中通过文本挖掘和综合判断，确认待查内容与已有相关内容是否存在相同或高度相似的过程，一般先设定某百分比为参照标准。全球第一个基于互联网专门提供剽窃行为检测鉴定的网站 Turnitin⑤ 诞生于美国，Turnitin 是国际上最权威的多语种论文反剽窃检测系统，适用于毕业论文、职称论文查重等，其利用先进技术工具为制止学术诚信违规行为提供技术支持，由于其强大的威慑力而起到很好的问责作用。⑥ 国内的知网查重也非常具有权威性，适用于本科、硕士、博士毕业论文，及期刊投稿、职称评

① 国丽娜，邵世才. 科研单位和科研人员的科研信用评价指标和方法研究——从政府视角 [J]. 中国科技论坛，2019 (2)：135-142.

② 董全超，孙唯敏. 国家科研信用体系建设与研究 [J]. 中国科技资源导刊，2018，50 (4)：1-5＋70.

③ 中国科学院. 科学与诚信：发人深省的科研不端行为案例 [M]. 北京：科学出版社，2013：86-87.

④ 中国科学院. 科学与诚信：发人深省的科研不端行为案例 [M]. 北京：科学出版社，2013：86-87.

⑤ Education with Integrity [EB/OL]. [2020-08-06]. https：//www. turnitin. com/.

⑥ 主要国家科研诚信制度与管理比较研究课题组. 国外科研诚信制度与管理 [M]. 北京：科学技术文献出版社，2014：59.

审论文查重等。但查重机制不是万能的，由于"洗稿"等问题的存在，查重的有效性降低了，应当采取技术预防、行业自律、行政司法保障的组合举措予以规制。①

第八，重复实验机制。这是指研究人员宣布得出的科研成果能被其他科研人员客观地加以验证，要求科研人员详细做好各项实验记录，在发表成果时如实说明实验过程，以便其他研究人员能以相同的方法、相同的实验材料，在相同的条件下获得一致性的结果。重复实验被认为是判断科学理论和实验是否正确的关键举措，发挥着重要的问责作用。但是，重复实验机制也不总是高效的，并非所有违规或科研不端行为都能通过重复实验被及时发现。傲慢、野心、热衷新理论、忠言逆耳、不愿怀疑、信任等支配科学态度和动机的情感因素，使得其他科研人员很容易失去运用重复实验这一重要方法的动力。② 可见，应采取措施激励科研人员积极采取重复实验方法，更好地起到问责效果，及时发现和纠正存在的科研问题。

第九，利益冲突回避机制。科研人员经常面对着许多冲突的压力，如精力冲突、良知冲突、利益冲突。当个人倾向于利用其职位，为个人、直系亲属或家庭成员谋求利益时，便产生了利益冲突。利益冲突在科学研究中的危害非常大，科研人员必须遵守对利益冲突的相关规定。③ 目前，一般采用的是列举利益冲突"负面清单"④，完善以回避措施为核心的利益冲突管理机制⑤，贯彻公开、回避、禁止等一般性的利益冲突管理原则。实质上，利益冲突管理应秉持预防为主、管治为辅的管理原则，在问责的全过程中都应起到重要作用。

四、追责阶段的科研诚信问责机制

追责就是责任追究，追责阶段的科研诚信问责机制是发现、揭露、呈现科研诚信方面的问题，对反映出来的科研诚信相关问题进行审查、评估与确

① 许春明."洗稿"的法律定性及其规制［N］.上海法治报，2019-02-20（B05）.

② 威廉·布罗德，尼古拉斯·韦德.背叛真理的人们：科学殿堂中的弄虚作假［M］.朱进宁，方玉珍，译.上海：上海科技教育出版社，2004：47.

③ ［美］Francis L. Macrina.科研诚信：负责任的科研行为教程与案例［M］. 3版.何鸣鸿，陈越，等，译.北京：高等教育出版社，2011：47-50

④ 车畅.加拿大科研诚信体系中负面清单理念初探［J］.全球科技经济瞭望，2017，32（9）：26-31.

⑤ 孙平，任毅.科研诚信建设制度措施的可操作性问题探析［J］.科技管理研究，2017，37（1）：262-266.

认，并经调查处理后采取相应措施。此举重在惩罚并纠错，旨在进行直接或间接的行为矫正，并对他人行为起到警示作用。追责阶段的科研诚信问责机制主要有举报机制、科研不端行为调查处理机制、自愿排除协议机制、黑名单机制、撤销机制等。

第一，举报机制。举报指任何注意到疑似不负责任科研行为现象的人都可以按制度规定的程序向相应机构告知和揭露该种现象。相应的组织一般设立专门机构处理举报事务及举报后产生的相关事务。在处理过程中，公开听证、共分罚款协议、协调员机制等也是经常用到的措施。例如，美国采取共分罚款协议的科研不端行为举报激励机制，通过补偿提升知情者的举报意愿。德国注重协调员机制的建设，不断完善科研不端行为举报的咨询服务机制，举报人可与本机构或更高机构的协调员进行沟通、咨询或讨论，这能为举报人提供帮助和支持，也为科研工作者提供保护，还能在一定程度上提前防止科研不端行为的发生。[①] 同时，举报发生后的保护和应对机制对柜关人员举报不负责任科研行为的意愿具有重要影响。因此应采取措施支持、帮助和保护举报人。举报人的举报流程、相关权利，举报人信息的披露时间、范围及信息处理机制，对举报人的技术支持，听证及听证结果的强制力和约束性，对举报人打击报复的处理机制等方面都应有清晰规定。同时应给予被举报人救济的权利与渠道。

第二，科研不端行为调查处理机制。当科研诚信相关问题出现后，特别是触及科研不端行为的限度时，及时采取措施进行查明处理，这是各国科研诚信建设的必设环节，也是其重中之重，许多相关政策法规的主要内容就是规定科研不端行为调查的机构、方式、程序等。例如，美国的科研诚信制度比较健全，其科研不端行为调查处理程序包括举报评估、机构质询、机构调查、ORI 监督评审、行政处分、上诉与听证、行政法法官的裁决等环节。[②] 我国很多政策法规等规范性文件也就科研不端行为调查处理做了明确规定。例如，《高等学校预防与处理学术不端行为办法》就是教育行政主管部门针对学术不端行为开出的治理之方，其中规定对学术不端行为调查处理的程序包括举报/报道/披露、甄别、调查、审查认定、申诉、处理等环节。科研不端行为调查处理机制是至关重要的问责机制，对科研诚信方面问题的治理起着

① 中国科学院.科学与诚信：发人深省的科研不端行为案例［M］.北京：科学出版社，2013：58-60.

② 蒋美仕，蒋安，段诗韵.科研不端行为查处程序的比较分析——基于美国、韩国及中国的典型案例［J］.科学学研究，2013，31（4）：487-495.

非常重要的作用。在坚持实体法精神的同时，应重视程序正义原则，制定严密的科研不端行为调查处理机制，既对科研不端行为者起到严厉的惩戒作用，维护学术诚信，也为因不实的有关侵权而造成伤害者提供保护。

第三，自愿排除协议机制。签署自愿排除和解协议是美国科研诚信办公室治理科研不端行为的一个特色做法。自愿排除协议机制是依据《美国联邦行政法典》相关条款中关于"自愿排除"的规定而创新的一种科研不端案件的解决机制，采取双方协议的形式，通过当事人签署自愿排除特定权利的协议，即在当事人本人同意的前提下，个人与机构达成被排除在外的和解意愿，在一定时间内自愿将个人的某种活动权利排除在一定范围之外，以实现科研不端纠纷的和解。自愿排除具有政府层面的效力。[①] 例如，2010年，美国布罗迪（Scott J. Brody）事件中的布罗迪承认了其捏造、篡改数据和图片的不端行为，签署了《自愿排除协议》，依据美国卫生和公共服务部执行署（Department of Health and Human Service's Implementation）文件《政府范围机构的排外和暂停的准则》，就下列事项对布罗迪处以排外七年的处置，即禁止布罗迪承担或外协任何美国政府机构下拨的任何基金或研究项目，剥夺其参与非政府授权的项目或"关联交易"的资格，并禁止其参与任何公共卫生服务事业的顾问服务等。[②]

第四，黑名单机制。黑名单机制是许多管理中常用的措施，通过将不良行为者列表公示，以示警戒与处置，限制其某些权利，并供相关方在考察时借鉴参考。如我国《关于公布失信被执行人名单信息的若干规定》的失信者黑名单制度，是由全国各地人民法院以及国有银行、商业银行共同建立的对于失信执行人的对外公布及惩罚制度。科研诚信要求研究人员及相关机构诚实守信，对于失信者同样可以建立黑名单机制，起到重要的追责作用。同时，由于其透明性与威慑力，还可以起到很重要的预防功能。中共中央办公厅、国务院办公厅《关于进一步弘扬科学家精神加强作风和学风建设的意见》指出，科研诚信是科技工作者应坚守的职业基准线，对违背科研诚信要求的行为"零容忍"，这些行为一经查处认定，将按程序录入科研诚信严重失信行为数据库，在晋升使用、表彰奖励、参与项目等方面"一票否决"。目前，有高

---

① 胡金富，史玉民. 美国自愿排除和解协议的内涵、特点及启示 [J]. 科学管理研究，2017，35（5）：105.

② 中国科学院. 科学与诚信：发人深省的科研不端行为案例 [M]. 北京：科学出版社，2013：113.

校还依据相关数据整理出"期刊黑名单"予以公布①，供研究人员在论文投稿时参考。类似地，编订"学者黑名单"②、建立科研项目经费管理使用者黑名单③等也都是可取之举，让失信"黑名单"成为科研诚信的催化剂④。但黑名单机制在运用过程中也应注意信用权的保护及对黑名单机制本身的规制。

第五，撤销机制。科研诚信问题涉及数据的收集、管理、储存、共享和所有权，发表、署名、同行评议，师生关系中的行为规范与责任，合作研究中各方的义务与责任，受试者保护，环境与安全问题，以及财务责任等诸多方面。其中某一方面如果出现严重问题，科研人员取得的相应成果或资源等就应被取消或追回。常见的撤销机制有：论文由于存在学术不端行为而被杂志社撤稿，学生毕业后由于被查出学术不端行为被撤销学位，以及科研不端行为者因学术不端行为查实后被撤销职位、撤回荣誉、取消资助等。撤销机制是对当事人相应"不良行为"的一种惩罚措施，也能对其他人起到重要的警示作用。撤稿观察（Retraction Watch）网站是这方面的有力工具之一，撤稿跟踪犹如一扇深入科学进程的窗口，时刻给科研人员以监督、警示。就论文撤稿具体程序而言，一般是杂志社制定学术论文撤回机制，明确论文撤稿的规范性操作程序，使存在学术不端问题或明显错误的论文能及时有效地得到处理。⑤ 当然，在论文撤稿时，一般应载明原因，给予读者明确的解释，维护读者的知情权。但这一点在现实中做得并不太好，往往只有未加原因和说明的撤稿声明，从而可能导致比单一科研不端行为更为有害的深层性系统性问题。⑥

综上可见，整体上来看，科研诚信问责的有效运行机制丰富多样，在逻辑上形成一条明责—知责—察责—追责的完整问责链，体现出整合性全过程问责的特点。

---

① 王钟的．期刊黑名单背后 潜藏唯论文的浮躁之风［N］．科技日报，2019-05-17（007）．

② 张浩．编订"学者黑名单"［N］．科技日报．2013-04-20（002）

③ 张媛．将建立科研项目经费管理使用黑名单［N］．法制日报．2013-10-23（003）

④ 汪莹．让失信"黑名单"成为诚信催化剂［N］．嘉兴日报．2014-12-23（001）

⑤ 中国科学院．科学与诚信：发人深省的科研不端行为案例［M］．北京：科学出版社，2013：58-59.

⑥ 中国科学院．科学与诚信：发人深省的科研不端行为案例［M］．北京：科学出版社，2013：105.

第二节　我国高校科研诚信问责机制
现状分析及国外经验借鉴

　　在世界范围来看，各国一般都颁布许多制度来加强科研诚信建设，高校依据国家相关制度要求，运用国家层面的制度，制定相关校本制度，设计可行机制，对师生加强科研诚信规范，处理出现的科研诚信相关问题。

一、我国高校科研诚信问责机制的现状与问题

　　为了加强科研诚信建设，我国建立了许多制度，从问责链的角度来理解，这些制度都可以被视为相应阶段的科研诚信问责制度。依据科学技术部科研诚信建设办公室汇编的《科研诚信建设相关法律法规和文件汇编》及国务院部委等相关网站信息，改革开放 40 多年以来，从 1980 年颁布的首个相关法规《中华人民共和国学位条例》，到 2020 年发布的《科学技术活动违规行为处理暂行规定》，我国共制定实施了 100 多项科研诚信问责相关制度。这些制度涵盖法律法规、中央和国务院文件、部门规章、其他规范性文件等多种类型。特别是党的十八大以来，科研诚信相关制度建设进入高峰期。根据党的十八大提出的加强政务诚信、商务诚信、社会诚信和司法公信建设，以及十八届三中全会提出的建立健全社会征信体系、褒扬诚信、惩戒失信等文件精神和总体要求，国务院于 2014 年制定了《社会信用体系建设规划纲要（2014—2020 年）》，其中，教育、科研领域信用建设属于社会诚信建设的重要内容。随后，党中央、国务院及其他部委相继出台了 30 多项有关制度。近几年颁布的重要文件有教育部印发的《高等学校预防与处理学术不端行为办法》，中共中央办公厅、国务院办公厅印发的《关于加强科研诚信建设的若干意见》，国家发展改革委等多部门印发的《关于对科研领域相关失信责任主体实施联合惩戒的合作备忘录》，中宣部等多部门印发的《哲学社会科学科研诚信建设实施办法》，国家新闻出版署印发的《学术出版规范——期刊学术不端行为界定（CY/T174—2019）》，科技部等多部门印发的《科研诚信案件调查处理规则（试行）》，教育部、科技部印发的《关于规范高等学校 SCI 论文相关指标使用 树立正确评价导向的若干意见》，科技部、国家自然科学基金委员会印发的《关于进一步压实国家科技计划（专项、基金等）任务承担单位科

研作风学风和科研诚信主体责任的通知》，科技部印发的《科学技术活动违规行为处理暂行规定》等。

依据国家层面的科研诚信问责制度，我国高校也普遍制定相关制度以促进科研诚信建设。这些制度一般主要由来自国家层面的相关制度，以及学校办公室、科研处、教务处、人事处、研究生院以及社科处等部门发布的相关文件组成。一项调查研究①对我国 42 所一流大学建设高校的科研诚信制度及教育状况进行了分析，结果显示，这些高校对国家科研诚信政策法令宣传力度不够，科研人员不能把握大势与大局；负责科研诚信问题治理的管理机构不统一，科研诚信教育缺乏顶层设计；科研诚信教育呈现开设相关课程、讲座、报告、慕课等多种施教形式，但协调配合的局面没有形成；目前，制定校内学术规范要求是高校科研诚信教育的主要渠道和重要内容，这些高校中大部分高校的学术规范在结构上基本相同，对学术不端行为的认定基本接近，但不同高校的具体文本内容详略不一，差异性较大，高校内部学术规范不统一可能会影响科研人员科研行为的选择，甚至出现某些混乱；高校官网对科研诚信案例宣传教育重视不够。

为了进一步深入考察，本研究以 C 大学（C 大学为我国一流学科建设高校，属于行业性研究型大学）为例，在该大学官网（主要是校办、科研处、研究生院、教务处、人事处、纪委办、发展规划处等部门的网站），共搜索到科研诚信相关制度文件 51 个，其中国家层面（含校外有关机构）的政策法律文件 23 个，校本制度文件 28 个。校本科研诚信相关制度文件如《C 大学章程》《C 大学学术委员会章程》《C 大学学术道德规范》《C 大学学术道德建设实施细则》《C 大学关于进一步加强科研项目管理规范科研行为的实施办法》《C 大学关于进一步加强和改进师德建设工作的意见》《C 大学教师职业道德规范》《C 大学教师师德失范行为处理办法》《C 大学学生违纪处分管理规定》《C 大学研究生学位论文不端行为检测办法》《C 大学研究生课程论文学术不端行为检测实施办法（试行）》等。通过对 C 大学校内制度文本进行分析后发现，从问责链的角度来看，C 大学的科研诚信问责机制侧重于明责阶段和追责阶段，知责阶段和察责阶段的科研诚信问责机制相对较少。在明责阶段，校内外相关制度运用较多，采用多元方式明确科研诚信相关责任与标准，制度规范机制运用得比较好，但制度的体系性及在各部门之间的联通性不强，校内尚缺乏科研诚信总体性、统摄性的制度，也没

① 袁子晗，靳彤，张红伟，等．我国 42 所大学科研诚信教育状况实证分析［J］．科学与社会，2019，9（1）：50-62．

有统一的部门来建立、运行相关制度。在知责阶段，研究生新生入学教育涉及科研诚信内容，对课程论文、毕业论文等有科研诚信相关要求，项目申请及论文提交中有签名承诺环节，这些涉及科研诚信教育培训机制、承诺机制，但还很不充分，也没有荣誉守则等机制。在察责阶段，强调最多的是学生论文学术不端检测，其余还有同行评议、利益冲突回避等机制的运用，但内部评审、署名审查、重复实验、科研信用评戒、信息披露等机制未见明确规定和运用。在追责阶段，对学生违纪处分、教师师德考评、师德失范行为处理、举报、科研不端行为调查处理、撤销机制等的强调较多，这些内容也得到各方的高度重视，但自愿排除协议机制等没有明确规定和运用。

综上可见，我国高校科研诚信问责制度建设有一定体系，科研诚信问责机制得到一定程度的运用，但也还存在如下一些问题亟待解决。

第一，在明责阶段，制度规范机制在高校得到不同程度的运用。一般情况下，高校都是将国家层面的科研诚信问责相关制度与校内制定的科研诚信问责相关制度结合起来。但国家层面的科研诚信问责相关制度在各高校的运用差异性较大，有的比较完善，有的比较欠缺。高校重视校本科研诚信问责相关制度建设，但统一性、系统性有待加强。

第二，在知责阶段，高校有一定的教育培训活动，也在一些相关环节使用承诺制。但形式比较简单，也比较零散，协调配合不够，涉及面不宽。

第三，在察责阶段，论文查重、同行评议、利益冲突回避等机制在高校得到一定程度的运用，但更多的是强调论文查重、同行评议等机制，结合内部评审、署名审查、重复实验、科研信用评戒、信息披露等进行的长效机制建设还不完善。

第四，在追责阶段，举报、科研不端行为调查处理机制在各高校都得到重视和运用，程序比较清楚。但这些机制运行的力度、其他相关机制的运用，以及机制之间的协调配合等都有待加强。

二、国外部分高校科研诚信问责机制经验借鉴

世界主要国家的高校普遍重视科研诚信建设，加强对师生的科研管理。一项研究资料①显示，欧洲、美洲、亚洲若干高校在科研诚信建设方面都采取

---

① 主要国家科研诚信制度与管理比较研究课题组. 国外科研诚信制度与管理［M］. 北京：科学技术文献出版社，2014.

了多元化的举措，其中有许多运行有效的问责机制值得借鉴。下面据此概述数例。

美国麻省理工学院的科研诚信问责机制主要有课堂教育、举报、调查、教师行动等，通过举报—质询—调查—报告—处理程序处理教师学术不端行为，并通过教师课堂要求、教师私人会面、教师直接行动、学院处理、教育主任或纪律委员会处理等方式处理学生学术不诚信行为。乔治·华盛顿大学通过举报/主动交代、学术诚信承诺、惩罚与记录等机制来处理欺骗、伪造、剽窃、篡改或伪造文件等学术不诚信行为。美国高校在科研诚信相关问题治理方面一般都做到学生、教师、管理人员各司其职，积极参与；教育形式和方法灵活多样，如向学生发放新生手册、荣誉守则，在学校官网主页公布信息，举办"学术诚信周"活动，开设学生诚信课程，发行学生诚信刊物等；对学生的违规行为不姑息、严厉处罚，如纳入诚信体系，做出作业不及格、课程不通过、休学或开除处理，在证明材料中注明"学术不诚实"等。

加拿大维多利亚大学依照加拿大三大理事会发布的《关于研究与学术诚信的政策声明》，遵循教育和防范为主、惩罚为辅的原则，进行学术文化培育，如公开讨论、主题活动、合作项目等；明确教师是实施任何学术诚信政策的关键，如清楚告知、识别原因、讨论政策及后果、技术鉴别、防范措施（如在教学大纲列明、提供不同版本的试卷、调整学业评价方式、设置难度适中的考试并监考、设置小型考场等）；图书馆也发挥重要作用，如对新生进行文献引用培训、帮助教师做出鉴别、提供网络文献与相关链接等。

巴西圣保罗大学采用反剽窃研讨会、讲座、反抄袭签名等宣传倡议活动促进科研诚信教育，对科研诚信问题进行投诉、调查等。

德国海德堡大学强调共同责任，规定对涉嫌学术不端行为的处理程序，采用监察员、听证会、指控、调查等机制。不来梅雅各布大学对什么是学术诚信、教师的责任、学生和教师的共同责任、学术诚信委员会的职责、学生违反规定的处理、教师违反规定的处理等做出详细说明和规定；采用师生签名使师生知晓学术诚信守则、听证会、回避、保密、指控、商谈、调查、申诉、上诉、记录保存等机制；区分不同程度（情节较轻、情节严重、反复违规）的违规惩处。德国各高校都以《研究行为规范》（由德意志研究联合会制定）、《关于保障良好学术规范的建议》（由德意志研究联合会制定）、《对大学学术不端行为的处理建议》（由德国大学校长联席会议制定）、《马克斯·普朗克学会涉嫌学术不端行为的诉讼条例》（马克斯·普朗克学会行政部制定）为依据和参照，然后制定相关校本制度。

丹麦奥尔胡斯大学依据《大学法》《研究咨询系统法》等，对科研诚信问题治理的原则、委员会、程序、处罚、保密性等做出详细规定，采用指控、调查、处理利益冲突等机制。

挪威高校如卑尔根大学、挪威科学技术大学等，一般都采用专门课程、研讨会、教学内容中含研究伦理问题、专门的伦理案例网站等举措来促进科研诚信。在挪威的大学中，科研诚信问题治理相关管理机构可分三类，一是学校董事会有管理权，二是学校董事会下属的中央研究委员会对研究伦理问题有咨询和处置权，三是研究委员会有专门处理相关问题的权利。

芬兰的韦斯屈莱大学、坦佩雷大学等高校一般都通过学校内部调查、国家研究伦理顾问委员会进一步处理相关问题，包括申诉、自律、科研诚信行为准则联名签署活动举措，此外，还在日常教学和科研活动中对学生进行教育，召开针对研究人员的科研诚信研讨会并开设课程，处理曝光科研不端行为，安排师生阅读相关书籍，提交报告。科研诚信的管理一般也有两种方式，即建立专门的伦理委员会或设立专门的职位。

澳大利亚昆士兰大学制定了与负责任的科研行为、署名权、研究数据与原始资料管理、科研不端行为处理相关的四项规定，并对科研人员进行相关教育和培训，对举报、保密、惩处等机制做出规定。澳大利亚各高校的科研规范积极倡导培育科研人员的责任、诚信和道德，并对校、系、研究室的领导以及导师、学生在研究活动中应负的责任做出具体规定和要求。各高校都对科研数据的管理、科研成果的发表和署名、潜在的利益冲突等可能引发科研诚信质疑的关键环节做出明确要求。

日本东京大学界定科研不端行为，采用质疑申请、听证、调查、处理、解释、处罚等相应机制。早稻田大学依据《早稻田大学学术研究伦理宪章》，颁布校内规章制度，来切实应对科研不端行为，如《学术研究伦理准则》和《防止科研活动不端行为的守则》。其中，《学术研究伦理准则》从基本行为、研究信息及设备管理、研究成果发表/授权规范、对他人的学术评价、个人信息保护、禁止骚扰等方面对研究人员职责进行详细规定；《防止科研活动不端行为的守则》从禁止科研不端行为、规范研究经费使用、培训指导、调查科研不端行为等多个方面进行详细规定，采用报告、初步调查、全面调查、律师援助、申诉、重新调查、恢复声誉等机制。

韩国高丽大学出台《确保研究诚信的研究伦理指南》，定义了科研不端行为，指出科研不端行为包括伪造和篡改、剽窃、署名不当、重复发表，规定对违反指南的人进行纪律处分并可能判定研究成果无效、取消根据相关研究做出的晋升决定、从研究成果表中清除或撤销该论文等处罚。高丽大学还在学生守则中定义了学术不端行为，即作弊、剽窃、伪造、助推学术欺诈，违背情形分为四级，学生如果触犯学术诚信规范达到最严重的第四级，可能会被校方永久除名。韩国科学技术院专门开设研究伦理课程"伦理与安全"，将其作为本科生和研究生的必修课，学生在网站完成注册和在线学习，通过在线考试后才能取得毕业证。首尔国立大学研究诚信委员会加强科研诚信管理，师生发表论文都要经过研究事务办公室的审查，与人类有关的所有研究都要事先向生物伦理委员会汇报。韩国政府政令《研究伦理指南》（非法律）规定，每年获得 1000 万美元以上资助的大学必须创建和常设研究诚信委员会。韩国大学研究伦理制度化建设很成功，研究诚信委员会的设立对于约束大学师生起到了非常积极的作用。韩国很多大学开设课程，推动研究伦理教育，有的课程直接涉及研究伦理，有的课程涉及广义的科学与社会或者工程与社会的关系，还有的课程在日常实验环境和写作过程中向学生强调研究伦理。

从上述内容可以看出，所列举高校都非常重视科研诚信建设，采取了许多非常具体的机制加强科研诚信相关问题治理。其中贯彻的主要原则是教育预防为主、调查惩治为辅，体现出的问责机制丰富多样，许多经验值得借鉴。

第一，明责阶段的制度规范机制得到充分运用。基本做法是：国家颁布科研诚信问责系列制度，高校运用国家层面的制度，并据此颁发校内科研诚信问责相应制度。

第二，非常重视知责阶段的科研诚信问责机制。开设科研诚信专门课程，设定考试诚信要求，将科研诚信相关内容融入教学中；运用科研诚信手册、书籍、网络资源、讨论会、讲座、图书馆相关培训等开展教育培训；通过举办"科研诚信周"活动、签承诺书、制定荣誉守则等方式进行文化培育，使科研诚信观念深入人心。

第三，察责阶段的科研诚信问责机制丰富多样。可以从师生沟通、论文审查、伦理审查、利益回避、建立信用体系等多个环节考查科研诚信状况与可能的问题。

第四，追责阶段对科研不端行为的调查非常严格，处罚也很严厉。指控、调查、回避、利益冲突处理、监察、听证、申诉、上诉等体现了严密的处理程序。信用体系记录、课程作业不通过、休学开除、黑名单等措施的运用则体现出对科研不端行为绝不姑息、零容忍的严厉处罚态度。这些方式的综合运用起到良好的科研诚信问责作用。

第三节　加强我国高校科研诚信问责机制建设

科研诚信的主旨是倡导负责任的研究行为，我国制定了许多科研诚信问责制度，包括党和政府文件、法律法规、专门规范、职业道德规范、倡导性文件及其他文件等多种类型。高校也制定相关科研诚信问责制度，运用相应的问责机制加强科研诚信相关问题治理。但是，诸如一稿多投、不当署名、抄袭、造假、篡改、编造等违背科研诚信的问题仍时有出现，科研诚信问责机制有待进一步完善。针对我国高校科研诚信问责机制方面存在的上述问题，并借鉴国外相关高校运用科研诚信问责机制的可行经验，我国高校应从以下几方面加强科研诚信问责机制建设。

一是完善科研诚信问责制度体系建设。高校应将国家层面各类科研诚信问责制度作为加强科研诚信建设的指导和依据，并在学校官网集中公布这些制度。同时，高校还应加强校内科研诚信问责制度建设，使科研诚信相关问题治理的手段细化、可操作化。校内外科研诚信问责制度形成体系完整、分类清楚、实施方便、运行有力的格局。

二是重点加强知责、察责阶段的科研诚信问责机制建设。通过制度明确科研诚信相关要求和标准后，应坚持教育预防为主、处罚为辅的原则，将知责、察责阶段的科研诚信问责机制充分用好，采用多种途径防患于未然。而不是颁布制度后就不管不问，待到出现科研诚信问题后再处理。

三是加大追责力度，提高违规成本。出于多方面的原因，科研诚信问责制度也有失灵的时候，这样就难免会出现各类科研诚信方面的问题。这些科研诚信相关问题从程度上可区分为学术不当行为、学术不端行为和违法犯罪行为。应综合运用各类科研诚信问责机制，及时发现科研诚信问题，并按程序严格处理，通过惩罚起到震慑和规训作用。

四是加强校内科研诚信相关问题治理的组织机构建设。高校应指定或成立专门机构统一负责科研诚信问题治理中的制度建设和组织协调工作。

同时，加强科研诚信问题治理的流程建设，提高科研诚信问责的效率和效果。

总之，科研诚信问责机制丰富多样，各种机制在科研诚信问责的明责—知责—察责—追责的相应环节发挥一定的作用，科研诚信问责机制应形成完整的体系。加强科研诚信建设，杜绝科研不端行为，必须采取综合措施，在不同问责事项或情境中整合运用不同的问责机制，以便取得更好的效果。

第七章

加强高等学校科研诚信教育

科研诚信教育是重要的科研诚信问责机制之一，是加强科研诚信问题治理、遏制学术不端行为的重要手段，一定程度上来说，甚至是加强科研诚信建设的治本之策。作为科学研究与人才培养高地的高等学校理应系统地加强科研诚信教育。

有研究显示，当前我国高等学校在开展科研诚信教育方面总体上存在重视不足、投入不足、动力不足[①]、体系不全、流程不畅等问题。针对这些问题，有关科研诚信教育方面的研究已探讨或澄清了许多问题。例如，科研诚信教育的概念、教育者、科研诚信规范、教育手段、教育方法、教育途径等的界定[②]，科研诚信教育的性质及师资队伍建设[③][④]，科研诚信培育的微观机理及其培育策略[⑤]；美国科研诚信教育政策的内在机制及其启示[⑥]，我国科研诚信政策及其实施与变迁分析[⑦]；美、英、德、欧盟及其他国家和组织关于科研诚信教育的方式、模式、对象、目标、内容、课程、

---

① 苏洋洋，董兴佩．论我国高校科研诚信教育制度之完善［J］．山东科技大学学报（社会科学版），2019，21（2）：110-116.

② 肖雪珍，王念，殷刚．科研诚信教育的内涵、途径和意义［J］．教育教学论坛，2014（10）：9-11.

③ 郭金明．论自然辩证法教师与研究生科研诚信教育的契合［J］．自然辩证法研究，2016，32（10）：120-125.

④ 郭金明，范君．论研究生科研诚信教育的性质［J］．安徽理工大学学报（社会科学版），2016，18（6）：34-38.

⑤ 王华，张同建，谢振宇，等．我国科研人员科研诚信培育的扎根理论分析及策略研究［J］．科学管理研究，2021，39（2）：52-58.

⑥ 王阳，王路昊．略论美国科研诚信教育政策内在机制［J］．科学学研究，2010，28（12）：1772-1777.

⑦ 冯凌子，刘敬，袁军鹏．我国科研诚信政策变迁计量分析［J］．图书情报工作，2020，64（9）：73-84.

师资、范围及开展状况等①，国外大学开展科研诚信教育的经验与启示②，国外科研资助机构助推科研诚信教育的经验及启示③，国外高校不同学科科研诚信教育的经验④；世界一流大学科研诚信教育实践的调查分析⑤，我国世界一流大学建设高校的科研诚信教育调查分析⑥；我国科研诚信教育的现状、问题与对策建议⑦⑧，以正确的科研价值观引领和促进科研诚信教育与评价⑨，等等。可以说，上述研究为科研诚信教育相关新问题的探讨提供了很好的起点和重要的基础。

马克思主义系统观认为，任何事物都包含系统和要素两个方面，事物是由诸要素相互作用构成的整体。作为整体的系统具有开放性、自组织性、复杂性、整体性、关联性、等级结构性、动态平衡性、时序性等基本特征。⑩ 按照马克思主义系统观，可以将高等学校看作一个由师生员工组成的教育系统，而其又包含各处室、各院系等子系统，同时，高等学校本身又是社会系统中的子系统。因此，应从系统论视角来对高等学校科研诚信教育问题进行整体性思考与设计。那么，高等学校开展科研诚信教育，就应当调动内外部各因素的积极性，密切配合，协调运作，方能起到综合治理的良好效果。概而论之，首先应形成科研诚信教育体系，然后构建清晰具体的科研诚信教育运作流程，并通过内外部多种动力来推动开展科研诚信教育。那么，高等学校究竟应构建什么样的科研诚信教育体系，其具体运作流程如何架构，如何促动各相关主体积极开展科研诚信教育，这些问题尚缺乏深入系统的分析。本研

① 王飞. 当前我国科研诚信教育中的问题与对策性建议 [J]. 科学与社会，2019，9（1）：64-65.

② 吴晶晶. 国外科研诚信建设对我国大学生诚信教育的启示 [J]. 北京教育（德育），2011（2）：75-77.

③ 杨茜，王聪. 国外资助机构在推进科研诚信类教育中的实践与启示 [J]. 中国科学基金，2020，34（3）：311-317.

④ 刘星，王晓敏. 医学院校科研诚信教育模式探讨 [J]. 卫生软科学，2019，33（3）：65-68.

⑤ 刘晓娟，刘慧平，潘银蓉，等. 世界一流大学的科研诚信教育与启示——以2019年QS大学排行榜22所大学为例 [J]. 中国高校科技，2021（9）：4-9.

⑥ 袁子晗，靳彤，张红伟，等. 我国42所大学科研诚信教育状况实证分析 [J]. 科学与社会，2019，9（1）：50-62.

⑦ 徐巍. 高校科研诚信教育发展现状及经验借鉴 [J]. 高教学刊，2020（20）：18-19.

⑧ 苏洋洋，董兴佩. 论我国高校科研诚信教育制度之完善 [J]. 山东科技大学学报（社会科学版），2019，21（2）：110-116.

⑨ 孙菁. 科研价值观教育与大学生科研诚信评价机制的构建 [J]. 课程教育研究，2018（34）：85.

⑩ 魏宏森，曾国屏. 系统论——系统科学哲学 [M]. 北京：清华大学出版社，1995.

究拟对此进行探究，以期能助推高等学校更加有力高效地推进科研诚信教育，加强科研诚信建设，提升科研诚信问题治理效能，进而促进各研究相关主体科研诚信品质的提升。

第一节　完善高等学校科研诚信教育体系

高等学校开展科研诚信教育首先应将高等学校视为相应的系统，并厘清各子系统与教育要素，进而构建完善高等学校科研诚信教育体系。综合来看，应按照教育要素的基本要求落实系列问题，如谁组织、谁施教、谁受教、教什么、如何教、什么时候教等。目前来看，依据《教育法》，《高等教育法》，中共中央办公厅、国务院办公厅《关于进一步加强科研诚信建设的若干意见》，教育部《高等学校预防与处理学术不端行为办法》等相关政策法规，及前述相关科研诚信教育研究成果，可以对高等学校科研诚信教育各要素进行分析。

组织方面，由高校学术委员会或学风建设委员会牵头负责，科研处组织有关科研项目、成果等方面的科研诚信教育，人事处组织有关教学科研人员、管理人员方面的科研诚信教育，研究生院组织有关研究生学术科研方面的科研诚信教育，教务处组织有关本科生学术科研方面的科研诚信教育，宣传部、学生处等部门组织开展有关科研诚信的宣教活动，图书馆组织有关图书文献等方面的科研诚信教育等。

施教方面，由专任教师、思政课教师、专业课教师、学生导师、知名专家与科学家或第三方机构提供科研诚信相关教育。

受教方面，高等学校教学科研人员、管理人员、学生等在科研活动中都要接受相关科研诚信教育。

内容方面，这涉及有关科研的伦理道德教育、文化认知教育、利益教育、规制教育、规范教育及相应的技能教育。而直接的科研诚信教育内容主要涉及科研数据管理、科研合作、指导责任、发表实践与作者责任、同行评议、科研不端行为、人体/动物实验等方面。[①] 为此，应有相应的系列教育资料，如基础教材、政策汇编、案例教材、专业领域教材等。

---

① 刘晓娟，刘慧平，潘银蓉，等．世界一流大学的科研诚信教育与启示——以2019年QS大学排行榜22所大学为例［J］．中国高校科技，2021（9）：4-9.

手段与方法方面，从国内外实践状况综合来看，这包括课堂、工作坊、示范、讲座、报告、论坛、研讨会、调研、培训（培训学员与培训师）、课程手册、学生指导手册、承诺、读书、演讲、辩论、竞赛、漫画、演出、评选、展览、主题活动、倡议、宣传单或指导说明、案例、实践、网站、科研诚信教育产品等。

时点方面，宜在学生入学，教职工入职、申报项目、发表成果、评奖评优，开设专门课程、渗透课程时，及其他定期或不定期的专门活动时间开展科研诚信教育。

上述各要素实质上组成了一个科研诚信教育体系，其基本框架如图 7-1 所示。其基本逻辑是，通过一定的机制，高等学校积极组织开展科研诚信教育，在具体过程中，把握适当的教育时点、安排合理的教育内容、采取合适的教育手段，最终使受教者获得良好的科研诚信教育并具备良好的科研诚信品质。

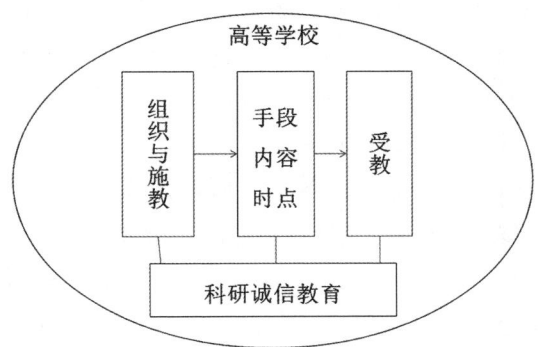

图 7-1　高等学校科研诚信教育体系

第二节　构建高等学校科研诚信教育运行流程

高等学校开展科研诚信教育涉及多元主体、多个时点。对于如何打通各主体之间的联系，以及如何连接各个时点等问题，需要在把握科研诚信教育体系的基础上，进行科研诚信教育流程建造及再造。《关于进一步加强科研诚信建设的若干意见》指出，应加强科研活动全流程诚信管理；应将科研诚信工作纳入日常管理，加强科研诚信教育；在入学入职、职称晋升、参与科技计划项目等重要节点必须开展科研诚信教育。《高等学校预防与处理学术不端行为办法》指出，高等学校应当建立教学科研人员学术诚信记录，在年度考核、职称评定、岗位聘用、课题立项、人才计划、评优奖励中强化学术诚信考核。《哲学社会科学科研诚信建设实施办法》指出，哲学社会科学科研诚信建设责任单位应建立覆盖科研活动全领域全流程的科研诚信监督检查制度，在科研项目、人才计划、科研奖项、成果发表等各项科研活动的各个环节加强科研诚信审核；在年度考核、职称评定、岗位聘用、评优奖励中强化科研诚信考核。高等学校是科研诚信建设责任单位的主要成员之一，应当加强科研诚信教育。但高等学校如何组织实施科研诚信教育，形成全领域运行通畅的流程，相关政策并没有对此做出具体规定，导致当前高等学校开展科研诚信教育大多处于有分工无协作、零散、无序的状态。因此，各高等学校必须依据实际情况进行科研诚信教育运行流程建设。

科研诚信教育运行流程是指科研活动相关组织以特定方式进行的，系列的、连续的、有规律的科研诚信教育活动，其导致特定的科研诚信教育效果的产生。[①] 从层次上来看，高等学校科研诚信教育运行流程主要有学校级流程、部门级流程、岗位级及事项级流程。从类型上来看，高等学校科研诚信教育运行流程主要有管理流程、业务流程与辅助流程。本研究在此主要论述高等学校科研诚信教育学校级管理流程。从上述高等学校科研诚信教育体系相关情况来看，本研究认为，高等学校科研诚信教育涉及的部门主要有学术委员会（或功能类似机构）、人事处、科研处、研究生院、教务处（或本科生院）、图书馆、学生处、宣传处、各院系（或学部）及项目资助机构等；涉及的主要时段主要有入职入学、平常期、问题期、科技计划项目申报和执行、成果输出、职称晋升、评优评先等。据此，可以构建高等学校科研诚信教育整体运行流程，具体如图 7-2 所示。

可对上述高等学校科研诚信教育运行流程做如下解释。

第一，高等学校学术委员会承担科研诚信教育指导、统筹安排及监督管理责任。《关于进一步加强科研诚信建设的若干意见》指出，科研机构、高等学校要通过单位章程或制定学术委员会章程，对学术委员会科研诚信工作任务、职责权限做出明确规定，并在工作经费、办事机构、专职人员等方面提供必要保障。学术委员会要认真履行科研诚信建设职责，切实发挥审议、评定、受理、调查、监督、咨询等作用。《高等学校预防与处理学术不端行为办法》指出，高等学校应当充分发挥学术委员会在学风建设方面的作用，支持和保障学术委员会依法履行职责，调查、认定学术不端行为。可见，我国相

---

① 水藏玺，吴平新，刘志坚．流程优化与再造［M］．3 版．北京：中国经济出版社，2013.

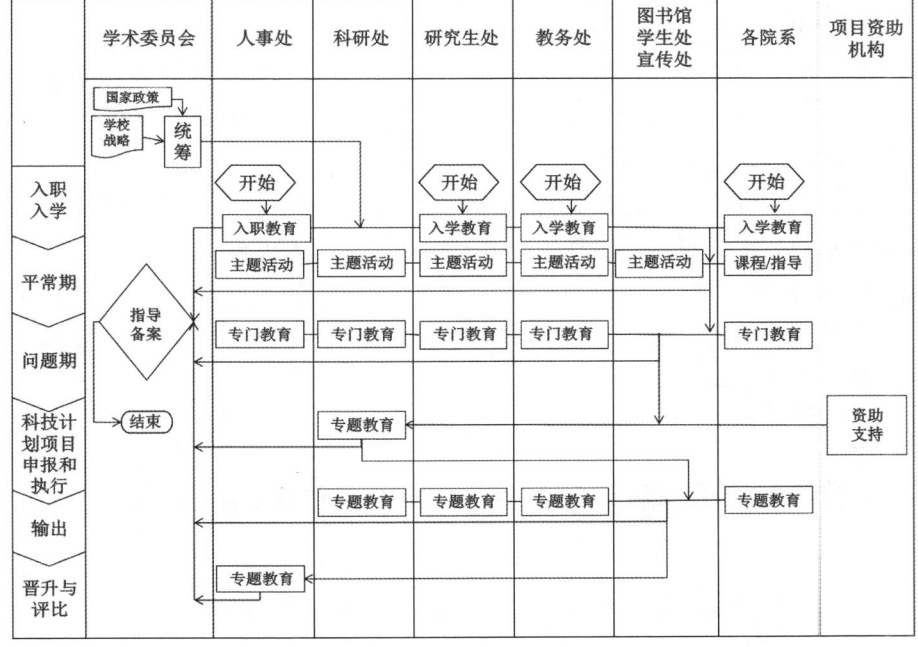

图 7-2　高等学校科研诚信教育运行流程图

关政策法规规定了高等学校学术委员会负责科研诚信建设的相关职责与权限。高等学校学术委员会应依据国家科研诚信政策、法规与相关规范，及学校发展战略布局，负责统筹协调本校科研诚信教育，并履行相应的审查、监督及评价等职责。

第二，师生（含教师、管理人员、研究生、本科生等）从入职或入学即开始接受科研诚信相关教育，具体可由人事处、研究生院、教务处及各院系组织入职入学教育。学术委员会负责相关审查、监督与评价等工作。

第三，教师在职、学生在学期间，人事处、科研处、研究生院、教务处、图书馆、学生处、宣传处等部门都可通过多种形式定期或不定期开展相应的科研诚信教育主题活动，各院系则主要通过课程、导师指导等方式系统地加强专业性科研诚信教育。学术委员会负责相关审查、监督与评价等工作。

第四，当某些科研诚信问题出现苗头或突显时，人事处、科研处、研究生院、教务处及各院系，应及时组织开展有针对性的科研诚信专门教育，并提供相应的指导、帮助与支持，以便化解问题。学术委员会负责相关审查、监督与评价等工作。

第五，在科技计划申报、执行过程中，相关科研项目的资助机构提出规则与要求，并提供相应指导、支持及资助，学校科研处牵头组织科研诚信专题教育。学术委员会负责相关审查、监督与评价等工作。

第六，在科研成果输出时段，科研处、研究生院、教务处及各院系等部门应组织开展相应科研诚信专题教育，把好成果产生前的最后一道关，防患于未然。学术委员会负责相关审查、监督与评价等工作。

第七，在职称晋升及评优评先等活动中，人事处等部门应严把师德师风与科研诚信关，牵头组织开展科研诚信专题教育。学术委员会负责相关审查、监督与评价等工作。

在上述流程中的各阶段，科研诚信教育既相对独立又前后衔接，形成一个全领域、全覆盖的整体。

第三节　增强高等学校开展科研诚信教育的动力

高等学校科研诚信教育体系的有效运转，及相应流程的通畅运行，需要一定的动力或压力进行助推，方能更好地达到目标。此种动力或压力不会普遍地自然产生，那么，高等学校加强科研诚信教育应在什么时候发力，又应如何发力呢？

首先，应抓住科研诚信教育的关键节点。关键节点本来用于历史新制度主义理论中，指导致制度变迁的关键时期及事件。如有研究表明，党的六届六中全会是我国党内法规制度建设的关键节点[1]；党的十八大是中国共产党党内巡察制度变迁的关键节点[2]；《国家职业教育改革实施方案》的颁布是我国职业教育国家制度建构模式转型的关键节点[3]，等等。本研究认为，关键节点概念除了可以用于解释制度变迁的重要时点，同样可以用于解释制度内部的关键性重要安排。制度内部的关键性重要安排，可以简称制度关键节点，其对于制度功能和作用的发挥至关重要，舍此制度效能将大打折扣。

正如前述，我国政策（如《关于进一步加强科研诚信建设的若干意见》《高等学校预防与处理学术不端行为办法》等）要求，在入学入职、职称晋

---

① 陈家刚．六届六中全会：党内法规制度的关键节点 [J]．前线，2021（9）：21-25．

② 田湘波．路径依赖和关键节点理论视角下的巡察制度变迁 [J]．宁夏社会科学，2021（2）：48-54．

③ 肖冰．职业教育国家制度建构的路径依赖与关键节点——兼论"职教 20 条"的制度意义 [J]．高等工程教育研究，2020（5）：140-146．

升、参与科技计划项目等重要节点必须开展科研诚信教育，在发现科研诚信方面存在倾向性、苗头性问题时加强教育，平时加强科研诚信培训、宣传以及榜样教育与警示教育。国外世界一流大学也往往抓住入学入职、职称晋升、项目申请、成果输出等重要时点，明确具体目标、培训对象和考核标准，以此促进和提升科研诚信教育质量。①

把握好科研诚信教育关键节点后，对于高等学校是否组织开展科研诚信教育、科研相关人员是否接受科研诚信教育，还需要一定的动力机制来触发，即应在科研诚信教育的关键节点创设动力机制。如，欧美等国一般通过负责任研究行为教育政策，在基金申请中强制性进行科研诚信教学培训，借助多元化合作开展科研诚信教育，提供科研诚信教育相关产品与资料，②培训（科研诚信）培训师、给予科研诚信教育专项支持与资助③，加强科研诚信考核评价与惩戒④等方式来调动科研诚信施教与受教各方的积极性。综合来讲，伦理道德要求、政策要求、合法性要求、自律要求、项目要求、评价要求及直接资助等都是可能而有效的科研诚信教育触发机制。实际上，可以将科研诚信教育的动力机制分为软机制与硬机制两种类型。软机制是指在相关政策、制度中要求高等学校在适当的时候开展科研诚信教育，但只有总体性、原则性的倡导和要求，缺乏具体的支持或惩罚措施。硬机制则是指在相关制度的总体要求下，设置具体的支持或处罚措施，对于应什么时候开展科研诚信教育、如何支持开展、达到什么标准、如何检查评测、没有实施将受到何种制裁等都做出明确规定。

目前而言，我国高等学校开展科研诚信教育的动力机制主要还重在软机制，硬机制明显不够。软机制对于是否应开展科研诚信教育、倡导科研诚信观念、明确科研诚信要求等有一定的指导与启示作用，但约束力度有限。为促进我国高等学校更好地开展科研诚信教育，在动力机制方面，现阶段应着重加强硬机制建设。

一是在国家相关制度层面，出台专门的科研诚信教育政策，实施科研诚信教育支持计划，进行科研诚信专项师资培训等。二是在相关机构层面，加

① 刘晓娟，刘慧平，潘银蓉，等. 世界一流大学的科研诚信教育与启示——以 2019 年 QS 大学排行榜 22 所大学为例 [J]. 中国高校科技，2021（9）：4-9.

② 徐巍. 高校科研诚信教育发展现状及经验借鉴 [J]. 高教学刊，2020（20）：18-19.

③ 王飞. 当前我国科研诚信教育中的问题与对策性建议 [J]. 科学与社会，2019，9（1）：64-65.

④ 吴晶晶. 国外科研诚信建设对我国大学生诚信教育的启示 [J]. 北京教育（德育），2011（2）：75-77.

强科研诚信教育强制性规定，并设定未按要求实施科研诚信教育的监测与限制性条款。如国家科学基金项目申请时，可在申报指南中明确要求申报者应接受申报单位组织的相关科研诚信教育，并出具相关证明，未做到的申报者则不符合申报资格。三是在高等学校层面，加强科研诚信教育方面的组织与流程建设、师资培训、认证制、学分制、经费支持，及相应节点的监测、反馈与激励机制建设。

总之，高等学校开展科研诚信教育是一项系统性工程，科研诚信品质的认知、内化、形成和发展也是一个过程，这一过程不是一蹴而就的线性运动，而是一个通过教育、体验、践行、自省、自律、他律反复进行，进而螺旋式上升的过程。[①] 应从教育学、科技哲学、自然辩证法、政治学、公共管理、法学、社会学、图书情报学等多个视角进行探究，从负责任研究、科学家精神、学术伦理、职业道德、学术行为规范、政策法规及具体案例等方面入手,[②] 建立全流程、全覆盖、制度化的科研诚信教育体系，构建一体化运作的科研诚信教育实施流程，并加强促进开展科研诚信教育的强有力的动力机制建设。

① 肖雪珍，王念，殷刚. 科研诚信教育的内涵、途径和意义 [J]. 教育教学论坛，2014（10）：9-11.

② 徐巍. 高校科研诚信教育发展现状及经验借鉴 [J]. 高教学刊，2020（20）：18-19.

第八章

高校科研诚信问责辅助工具

人之所长在于善假于物，许多人力难为的事借助工具就可轻松完成，或在适当工具辅助下效率更高、效果更好。在信息化、人工智能时代，高校科研诚信问责机制的具体运用也可以将传统工具与信息化工具相结合，发挥这些工具有力的辅助作用。

第一节　科研诚信问责辅助工具的一般状况

传统的科研诚信问责辅助工具很多，如与科研诚信问责有关的制度文本、专门书籍、专门图表、指导守则、承诺书、荣誉守则等，其在科研诚信问责的明责、知责、察责及追责的各阶段分别发挥一定的作用。这些工具比较常见，在此不赘述。相对于传统辅助工具而言，在信息化时代，科研诚信问责信息化辅助工具发挥了日益重要的作用。这些工具包括一般网络、OA 系统、专门网页、论文查重系统、科研诚信征信与评估系统等。一般网络主要用于科研诚信相关信息报道、举报、公示等方面。有关科研诚信的 OA 系统是科研诚信相关事务处理的一套自动化办公系统，一般嵌入高校整体的 OA 系统配合使用。关于有关科研诚信的一般网络与 OA 系统，在此也不作赘述。本研究在此主要阐释科研诚信专门网页、论文查重系统及科研诚信征信与评估系统三种辅助工具，以资借鉴运用。

科研诚信专门网页是指相关机构在其官网设置专门网页用于促进科研诚信建设。例如，澳大利亚麦考瑞大学设有专门的科研诚信办公室，并在学校官网设置网页呈现科研诚信相关的制度、资料、信息等。麦考瑞大学科研诚信专门网页分为总、分两类页面，在总页主要呈现出《麦考瑞大学负责任研究行为守则》《澳大利亚负责任研究行为规范》，明确科研诚信承诺、良好研究行为期望、关键资源等内容。① 然后，该网页分别设置"实践中的科研诚信""科研诚信顾问""培训与资源""违规与研究不端行为""举报违规与研究不端行为"五个专栏，分别呈现进一步的信息。其中，"实践中的科研诚信"专栏呈现负责任研究行为指导原则、标准和要求，研究中的人类参与者，研究数据和材料的管理、署名，研究成果的出版和发表，利益冲突，同行评议，合作研究，以及关键资源，即《麦考瑞大学负责任研究行为守则》《澳大利亚负责任研究行为规范》等规定的内容。② "科研诚信顾问"专栏呈现科研诚信顾问的威望与作用，科研诚信顾问名单，咨询程序等内容。③ "培训与资源"专栏呈现针对研究生和导师的在线培训、规范、准则，美国科研诚信办公室在线资源（包括实验室、研究所、研究案例）以及其他在线资源，如撤稿观察网站的内容。④ "违规与研究不端行为"专栏呈现什么是科研违规行为和科研不端行为，并举例阐释。⑤ "举报违规与研究不端行为"专栏就举报的时间、机构、接收、联系方式、指控的处理解决、匿名、维护公共利益、校外人员举报、报复行动或恶意指控方面的内容做出规定。⑥

论文查重系统指先设定某百分比作为参照标准，然后从已有相关数据库中通过文本挖掘和综合判断，确认待查内容与已有相关内容是否相同或高度相似。查重的一般过程可以概括为文本预处理—特征提取—模型构建—相似度判别—专家审核等环节。⑦ 全球第一个基于互联网专门提供剽窃行为检测鉴

① Research integrity［EB/OL］.（2020-04-01）［2020-04-19］. https：//www. mq. edu. au/research/ethics- integrity-and-policies/research-integrity.

② Research integrity in practice［EB/OL］.（2020-02-25）［2020-04-19］. https：//www. mq. edu. au/research/ethics-integrity-and-policies/research-integrity/research-integrity-in-practice.

③ Research integrity advisors［EB/OL］.（2020-02-25）［2020-04-19］. https：//www. mq. edu. au/research/ethics-integrity-and-policies/research-integrity/research-integrity-advisors.

④ Training and resources［EB/OL］.（2019-10-15）［2020-04-19］. https：//www. mq. edu. au/research/ethics-integrity-and-policies/research-integrity/training-and-resources.

⑤ Breaches of the code and research misconduct［EB/OL］.（2019-10-15）［2020-04-19］. https：//www. mq. edu. au/research/ethics-integrity-and-policies/research-integrity/breaches-of-the-code-and-research-misconduct.

⑥ Reporting a breach or research misconduct［EB/OL］.（2020-02-25）［2020-04-19］. https：//www. mq. edu. au/research/ethics-integrity-and-policies/research-integrity/reporting-a-breach-or-research-misconduct.

⑦ 李善青，邢晓昭，杜圣梅. 科技项目查重方法研究综述［J］. 科技管理研究，2018，38（6）：197-201.

定的网站 Turnitin 诞生于美国。国内的中国知网学术不端检测系统也非常具有权威性。

第二节　科研诚信征信与评估系统^①

科研诚信征信与评估系统是一套基于信联网技术的科研信用评价体系，借助互联网技术开发科研信用评价征信平台，对科研人员及相关机构进行科研信用评级，并对违规者特别是严重科研信用失信者实行全方位联合信用惩戒，从而起到强大的问责作用。信联网的运行逻辑主要是以互联网技术为基础，按照数据搜集—数据分析—数据动态更新—信用预警—处罚的程序，实时监控和提取公共网络和相关平台的大数据，通过精准分析建立特定的信用计算模型，形成动态的信用评估体系，并基于评估结果，对信用信息进行动态更新和实时监控，对异常行为进行风险监控，对违规行为进行警告、处罚。^②

一、科研信联网体系架构

关于科研信联网体系架构，可以从科研信联网拟实现的目标、体系、机构设置多方面进行分析。

第一，科研信联网拟实现的目标。

由于信联网技术已经在许多领域成功实践，基于其现实可行性、优势和特色，本研究期望借助科研信联网的手段，解决传统的科研诚信问责机制不能解决的一系列问题。科研信联网拟实现如下几个方面的目标。

一是完善科研诚信机制体制。信联网建设本身就是一种机制建设，通过平台数据库建设、数据分析、数据动态更新、违规预警、处罚的方式治理科研诚信问题。科研信联网把传统的科层制问责、市场化问责、独立机构问责和社会问责联动起来，形成问责主体多元协作的问责模式，使问责更有效力。

---

①　杜梦琦. 信联网科研信用体系下高校科研诚信缺失问责机制研究 [D]. 中央财经大学，2019.

②　张云起，孙军锋，王毅，等. 信联网商务信用体系建设 [J]. 中央财经大学学报，2015（4）：90-99.

二是解决信息不对称的问题。科研信联网是一个公开透明的平台，能够将每位科研人员的科研行为公开在阳光下。在科研信联网上，科学研究者的科研诚信情况都会被公开，信息公开范围非常广泛，这在一定程度上避免了传统的科研诚信缺失行为因曝光范围小而大事化小、小事化了，最终不了了之的问题。科研信联网对个人进行信用评分，而信用评分是以科研人员每项科研行为为依据的，每项历史记录都不能被篡改或抹去，这弥补了科研诚信缺失行为随时间被逐渐淡化的漏洞。

三是加强文化环境建设，肃清风气。在科研信用体系平台建成后，相比传统的举报形式，用户可以在信联网上（匿名或实名均可）进行举报，这在一定程度上能够避免大家由于碍于情面等原因不愿举报的行为选择。在科研信联网上，每位科研人员的每项科研诚信相关情况记录都会被公开，这能够起到极强的公示作用，进而能在一定程度上避免科研诚信缺失行为人因科研成就高、社会地位高等因素逃脱处罚的情况，有利于形成良好的文化风尚，肃清风气。

第二，科研信联网体系。

为了达成上述目标，科研信联网可以构建六个共同服务于科研信用体系的子系统：平台数据库、数据挖掘分析体系、信用评价体系、科研信用管理体系、信用风控监管体系、一体化问责体系。

一是平台数据库。平台数据库进行大数据征信管理，搜集并储存政府、高校和研究所、期刊和出版单位、科研人员的多元数据，一方面深入挖掘用户历史科研信用数据，另一方面广泛搜集用户其他与科研信用相关的数据，比如网络社交信用等，实现数据来源深度和广度的结合。

二是数据挖掘分析体系。基于大数据和深度学习的分析模型，对平台数据库的数据，即不同的变量进行分析，然后划分它们之间的关系，进一步通过现有数据和信用行为学习，进行深度分析，将分析结果用于信用评估。

三是信用评价体系。在平台数据库和数据挖掘分析体系的基础上，对用户信用进行打分。基于云计算和区块链技术进行信用评估（信用评估包括数据挖掘分析和信用评价两部分）。云计算具有高性能计算、分布式计算的特点，区块链具有分布式存储、高安全性的特点。区块链利用去中心化分布式存储相关信用信息，每个节点都存储着这个体系完整的信用信息且不可篡改，所以可以彼此互相为证，降低了传统技术被入侵或者人为篡改某个节点信息的风险，利用非对称加密和授权技术加密相关信用信息，大大提高了安全性。

四是科研信用管理体系。科研信用管理体系包括信用评分同步、违规行为通报、根据用户最新的信用信息进行动态评分、实时更新数据、用户的登录等统一的管理接口。

五是信用风控监管体系。在信用评测结果的基础上，依据不断动态更新的信用数据对用户科研信用进行实时监控管理。在相关单位的授权和帮助下，对用户形成的信用进行风险监管和控制，对违规用户及时警告、处罚，并定期发布科研人员个人、高校院系、高校和研究所、期刊和出版单位层面的科研信用报告。

六是一体化问责体系。科研信联网能将传统的科层制问责、市场化问责、独立机构问责和社会问责耦合起来，形成责任明晰、多元主体协作的一体化问责模式，提升合作效率，使问责更有效力。

第三，科研信联网机构设置。

随着经济和社会的进步，科研人员数量增多，科研机构不断发展，科研成果大量涌现，因此科研管理的范围也在不断扩大，精度不断细化，流程也越来越复杂，社会各界对科研管理的要求也在不断提高。科研管理领域所涉及的工作范围非常广泛，科研诚信管理也缺乏统一的标准，这给科研管理人员的工作增添了难度与复杂性。为推进科研诚信管理工作的落实，本研究参考信联网在商务领域的应用，形成科研信联网体系架构，如图 8-1 所示。

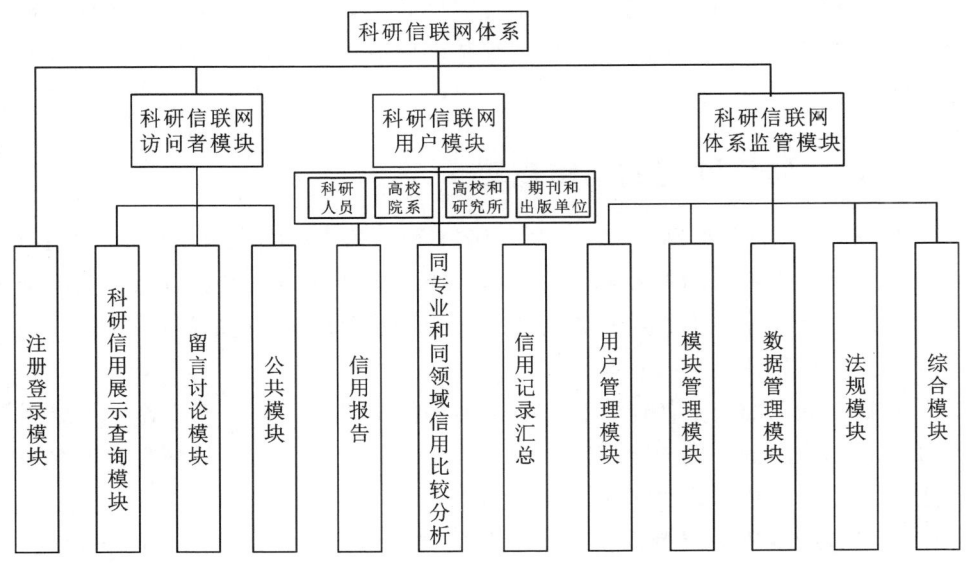

图 8-1　科研信联网机构设置

科研信联网体系主要由三部分构成——科研信联网访问者模块、科研信联网用户模块、科研信联网体系监管模块。首先，各个用户须注册科研信联网账户，然后可以登录网站，不同模块的用户可以以不同账户身份登录。系统的第一个部分——科研信联网访问者模块，是向大众开放的模块，社会公众、媒体媒介、独立机构等都可以登录访问，登录后查询任何公开的科研人员、高校院系、高校或研究所、期刊和出版单位的科研信用情况，也可以在留言讨论区表达自己的看法或者揭露科研诚信缺失行为、声讨科研不端行为主体，还可以在公共模块浏览科研诚信相关新闻和政策法规。系统的第二个部分——科研信联网用户模块，这是整个科研信用体系中最核心的模块，它包含了科研人员、高校院系、高校和研究所、期刊和出版单位四个子系统，这四个子系统互相评价，四者之间直接或按规定进行义务评价，科研信联网系统中其他人员的评价对其造成间接影响，这两部分信用最终形成信用报告，并且按照时间维度和科研成果类别汇编成信用记录汇总，信用报告和信用记录汇总是进行同专业、同领域科研信用比较分析的重要指标。科研信用报告、科研信用记录汇总、科研信用比较分析将直接影响个人或单位获得的财政拨款、招生数量指标的多少和奖励荣誉的评选。系统的第三个部分——科研信联网体系监管模块，是系统中的管理模块，具有制定法规、进行用户管理和数据管理、维护系统稳定的功能。

由此看来，科研信联网正是基于互联网技术，利用大数据和云计算分析不同平台的科研行为数据并进行信用评估，同时可根据信用结果进行监管处罚的平台。

二、科研信联网的问责逻辑

依据上述科研信联网体系，可从科研信联网的问责主体、科研信联网的问责对象、科研信联网的问责内容、科研信联网的问责程序、科研信联网的问责结果五个方面厘清科研信联网的问责逻辑，并分析科研信联网的问责原则。

第一，科研信联网的问责主体。

科研信联网的问责使原本松散、分离的问责主体实现多元协作，科层制问责、市场化问责、独立机构问责和社会问责将全面参与，凝聚力量，发挥优势，形成全过程一致性问责的形式。

一是科研诚信科层制问责。科层制问责是最传统、最普遍的问责形式，许多国家都是由政府部门出台相应的科研诚信政策法规，并且政府相关部门具有最终的问责处理权，在科研信联网系统中，由于平台的透明开放性、公

正公平性和科层制问责运用的普遍性，科研诚信科层制问责的方式将发挥更科学有效的作用。

二是独立机构对科研诚信的问责。独立机构是独立于政府部门和教学、研究机构的外部机构，能发挥专业优势，集中力量处理科研诚信问题，能在一定程度上避免行政主导，以及克服研究机构自查可能带来的问题。科研信联网系统本身就是独立于其他机构的独立问责体系，不仅具有一整套规范统一的管理标准和流程，与问责对象和其他问责主体的利益关系也并不密切，具有客观性和公正性，从而提升科研信用管理的能力和水平。学术委员会也是重要的科研诚信缺失独立问责机构，能改善高校学术委员会在传统问责中的边缘化处境，积极履行调查、认定科研诚信缺失行为的职责，集中力量处理科研诚信问题。

三是科研诚信社会问责。社会问责是一种强调公众广泛参与的问责类型。科研信联网体系中的科研信联网访问者模块很大程度上为公众参与问责提供了便利，也使这一行为合理化和常规化。人人都有问责的权利，科研信联网技术也使得问责渠道更畅通，使得社会公众的表达权合理化，同时也使得科研诚信缺失行为的曝光率和风险增大。

四是科研诚信市场化问责。市场化问责可能离日常意义上的科研诚信问题的直接处理稍远，但在科研成果的转化、应用过程中，消费者一旦发现科研诚信缺失的现象，可登录科研信联网系统进行举报和质询。

实际上，科研诚信问责制度体系不是孤立存在的，而是各取所长，相互协同，共同致力于促进科研诚信缺失问责治理工作。政府部门、独立的科研诚信问责机构、高等学校和科研机构、出版机构、学术团体等都在科研诚信问责中发挥着各自的作用，对科研诚信的问责需要转变为各利益相关者相互协同的整合性问责。

第二，科研信联网的问责对象。

科研信联网的问责对象是由科研人员、高校学院、高校和研究所、期刊和出版单位组成的学术共同体的科研诚信缺失行为。

一是科研人员。科研人员的失信行为是科研信联网问责对象中最小的组成单元，科研人员既包括本科生、硕士研究生、博士研究生等学生，也包括各高校任职教师、高校管理人员，还包括各研究所研究员和博士后研究人员。总之，所有从事科学研究工作的人员，都将被纳入科研信联网的问责系统中。系统中每一个研究人员的论文、学术课题、学术评奖、学术竞赛、科研鉴定、科学实验等信息都会被公开在科研信联网系统中并且会受到系统中任意人员的评价，学术共同体中的四类人员可以直接或按规定义务评价，科研信联网系统中其他人员的评价对其造成间接影响，这些评价最终形成信用报告，信用报告评价结果直接影响这些科研成果是否可发表、可通过、可获奖，个体的历史信用报告按照时间维度和科研成果分类汇编成个人科研信用记录汇总，个人科研信用记录汇总在个人的阶段性发展中成为重要的评价指标。比如，学生的科研信用过低，则不可参与奖学金评选，更甚者延迟毕业或不予毕业；高校教师和研究员的科研信用较低，则影响职称评定和绩效奖金，更甚者将被解除劳动关系；高校管理人员的科研信用较低，则影响绩效奖金和职位晋升，更甚者将被解除劳动关系。相反，在阶段性考察中科研信用高者，可在各项评选中获得加分优势。

二是高校院系。院系的失信行为是科研信联网问责对象中中型的组成单元，具体包括各个高校的院系，科研人员是它的子系统。院系的科研信用水平主要由两部分决定，一部分是院系中的学生、教师、研究员、管理人员的个人科研信用，另一部分是以院系名义参与的科研活动的信用，以院系名义参与的科研活动可受到系统中任意人员的评价，学术共同体中的四类人员可以直接或按规定义务评价，科研信联网系统中其他人员的评价对其造成间接影响，这两部分信用最终形成信用报告，并且按照时间维度和科研成果类别汇编成信用记录汇总。院系的信用报告和信用记录汇总是进行校内以及校外同专业和同领域院系科研信用比较分析的重要指标，而院系科研信用报告、科研信用记录汇总、科研信用比较分析将直接影响院系的发展教育经费（在保障院系正常开展教学教务工作的基础上，用于发展的那部分经费）的多少、招生数量指标的多少和奖励荣誉的评选。应该奖惩分明，当院系内学生、教师、研究员、管理人员的科研信用高于或低于定值时，启动直接奖励或一票否决机制。

三是高校和研究所。高校和研究所的失信行为是科研信联网问责对象中较大的组成单元，各高校院系是它的子系统。高校和研究所的科研信用水平主要由两部分决定，一部分是校内院系和研究所的科研信用，另一部分是以高校和研究所的名义参与的各项科研活动的信用，以高校和研究所名义参与的科研活动可受到系统中任意人员的评价，学术共同体中的四类人员可以直接或按规定义务评价，科研信联网系统中其他人员的评价对其造成间接影响，这两部分信用最终形成信用报告，并且按照时间维度和科研成果类别汇编成信用记录汇总，高校或学院的信用报告和信用记录汇总是进行科研信用比较分析（按照双一流、地区、专业大类等不同分类标准比较）的重要指标，而

高校和研究所的科研信用报告、科研信用记录汇总、科研信用比咬分析将直接影响其自身的财政拨款的多少、排名的高低、招生数量指标的多少和奖励荣誉的评选。应该奖惩分明，当高校和研究所内学生、教师、研究员、管理人员、学院的科研信用高于或低于定值时，启动直接奖励或一票否决机制。

四是期刊和出版单位。期刊和出版单位的失信行为是科研信联网问责对象中相对独立的组成单元，它与科研人员、各高校院系、高校和研究所是并列的关系。期刊和出版单位有义务检查向其投稿的每篇文章的质量和作者的科研诚信度，同时有权利质询并拒绝发表争议文章。文章一经刊登，则受到系统中任意人员的评价，学术共同体中的四类人员可以直接或按规定义务评价，科研信联网系统中其他人员的评价对其造成间接影响，若证实其所刊发的文章存在科研诚信缺失问题，则直接影响该期刊和出版单位的科研信用。应该形成信用报告，并且按照时间维度和科研成果类别汇编成信月记录汇总，信用报告和信用记录汇总是进行科研信用比较分析的重要指标，而期刊和出版单位的科研信用报告、科研信用记录汇总、科研信用比较分析将直接影响其自身的期刊评级、每期可刊文章的数量和奖励荣誉的评选。应实行守信奖励、失信惩戒机制，当期刊所刊发的科研诚信缺失文章数量低于或高于定值时，启动直接奖励或一票否决机制。

由科研人员、高校院系、高校和研究所、期刊和出版单位四个子系统组成的学术共同体互评互促，既竞争又合作。

第三，科研信联网的问责内容。

本研究将科研信联网的问责内容按照科研诚信缺失程度划分，根据学术失范、学术不端、学术犯罪行为的程度进行问责和科研信用评级。

一是学术失范。学术失范问题比较普遍，程度也相对较轻。如果问责对象出现数据核实不足、文献引用出处注释不全等，问责对象需进行自我反省，接受所在单位和组织的批评教育。

二是学术不端。学术不端是最常见的科研诚信失信行为，若问责对象出现抄袭、剽窃他人学术成果，伪造或者篡改数据或捏造数据事实，在未做贡献的成果上署名等行为，则问责对象失去荣誉评选资格，影响恶劣者会被列入黑名单。

三是学术犯罪行为。如果问责对象违反法律和学术规范，出现权力滥用或实施权力交易、为个人谋私利的行为，则问责对象接受法律制裁，失去各项职称、荣誉评选资格，直接被列入黑名单，所在单位和组织负连带责任。

第四，科研信联网的问责程序。

本研究将从事前、事中、事后三个维度，分别分析从问责启动到问责终止的问责程序。

一是事前问责。事前问责应包括制定相关规章和开设相关课程、实施教育宣传、进行结果反馈三项程序。首先，问责主体首先制定相关规章和开设相关课程。其次，实施教育宣传行为，防患于未然，如开设科研诚信教育课程，在学校官网上建立科研诚信教育专栏、发放科研诚信教育手册等。然后是进行结果反馈，即通过考试等形式，了解受教育者的受教育质量，对于检测不合格的受教育者，进行进一步的科研诚信再教育。科研信联网将改变传统的科研问责中事前问责的缺失和弱化现象，加强科研诚信预防性的教育培训，规范完善相关文件。

二是事中问责。事中问责应包括实施文字重复率检测和同行评议过程、得出问责结果、对问责结果进行矫正三项程序。首先，进行文字重复率检测和同行评议。其次，得出问责结果，如文字重复率检测是否达到要求，同行评议是否通过等。在检测文字重复率方面，提高数据检测技术水平，防止研究者用各种翻新的花样蒙混过关；在同行评议方面，增加评审人数，提升专家来源多样性水平，启用盲处理机制以保证公正公平。然后对问责结果进行矫正，若文字重复率过高、同行评议不通过，则应及时矫正问责对象已经出现或可能出现的科研诚信缺失行为。

三是事后问责。事后问责应包括举报调查、问责反馈、处理结果与救济、公布最终处理结果四项程序。首先是举报调查，由举报者举报揭露科研诚信缺失行为。其次是问责反馈，即举报人或者问责对象对问责有任何异议，均可提出申诉、向问责主体反馈有关信息。反馈机制在传统问责中往往被边缘化，而这恰好是提高问责效率的关键。然后是处理结果与救济，若有任何人对处理结果不满意，可通过质询机制上诉，科研信联网系统监管部门有义务受理并重审。传统的科研诚信缺失问责的救济机制缺失，使得问责对象的正当权益未得到保护。由于科研信联网自身的特点，以及举报人的可匿名性、虚拟性等特征，举报人可能在没有考证信息真伪的情况下草率举报，同时科研信联网用户相当于一个有共同目标和愿景的群体，憎恶科研诚信缺失行为，在这种情况下，容易出现各种失智行为，从而道听途说、人云亦云，危害被举报人的权益。因此，科研信联网可以建立起网络学术问责的回应机制，给予被举报人申诉的机会。最后，公布最终处理结果，最终的问责结果具有公示性，应注重及时和公正的原则。

以上基于时间维度的各种科研诚信问责类型形成链条，全过程贯通。同时，针对在事中和事后问责中的科研诚信缺失行为主体，启用信用修复的正向引导机制，进行进一步的科研诚信再教育，培养科研道德诚信价值观。

第五，科研信联网的问责结果。

传统的问责机制由问责主体将问责结果公布，即意味着整个问责过程的终止，问责结果的反馈被边缘化甚至缺失，而反馈环节恰恰是提高科研诚信缺失问责效率的核心和关键，因此，应注重科研诚信缺失问责机制的反馈机制建设。反馈机制是指利益相关方或其他主体对问责结果提出建议、异议或其他有用信息，通过一定的渠道反馈给能够改进科研诚信治理制度机制的主体[①]，如政府、高校、独立的科研诚信管理机构，等等。

本研究认为问责结果应包括公布问责结果、发挥反馈机制作用、处理结果救济、公布最终结果四个环节。在问责结果公布后，若除问责对象以外的其他主体出于问责结果不完整、不公平等原因而进行反馈（例如在韩春雨事件中，问责结果仅仅以"未发现韩春雨及其团队主观造假"而不了了之），问责主体应重新启动调查审查程序。若问责对象认为处理结果不恰当或失实，也可以通过反馈机制进行反馈，问责主体重新启动调查审查程序进行调查，在问责对象受冤的情况下启动处理结果救济机制，证明其清白，并及时公布结果和予以补偿。同时，能够改进科研诚信治理效果的主体应注重反馈渠道的畅通，积极受理并及时公布反馈信息，完善反馈机制。

第六，科研信联网的问责原则。

一是科研诚信缺失零容忍原则。科研信联网将进一步完善科研诚信体系，加强科研诚信制度化建设，坚持无禁区、全覆盖、零容忍的原则，对科研诚信缺失行为严查严惩，营造良好的科学研究氛围和文化风气。建立综合征信系统，科研信用直接与劳动力市场、信贷服务市场等关乎直接利益的市场接轨，科研诚信缺失将直接影响就业和金融贷款。实行科研诚信缺失行为终身追责制，对于严重违背科研诚信者，终身禁止责任人在政府、高校、科研机构从事学术研究工作，并撤销已获得的奖励、荣誉称号，追回奖金等。

二是平台信息公开透明原则。科研信联网监管部门要做到公正，维护正义和保持中立，防止徇私舞弊。科研信联网中所有的主体人人平等，所有科研诚信信息公开透明，保障相对人和社会公众的知情权。用户在注册登录科研信联网平台时，必须实名注册，这样更有约束力。科研信联网在两种情况

---

① 许淑雯，周湘林. 高校教学质量问责反馈机制研究［J］. 中国高教研究，2015（4）：75-79.

下会隐藏个别主体的身份：其一，在科研人员、高校院系、高校和研究所、期刊和出版单位互相评审科研成果时，为保证公平公正，启动盲处理模式，评价者暂时无法得知被评价者的任何身份信息；其二，在举报科研诚信缺失行为时，启动保护举报者的程序，举报者的身份会被隐藏。

三是举报者保护原则。建立举报人保护制度，完善举报人保护方面的法律。加大对报复举报人行为的惩处力度，被举报人若不满举报内容，可以通过处理结果救济制度维护权益，禁止采取暴力方式进行回应。当举报人遭到打击报复时，及时干预，严厉惩处。由于信联网的特殊性，举报者可能遭受网络恐吓和威胁，但网络并非法外之地，恐吓举报人的主体也将受到法律的制裁。

四是科研信用等级化与资产化原则。科研信联网系统根据科研行为对所有科研主体进行信用评级，这不仅仅是一种荣誉制度，而是根据信用等级决定科研道路、财政拨款、招生指标调整、期刊等级调整和允许刊登文章的数量，等等。将科研人员、高校和科研机构、期刊和出版单位的信用与利益挂钩，实行奖惩措施，保证科研信用与科研成果质量的双效提升。

五是处理及时有效原则。经过对科研诚信缺失典型案例的分析，我们不难发现，对于科研诚信缺失事件的处理时间普遍较长，法律法规也没有相关的处理时限规定，在科研信联网系统中，所有处理程序都将标准化，相关部门在规定时间内处理事件，尽快给社会各方一个交代。

三、科研信联网的问责优势

由于传统的管理体制和机制的限制，在科研诚信管理上存在着管理标准不清晰、管理分散、管制分离、管理效率低、缺乏预防教育只注重事后问责、管理效果难巩固、社会参与机制欠缺、社会参与管理力量薄弱、信息不对称等问题，造成科研诚信缺失问责工作被动，科研诚信缺失问题难以根治、层出不穷、屡禁不止。建立科研信联网体系能够有效解决上述问题，通过信联网，从时间视角对科研诚信问题进行事前问责、事中问责和事后问责的一致性问责管理，横向视角的研究能够保证科层制问责、市场化问责、独立机构问责和社会问责的完整性和统一性，从而进行科学有效的管理。

科研信联网评价体系的特色与创新性包括以下几点。

一是动态评价。过去的科研信用评价主要依据来源于查重报告、各方反馈、历史科研信用记录、监管部门的考察等静态资料。随着信息技术的发展和信联网的建设与完善，实时信用数据汇集和动态信息挖掘已成为可能，所

以信用监管也将实时动态地进行。

二是信用互联。传统的信用体系是信息孤岛型信用体系。这主要是因为每个部门只收集和使用本部门监管所得的信用评价。不同部门之间缺乏沟通与信息共享，这不利于形成综合性、整体性的信用评价。而随着互联网技术的日新月异，区域和部门的科研信用信息已能很方便地实现互联互通、信息共享，这将形成更全面、更综合的科研信用监管体系。

三是大数据。传统科研信用评价由于历史原因或技术原因，所获取和积累的数据信息较少，很难形成更有效的分析。随着时代的发展和大数据技术的普及，科研信联网能汇集更多维度的信用数据，进行更全面的挖掘分析，进而建立基于大数据的信用评价体系。

四是智能计算。传统科研信用评价体系的数据相对较少，结构相对简单，相关技术知识并不完善，所以使用的评价模型和计算模型也相对简单。随着现代社会的发展、数据的急速增多，简单的计算模型已不适用。近年来人工智能和深度学习的蓬勃发展，为科研信用评价体系利用大数据进行智能计算提供了技术支持。

五是安全性。由于传统科研信用评价体系信息存储的方式相对简单，整个评价体系的信用信息具有一定的安全隐患，难以防止入侵和杜绝信息篡改。而随着区块链技术的应用，其高加密算法和数据不可篡改性给信用评价体系的安全带来了更多的保障。

六是由单一问责转变为全过程协同问责。从问责主体这一视角来看，传统的问责主要是由政府和教育行政部门进行问责，而世界银行专家认为问责制未来的改革方向主要有四种，即科层制问责、市场化问责、独立机构问责和社会问责。科研信联网系统是能进行多方问责的开放平台。从问责时间视角来看，传统科研问责多为事后问责，科研信联网系统能够加强事前预防教育，检测文字重复率和同行评议的结果，形成全过程多元主体联动的科研问责闭环模式。

七是由信用评价向信用评级和信用资产转变。传统的科研信用管理多是以是否逾制作为管理标准，且多为事后管理，即只有当主体出现了科研诚信缺失行为并被揭露时，负面影响才会产生，同时其他科研主体相当于没有相应的等级评价，只有黑名单，没有白名单。现在，在科研信联网系统中，系统根据科研行为对所有科研主体进行信用评级，这不仅仅是一种荣誉制度，而是根据信用等级决定科研道路、拨款、招生指标调整、期刊等级调整和允许刊登文章的数量，等等。因此，随着信用社会体系的建立，科研人员、高校和研究所、期刊和出版单位的信用更应该是一种无形资产，这种资产能够影响其利益和长远的发展。

综上可见，科研信联网体系主要由三部分构成，即科研信联网访问者模块、科研信联网用户模块、科研信联网体系监管模块，并设置六个共同服务于科研信用体系的子系统，即平台数据库、数据挖掘分析体系、信用评价体系、科研信用管理体系、信用风控监管体系、一体化问责体系。然后在问责主体、问责对象、问责内容、问责程序、问责结果、问责原则等方面进行界定，将其运用于科研信问责。依据科研信联网数据，可以对相关主体的科研诚信状况进行评级，设置黑名单、白名单，并可将这种信用评级转化为信用资产，用于其他相关的用途。

上述科研诚信问责辅助工具在我国高校有一定程度的运用。如明责、知责阶段的制度文本、相关文献、资料、倡议书、学生手册等，察责阶段的论文查重系统，及与明责、知责、察责、追责各阶段有关的相关网页等。[①] 但这些工具的使用仍然比较零散，缺少统一的规划和系统性运用。而且除了相关制度呈现和论文查重是比较显性的、常用的工具外，其他工具都处于潜在状态，或使用率偏低。使用较多的学校相关网页也还不集中、不统一。科研诚信征信与评估系统主要还处于理论探讨阶段，真正将其用于实践尚待时日。可见，在加强高校科研诚信问责制度的建设中，应综合运用多样化科研诚信问责辅助工具来加大科研诚信问责力度，这无疑是需大力加强的突破点之一。为此，一是应继续发挥好传统科研诚信问责辅助工具的作用；二是宜整合性加强科研诚信专门网站的建设及相关软件等工具的使用；三是结合人工智能等先进技术，重点加强科研诚信征信与评估系统的开发运用。

---

①　李佳惠. 高校科研诚信问责制度失灵问题研究［D］. 中央财经大学，2020.

第九章

高校科研诚信问责制度失灵及其改进

科研诚信是世界各国共同面临与非常重视的重要问题。面对科研诚信方面存在的一些不良现象，与世界其他国家一样，我国也非常重视加强科研诚信相关制度的建设。改革开放以来，我国共制定并实施了一百多项科研诚信建设相关制度，从而建立起关于科研诚信问题治理的制度体系，这一制度体系在加强科研诚信建设、查处学术不端行为方面起到了重要作用。但是，在科研领域，诸如不当署名、不当基金标注、买卖论文、一稿多投、篡改、编造、抄袭等学术失范或学术不端行为，乃至贪污、挪用、侵权等一些违法犯罪现象时有发生。例如，近年来的韩春雨事件、南京某大学教授梁某（以下称 L 某）事件、青年演员翟某事件等影响都很大。2021 年也已出现几起重要报道。2021 年 1 月 15 日，国家自然科学基金委员会公布了 2020 年查处的不端行为案件第二批（14 份）给予通报批评处理的处理决定书（网络发布版）；① 2021 年 1 月 20 日，英国皇家化学学会（Royal Society of Chemistry，简称 RSC）表示，他们正在考虑撤回 70 篇可能出自"论文工厂"的文章，中国学者论文再遭集中撤稿。② 这都意味着违背科研诚信的行为在不断出现，相关制度及其运行效果还有待进一步完善与加强。那么，从问责制的视角来看，科研诚信问题究竟是如何发生的？应如何治理？本研究拟通过理论与案例分析对此做深入探讨。

---

① 国家自然科学基金委员会．2020 年查处的不端行为案件处理决定（第二批次）[EB/OL]．(2021-01-15) [2021-03-20]．http://www.nsfc.gov.cn/publish/portal0/tab434/info79607.html.

② 中国学者论文再遭集中撤稿！该杂志一次性撤回 70 篇涉嫌造假论文 [EB/OL]．(2021-02-22) [2021-03-20]．https://www.sohu.com/a/451947578_120877456.

第一节　科研诚信问责制度失灵的影响因素

一、分析框架

本研究基于问责链、制度失灵等主要概念来构建理论分析框架。

第一，问责链。科研诚信倡导与强调的是负责任的研究行为。在科学研究及科研诚信问题治理中，科学共同体、科研管理机构、社会研究团体、政府、社会公众以及研究者都负有相应的责任，因此就有责任监督考察及失责追究等制度。从问责制视角来理解科研诚信治理问题，非常具有适切性。学界一般都把问责界定为追究责任，这无疑有一定道理，但还不仅如此。本研究认为，不能仅仅将问责理解为责任追究，而应当将其看作一种综合治理方式，包含明责、知责、察责、追责等紧密相连的环节，形成完整的问责链。问责链的基本逻辑是，首先规定清楚相关主体的责任要求及相关问题的规范与处理程序等，然后通过教育、培训、宣传等方式让责任主体广泛知晓责任所在，接下来，在事项运行过程中，运用各种机制进行监督考察，实时跟踪履责情况，如果发现有失责现象，采取相应措施及时调查处理。这就有如多层漏斗的过滤作用，明责、知责使相关主体明确责任，进行自我激励，要求自我恪守责任，主要起到防患于未然的作用。察责是对履责情况的实时考察，鞭策大多数人尽到责任，同时发现未尽责任的情况。出现失责行为的人只在少数。在问责链各环节发现失责行为时，均需采取有力措施予以审查处理，以儆效尤，以绝后患。科研诚信问责是指研究人员及其相应机构向其他利益相关者报告、解释、证明和回答有关研究行为符合科研诚信要求的情况，是一个证明行动者履行研究职责状况的过程，其目的是回应内外部需求并且改进工作。科研诚信问责制是与此相关的系列制度化规定。从明责—知责—察责—追责这一问责链理念来看，应将与科研诚信相关的制度都看作相应的科研诚信问责制。哪个环节存在薄弱现象，都有可能出现科研失信行为。

第二，制度失灵。针对有制度但相关不良现象仍持续出现这一问题，许多研究认为这是制度失灵现象。即人们一般遵照制度的规定决定自己的行为并开展相关活动，但违背制度规定的行为也时有发生，当一定程度的违规行为存在时，可以说相关制度本身或制度的执行已存在问题，即出现了制度失灵现象。从新制度主义的视角来看，制度文本的条文是一回事，人们预期社会实际会发生的事态则是另一回事，而后者往往才是影响人们行动决策的条件。① 制度是规范参与者行为的规则，如果制度达不到调整参与者行为的目的，就是制度失灵。② 从执行的角度来说，制度失灵是对制度执行偏差、制度执行变样以及其他一切妨碍、违背甚至损害制度目标实现的所有制度执行行为的统称。③ 总之，制度失灵是指由于制度和规则本身存在问题，或者制度和规则的实施和执行环节出了问题，这些制度和规则徒有形式，不被人们所遵守或采纳，现实中通行着另外一套游戏规则（或称潜规则），相应的组织和系统陷入制度低效困境。④ 从已有研究来看，依据不同的标准，可以概括分析出不同的制度失灵类型。例如，以现存制度的运行和制度变迁过程中的效率为标准，可将制度失灵分为结构性失灵和变迁性失灵两类；根据制度失灵的程度，可以把制度失灵分为相对性制度失灵和绝对性制度失灵两类；根据制度失灵的原因，则可以把制度失灵划分为制度意识性失灵、制度缺陷性失灵、监督乏力性失灵、惩罚不力性失灵。⑤ 这说明制度失灵可能受到整体环境、制度变迁过程、制度意识、制度缺陷、监督与处罚力度等方面的影响。为了进一步全面探寻制度失灵现象的类型，本研究从中国知网收集有关主题为"制度失灵"的百余篇文献，经分析，全面地归纳制度失灵现象的六类影响因素，并可看出一些相应的措施。具体如表 9-1 所示。

表 9-1　关于制度失灵影响因素的文献综述归纳分析表

影响因素	有关表现形式的文献术语描述	有关应对措施的文献术语描述
执行性因素	监管不力，制度实施和执行操作性较差，运行机制不顺，执行力，公众参与不足	贯彻落实，检查监督，修订、废止、规范化，健全机制，制度与运行环境，制度与人，责任追究与处罚力度，加强执法与司法，提升公众参与度

① 吴获枫．制度引进有时为什么会失灵［N］．深圳特区报，2016-12-27（B10）．

② 李振宇，黄少安．制度失灵与技术创新——农民焚烧秸秆的经济学分析［J］．中国农村观察，2002（5）：13．

③ 杨圣坤．制度失灵的基础理论问题研究［J］．江南社会学院学报，2012，14（4）：60．

④ 燕继荣．治理"制度失灵"［N］．北京日报，2015-11-30（018）．

⑤ 闫北方，焦豪灿．从审计角度看内控制度失灵［J］．理财，2011（7）：88-89．

续表

影响因素	有关表现形式的文献术语描述	有关应对措施的文献术语描述
利益性因素	利益冲突，理性选择，违法成本过低，资源稀缺	调整激励基础，增加分配的责任内容，形成分配的竞争格局，降低制度执行成本，加大惩罚力度
技术性因素	技术不够，网络缺陷，信息不对称	公开透明，技术创新，信息公开，网络优化
观念意识性因素	认同度不高，信任不足，观念意识，政绩观	提高认识，加强宣传，调整制度，塑造文化环境，信任建构
科学规范性因素	制度本身的科学规范，规范冲突，制度内部体系冲突，非正式制度有机可乘	完善制度，制度自发演进，规范整合，促进制度的内在一致性，制度本身修正，重视制度与非正式制度的关系
体制性因素	体制性、权力介入，权威性不足，权利缺失，体制性障碍	完善体制，分流、分权、分治，民主、法治，保护权利，完善法制，明确政府责任，完善监督体制

基于上述概念内涵，本研究提出如下几点主要推论。

一是应将完整意义上的高校科研诚信问责制理解为明责—知责—察责—追责的问责链状态，科研诚信问题可能发生在问责链的多个环节。

二是高校科研诚信问责制度失灵现象受诸多因素影响，如执行性、技术性、利益性、观念意识性、科学规范性、体制性等因素。

三是高校科研诚信问责链各环节可能受到上述多个因素影响，同一因素也可能影响问责链的不同环节，宜采取针对性措施进行综合治理。

二、研究设计

案例研究主要研究当前的现实现象，适合研究"怎么样""为什么"等问题，是社会科学研究的常用方法之一。按照目的的不同，罗伯特·K. 殷（Robert K. Yin）将案例研究分为解释性案例研究、描述性案例研究和探索性案例研究三种类型，并按照案例数量的多少将案例研究分为单案例研究与多案例研究两大类。其中，解释性案例研究提供有关因果关系的信息，即解释事情是如何发生的。[①] 单案例研究则有五种基本适用范围，即批判性的、不寻常的、典型性的、启示性的及纵向的个案。[②] 基于研究目的所需，本研究在此采用解释性单案例研究方法，即基于单案例的解释性研究来阐明高校科研诚信问题是如何产生的、受到哪些因素影响、事件是如何得到处理的等问题，从而阐释本研究所建构的理论框架的基本观点的合理性，为后续相关研究与实践提供框架性参考。

近年来被处理与曝光的科研诚信相关事件较多，如 L 某事件、韩春雨事件、青年演员翟某事件、《自然》等杂志的撤稿事件、饶毅举报事件、国家自然科学基金委员会对学术不端行为的案例公布，等等。其中，L 某事件时间跨度大、涉及高校科研诚信问题多、相关行为显著、社会影响大、处理已有定论，因此具有比较典型的意义。在此，本研究选取 L 某事件作为案例研究对象。

L 某在事发前为南京某大学有关学院的教授、博士生导师，《中国青年报》对 L 某相关事件进行了深度挖掘，做了系列详细报道。本研究案例的资料来源主要是《中国青年报》的相关报道，及南京某大学、教育部等有关机构网站的相关信息。

第二节　案例描述：她如何从"科研神坛"跌落

南京某大学教师 L 某科研诚信问题公之于世始于 2018 年《中国青年报》的一篇报道，随后《中国青年报》对此连续进行了相关挖掘与报道。结合这些报道，及南京某大学、教育部等机构网站的相关信息，可以基本还原 L 某科研诚信问题发生及处理的始末。以下主要从 L 某科研基本情况、L 某科研诚信问题、L 某事件的发现与处理历程三大方面进行描述。

---

① 罗伯特·K. 殷. 案例研究方法的应用 ［M］. 周海涛，等，译，齐心，校. 重庆：重庆大学出版社，2009：12.

② 罗伯特·K. 殷. 案例研究：设计与方法 ［M］. 5 版. 周海涛，史少杰，译. 重庆：重庆大学出版社，2017：63.

一、L 某科研基本情况①

相关报道显示，L 某主要研究领域包括弱势群体社会工作与认知神经科学、弱势群体社会保障、社会政策与生物医学等交叉前沿学科。先后发表论文 120 余篇，其中以第一作者和通讯作者在 SSCI/SCI 收录期刊发表英文论文 50 余篇。从 2014 年起，L 某开始发表英文论文，很少发表中文论文。L 某主持国家自然科学基金项目、美国国立卫生研究院（NIH）项目等国内外重要课题 20 余项。L 某先后入选教育部"新世纪优秀人才支持计划"、中组部"万人计划"青年拔尖人才等多个人才计划，获得国家优秀青年科学基金项目资助等。

二、L 某科研诚信问题②③

数据的收集、管理、储存、共享和所有权，发表，署名，同行评议，师生关系中的行为规范与责任，合作研究中各方的义务与责任，受试者保护，环境与安全问题，以及财务责任等，都是涉及负责任研究行为的重要方面。④ L 某的科研不端行为始于硕士在读期间，一直延续到后续职业生涯，其与科研诚信有关的问题涉及多个方面。

第一，抄袭和一稿多投。有记者通过对 L 某 2002 年发表的论文的比对发现，其中至少有 15 篇存在抄袭或一稿多投等学术不端问题。如，L 某 2002 年发表的论文《转变中的国家公务员制度——中西方公务员制度改革与发展趋势及其比较》，是厦门大学陈振明 2001 年的论文《转变中的国家公务员制度——中西方公务员制度改革与发展的趋势及其比较》的内容减缩，L 某只把极少数句子换了说法。L 某 2003 年发表的论文《治理：面对政府失灵与市场失灵的新选择》与《走出政府失灵与市场失灵困境的一种新思维——来自治理理论的启示》属一稿多投，而且存在抄袭现象，全文约三分之二的篇幅与来自厦门大学和中国地质大学的两篇论文雷同。在数据库中，《中国青年报》记者还发现数十篇其他作者的论文与 L 某的论文内容十分接近，但发表时间晚于 L 某。

① 王嘉兴．青年长江学者与她"404"的论文［N］. 中国青年报，2018-10-24.
② 王嘉兴．青年长江学者与她"404"的论文［N］. 中国青年报，2018-10-24.
③ 王嘉兴，陈轶男．这位名教授的问题不仅仅是抄袭［N］. 中国青年报，2018-10-26.01.
④ ［美］Francis L. Macrina. 科研诚信：负责任的科研行为教程与案例［M］. 3 版. 何鸣鸿，陈越，等，译．北京：高等教育出版社，2011：9-10.

第二，署名问题。L 某是人文社会学科工作者，其研究方向拓展到的跨学科领域非常宽泛，有些领域与其学术背景相比跨度很大。从其一些论文情况来看可能存在挂名发文等署名方面的问题。如《模式识别与人工智能》杂志 2011 年第 6 期刊发论文《多变量连续属性离散化方法》，该文第一作者为侯某，第二作者为 L 某，第三作者为任某。发表该文时，第一作者侯某的学科领域并不在人工智能方面，而是行政学与国家行政管理、企业经济，且仅此一篇论文与人工智能相关。第三作者任某是唯一发表过相同领域论文的研究者，从其清华大学精密仪器与机械学系博士后的学历及中国科学院南京天文台光学技术研究所的工作经历来看，这属于其学科领域。但据 L 某学生介绍，其丈夫姓名为任某。又如，2012—2013 年，英文期刊《洁净——土壤、空气、水》和《环境地球科学》上发表有 L 某署名的论文《生物质废弃物快速热解产生的生物质炭对磷酸盐的吸附》和《猪粪、稻草堆肥对污泥中邻苯二甲酸酯类的生物降解》，其仅为第七作者和第五作者。

第三，受试者保护。L 某在开展社会科学研究工作中，有些做法可能存在科研伦理问题。如，2017 年，L 某在国内某重点大学讲座中讲述了自己做戒毒与老年人相关课题的细节，其间对被研究者的用词极不尊重，直言把老人从戒毒所或养老院"拖出来做实验"。有的子女不同意老人做实验，最后 L 某找到了一个收容"三无老人"（无劳动能力、无生活来源、无赡养人和扶养人）的养老院，这里只需院长同意就可以带老人做实验。L 某甚至在讲座上宣称，曾用很吓人的视频让老人回忆亲历的侵华日军南京大屠杀惨案，当时老人跪在地上哭。这样做的目的是使研究所需要的脑成像图片看起来"非常漂亮"，但这样的研究可能会给老人造成二次伤害。L 某在国内另一所重点大学的讲座中也谈及了类似内容，还称"慰安妇应该拿（用）来做研究，（仅仅）给那些历史学家研究太浪费了"。

第四，师生关系。学术工作中的师生关系也是科研诚信的重要方面。L 某在教学科研工作中存在一些违背科研诚信要求的不当做法。如，L 某曾开展过有关老年群体反应力和抗日战争幸存者的研究，但学生反映这些课题都曾被她布置给本科生作为课程作业，而该门课为行政学课程，与此项研究毫不相关。另据报道，L 某教学态度极不端正，常常早退；在课堂上长时间安排学生发言而自己玩手机或打电话；表达对教学的不屑，"我已经混到头了，没什么好怕的了"，"我已经评上教授了，学校说必须每年上三门课，我才来给你们上课的"；将期末考试的题目提前透露给学生，给绝大多数人打出高分；坐着念课件；时常在课堂讨论时吃零食；有些课自己不到场，而是安排研究生讲课，或安排助教，让学生自习；把让学生帮自己录问卷当作课程作业，或去做与课程主题毫不相关的课题的回访工作等私活儿。

第五，身份问题。南京某大学社会学院官网早前显示，L某曾为美国芝加哥大学社会学系的博士后。但据知情人员称，L某曾于2013—2014年在芝加哥大学做访问学者，而非博士后。此种做法在科研诚信方面属于身份造假。

第六，撤稿。撤稿能反映出存在的相应科研诚信问题，撤稿的理由是否充分合理、撤稿程序是否合法合理等也是科研诚信方面需考量的重要问题。2014年前后，L某向某期刊提出从中国知网撤下其十几年前读硕士时期发表的两篇论文，撤稿理由一是发表论文时研究水平很低，文章很粗浅，二是现在自己只发英文论文。后来，L某向相关机构陆续提出撤稿要求，甚至其硕士学位论文《善治视野中我国公民的行政参与——现状、制约因素与路径选择》和博士学位论文《当代公民文化培育中的社会资本因素研究——以南京市调查为例》都已撤除无从查起。在几年时间里，L某的学术成果陆续被从网上删除，包括中国知网、万方数据知识服务平台、维普数据库在内的主要学术期刊数据库中，现在都已检索不到任何她的中文论文。但其对于撤稿的具体原委、正当性、合法性等都没有清楚的说明。

第七，其他不当研究行为。低水平、低质量、不严谨的研究等现象同样是有悖科研诚信要旨的不负责任的不当研究行为。早在2009年，L某应聘南京某大学教职时，因其作为刚毕业的研究生，30岁就发表了30多篇论文，学院内部曾有不同意见。以文科的标准来看，学院领导担心其不太严谨，而且这些论文中没有有分量的研究成果。L某还曾向密歇根大学发出过访问申请，但被拒绝，因其文章被相关学者认为"粗制滥造""不精细"，质量没有他们期望的高。另有学者反映，L某有一篇文章用了6种抽样方法，部分论文还被她作为"反面教材"告诫学生。曾与L某合作过论文的学生对这位"高产"学者的看法是，L某不是一个有核心研究方法的学者，但她会揣测期刊编辑选题的倾向性，选择跨学科或冷门议题入手，并使用有公信力的数据库，"这是一种符合学术规范，但又十分有投机性质的模块化产出"。

三、L某事件的发现与处理历程①

L某的科研诚信问题始于其研究生在读期间，但这些问题被发现却是在很长一段时间之后，其中经历了多个环节，最终才得以处理。

————————————

① 王嘉兴.青年长江学者与她"404"的论文［N］.中国青年报，2018-10-24.

第一，质疑。正如前述，L 某 2009 年入职前，学院内部就因其论文数量与质量问题而曾有不同意见。但最终她仍然凭借论文数量上的优势通过了投票，顺利入职，成为一名教学科研人员，后来晋升教授、博士生导师，入选多个重要人才计划。据时任某学院院长对《中国青年报》记者所言，当时虽有不同意见，但主要考虑的还是 L 某参加社会工作与社会政策系选聘时该系的总体科研能力弱，而 L 某被认为科研能力比较强，所以顺利通过，L 某的入职从程序上看被认为没有问题。

第二，反映情况。L 某同事介绍，南京某大学某学院曾有 6 位教授向学校领导反映了 L 某的有关不良情况，并建议校方调查核实，以免后续事发而影响南京某大学及某学院的声誉。6 位教授反映情况时，由校党委副书记接待，副书记当时表示将认真对待，但此后一直没有反馈结果。

第三，联名举报。由于不满 L 某的教学态度极不端正等现象，其所在学院某系某级全体学生曾联名向学校举报。南京某大学学风督导员进行课堂督查，发现 L 某确实存在教学态度等方面的问题。时任某学院院长根据学生的反映专门组织学院 5 位领导就 L 某教学情况进行轮番听课，根据听课情况对 L 某做出相应批评，并督促与组织 L 某与学生进行交流。经此番工作，L 某表示愿意改正。但据学生反映，事后 L 某并没有多大改变。

第四，媒体报道。L 某的很多论文都凭空消失，引起相关媒体的高度关注。2018 年 10 月，《中国青年报》刊登一篇题为《青年长江学者与她"404"的论文》，该文指出，L 某本来著述颇丰，仅《中国青年报》记者所能查到的，以其为第一或第二作者的中文文献就超过了 120 篇。但在记者发稿时，在南京某大学某学院网站上，L 某的个人成果页面只显示了英文论著目录，没有任何中文论文。在过去几年里，L 某的学术成果陆续被从中国知网、万方数据知识服务平台、维普数据库在内的主要学术期刊数据库中删除，在那些期刊官网上，对应页码处也已无法查看，一家学术平台上仍能检索到论文条目，但页面已显示"404"（无法查看）。① 一石激起千层浪，自这次报道后，《中国青年报》连续进行了深度挖掘，做了系列相关报道与评论，其他许多媒体也加入其中。

第五，调查。针对《中国青年报》报道的 L 某涉嫌学术不端问题，南京某大学某学院向《中国青年报》记者证实，南京某大学校方已正式介入，责成有关部门依照程序和规定进行调查。南京某大学校方表示，一定查明问题

① 王嘉兴. 青年长江学者与她"404"的论文［N］. 中国青年报，2018-10-24.

并拿出结果，对学术不正之风，学校不会护短。①

第六，处理。经调查处理，2018年12月，南京某大学在全校警示教育大会上通报了学校对教师L某学术不端等违规违纪行为的处理情况：经调查并经该校学术委员会、教师职业道德与纪律委员会研究，认定L某存在学术道德等师德问题且情节严重，根据教育部《关于建立健全高校师德建设长效机制的意见》《关于高校教师师德失范行为处理的指导意见》《新时代高校教师职业行为十项准则》等文件精神和规定，该校给予L某党内严重警告处分、行政记过处分，取消L某研究生导师资格，将其调离教学科研岗位，终止"长江学者奖励计划"青年学者聘任合同；报请上级有关部门撤销其相关人才计划称号和教师资格。学校还责成L某所在学院、人力资源处、教务处等相关部门做出深刻反省和认真检讨，采取切实措施，防止此类事件再次发生。②后来，《中国青年报》报道称记者已从教育部获悉，按照2018年出台的《"长江学者奖励计划"管理办法》，依据南京某大学的调查结果和相关申请，教育部已按程序撤销了L某的"青年长江学者"称号。③

第七，公开曝光。2019年4月，教育部公开曝光4起违反教师职业行为十项准则的典型案例，其中第1起就是有关南京某大学教师L某学术不端的问题。公开曝光内容称：南京某大学教师L某违反教学纪律，敷衍教学；违反学术规范，研究生在读期间抄袭、重复发表多篇论文，使用抄袭的论文作为自己的成果，在职称申报中弄虚作假。南京某大学学校党委（行政）对L某作出党内严重警告、行政记过、取消研究生导师资格、调离教学科研岗位、终止或退出有关人才项目的处分，按程序撤销其教师资格，同时追究学校有关院系、部门及相关人员责任。④

① 王嘉兴. 南京大学已正式调查梁莹涉嫌学术不端问题［EB/OL］. （2018-10-24）［2021-03-12］. http：//news. cyol. com/yuanchuang/2018/10/24/content_17717644. html.

② 南京大学新闻中心. 南京大学召开警示教育大会［EB/OL］. （2018-12-18）［2021-03-12］. https：//xgc. nju. edu. cn/a9/99/c1817a305561/page. html.

③ 教育部：撤销南大"404教授"梁莹"青年长江学者"称号［EB/OL］. （2018-12-30）［2021-03-30］. https：//www. takefoto. cn/viewnews-1665297. html.

④ 教育部公开曝光4起违反教师职业行为十项准则典型案例［EB/OL］. （2019-04-03）［2021-03-30］. http：//www. moe. gov. cn/jyb_xwfb/gzdt_gzdts5987/201904/t20190403_376596. html.

第三节　案例分析：她为何在科研之路上逐渐迷失

L某事件的调查处理已告一段落，关于L某事件也已有许多报道、分析与评论，如《"404教授"梁莹被揭穿，然而是谁纵容了她》（杨鑫宇，2018）、《论文造假是世界性问题 但不是中国学术界的遮羞布》（李勤余，2018）、《学术污点有没有"被遗忘权"》（谭影子，2018）、《论文撤稿事件的理性之思与解决之道》（李文辉，2018）、《学术论文岂能一撤了之》（《科技日报》评论员，2018）等。这些文献分别从事件、体制、评价、评审、权利、理性、利益等视角对L某事件进行了描述与评析，富有启发性。在已有相关研究的基础上，本研究依据新构建的分析框架，从问责制及制度失灵等方面对L某事件进行分析，通过案例分析来考察与解释本研究所构建的理论分析框架的逻辑性、合理性。

一、L某科研诚信问题反映出问责链各环节存在的问题

完整的问责制形成一种问责链状态，包含明责、知责、察责、追责紧密相连的环节。L某事件反映出在科研诚信问责的问责链各环节都存在一定的问题，从而出现了L某的系列科研诚信问题。

首先，明责阶段存在制度欠缺。L某认为，强调学术规范是从2005年开始的，"你这样查，全中国所有的人，包括很多教授、博导都有问题"，"如果你这样追究下去，中国所有的学者都有问题了"。[①] 其言下之意就是早年科研诚信相关制度是不完善、不规范的，自己只不过是和其他许多类似学者一样出现了一些未被明确规范的过失行为。2005年之前，国家和许多高校都同样强调科研诚信，L某有些言过其实，但的确也反映出科研诚信制度建设完整性、完善性方面的问题。虽然党和国家一直以来高度重视社会诚信及科研诚信建设，但相关制度的完善及形成体系则有一个过程。加强全社会诚信建设的纲要性文件是国务院于2014年制定的《社会信用体系建设规划纲要（2014—2020年）》，其中教育、科研领域信用建设属于社会诚信建设的重要内容。随后，中共中央、国务院及其他部委还相继出台多项有关制度。如，2016年教育部发布的《高等学校预防与处理学术不端行为办法》，2018年中

---

① 王嘉兴. 青年长江学者与她"404"的论文 [N]. 中国青年报，2018-10-24.

共中央、国务院发布的《关于进一步加强科研诚信建设的若干意见》、2018 年国家发展和改革委员会等多部门发布的《关于对科研领域相关失信责任主体实施联合惩戒的合作备忘录》，2019 年国家新闻出版署发布的《学术出版规范——期刊学术不端行为界定（CY/T 174—2019）》，2019 年科技部等多部门发布的《科研诚信案件调查处理规则（试行）》，2020 年科技部发布的《科学技术活动违规行为处理暂行规定》等。可见，科研诚信相关制度在早年间还存在不完善的地方，近年得以不断充实完善。正因为制度不完整，相关责任、标准、规范、程序等都不清晰，所以容易导致科研诚信问题的出现。

其次，知责阶段宣传教育不到位。知责阶段主要是让制度规范对象知晓制度要求，使制度规范深入人心。《中国青年报》记者采访 L 某时，L 某承认自己的一些论文存在学术不端问题，但认为这些学术不端情况只在自己学术生涯最早期，即 2005 年以前出现，当时她刚读硕士研究生，学术刚入门，不懂规范，所以存在这样的学术不端情况。[①] L 某的一句"学术刚入门，不懂规范"多少反映出当时的一些真实情况。或许有规范，只是她不知道。那么，是学校、学院没有宣传教育？是导师没有告知？是相关机制活动开展不深入？是 L 某自己没有好好学习规范并认真领会？还是其他什么情况？其实，不管怎样，都说明当时在知责阶段对科研诚信及相关制度的宣传教育尚存不足之处。

再次，察责阶段存在漏洞。记者经查询发现，L 某 2003 年发表的论文就存在一稿多投及抄袭现象，她后来还陆续发表了一百多篇论文，记者比对论文时发现，其中至少有 15 篇存在抄袭或一稿多投等学术不端问题。L 某在硕士毕业后，带着存在学术不端问题的论文，一路经历博士、博士后、访问学者、晋升教授和博导、入选人才计划等重要阶段，而且在这一过程中还陆续出现学术不端问题。那些如今无法检索的论文，曾帮助 L 某申请学位、获得研究经费、入选各项人才计划。然而在这些重要时刻，相关机构和部门都没有查明 L 某的严重问题，这说明在察责阶段是存在漏洞的。例如，L 某有言，当时期刊即使不接收论文也不会给回复，所以她投稿后会等一段时间，如果没有回复，她会将论文修改后另外投稿，这反映出察责阶段的编研沟通机制问题。[②] 论文重复率查检、同行评议等察责阶段的重要机制也都没起到很好的作用。对此，有评论也认为，如果各高校依法设立具有学术权威性的机构，接受各方举报并负责处理相关案件，则造假者在日常工作中会感受到相应的

① 王嘉兴. 青年长江学者与她"404"的论文［N］. 中国青年报，2018-10-24.
② 王嘉兴. 青年长江学者与她"404"的论文［N］. 中国青年报，2018-10-24.

压力，从而起到防患于未然的作用，如果 L 某在学术生涯早期的学术不端行为能够得到期刊及所在学校等相应机构的及时阻止，可能会是另一种结果。①

最后，追责阶段见效缓慢。其实，L 某的科研诚信问题在其学术生涯中并非完全没有被察觉和介入，只是先前对其相应责任的追究过于软弱。L 某从"学术刚入门"的新人"成长为长江学者"这样的"大咖"，可以说达到了学术生涯的顶峰，她也感言一路走来非常不容易。在 L 某的学术生涯中，有过被质疑、被反映、被轻视、遭举报等经历，但她每次都有惊无险地过去了，这些经历对她毫无影响，她的影响力不降反升。也就是说，质疑、反映、举报等环节都没有很好地起到追究 L 某相应责任的效果。直至十多年的时间过去了，在 L 某取得"非凡成就"的时候，一篇报刊文章才将其问题公之于世。在舆论的压力下，在科研诚信各项相关制度已基本建立健全的环境下，L 某终于在劫难逃，相关部门迅速调查落实，并做出相应处理。

二、L 某科研诚信问题受多种因素影响

在 L 某事件中，为什么在问责链各环节会出现这些问题？细究起来，这受到多种因素影响。运用本研究归纳的制度失灵影响因素分析维度的知识，可以对此进行分析。

其一是执行性影响因素。

执行性科研诚信问责制度失灵现象的影响因素主要体现为制度执行过程中出现了某些走样与异化现象，如处罚不力、办事拖沓、程序不清等是常见问题。L 某的科研诚信问题自研究生阶段就开始出现，L 某研究生毕业后参加工作时开始遭受质疑，但在很长一段时间都没有引起足够的重视。在最终处理前的几个阶段，有过调查、批评、整改等举措，但执行力度都不够，没有起到很好的整饬与矫正作用。曾经 18 个学生的呼声、6 位教授以及诸多国内外学者质疑的声音，显得非常微弱，他们曾经试图争取应得权益的种种努力，不但没有改善问题，换来的反而是 L 某的威胁和变相报复。最终的结局也来得有些偶然，如果不是媒体的介入，可能事情进展得还不会这么快。这也反映出执行过程中先前处理相关事件的透明度是不够的，不足以引起社会的广泛关注，在"黑箱"中操作便避免了各种压力。但媒体的介入使之公之于世，就再也藏不住了，相关部门再不处理的话，就会更被动。此外，在相关执行

---

① 李勤余. 论文造假是世界性问题 但不是中国学术界的遮羞布 [N]. 中国青年报，2018-10-30（02）.

程序上，也存在一些冲突，例如撤稿问题。据报道，某期刊没有答应过L某的撤稿要求，从来没有向数据库出具过撤稿函，但L某的两篇相关论文还是从数据库中消失了。中国知网负责期刊采编业务的工作人员告诉《中国青年报》记者，他们也不清楚文章下线的原因，但按照撤稿流程，需要期刊社出具撤稿函。数据库只与期刊社合作，论文作者个人没有资格撤稿。万方数据知识服务平台资源合作中心一位工作人员则称，撤下文章"原则上要编辑部同意"，但L某这次的情况是作者要求的，"有特殊原因"却"不便透露"，但确实符合撤稿流程。一般情况下，数据库不可以未经编辑部允许就撤稿。不过，据L某反映，她是通过联系数据库公司的法务部门撤了稿，理由是这些数据库刊载她的论文没有经过作者允许，也未支付报酬。①

其二是技术性影响因素。

技术性科研诚信问责制度失灵现象的影响因素主要指采用某些技术手段就能辅助解决的因素。例如，在"互联网＋"时代，网络技术在解决相关的制度失灵问题上能起到很好的效果。在科研诚信问责中，信息不对称等因素往往影响问责的进程与效果，在此种情形下，利用网络技术能发挥一定的作用。L某事件中，某两家数据库方面均表示，现在会利用网络技术及某些专门软件对新收入的论文进行重复率检测，以鉴定是否存在抄袭等问题，但很早以前的文章都是直接收入。某期刊负责人也告诉记者，早年的论文查重技术还不普及，审稿专家无法保证阅尽相关学科、相关专业方向的所有文献，出现学术不端的情况难以避免。② 以前，学术期刊编辑和审稿人确实会因为专业领域不同或无法有效把握学术前沿等问题，无法对论文进行有效判断。同时，撰稿人所在单位的学术组织由于专业领域所限等条件制约，往往也没有能力承担验证真伪、发现抄袭现象的重任。③

其三是利益性影响因素。

利益性科研诚信问责制度失灵现象的影响因素主要体现为因利益的算计而产生了相应的不良现象。显性的制度性利益挂钩、潜规则式的利益勾连、惩罚中的利益权衡等都可能导致科研诚信问责制度失灵。L某之所以长期出现科研诚信问题，与其个人对利益的追逐分不开，那些存在问题的科研成果，在L某一路求学、入职、晋升、获得各种各样头衔的过程中是十足的"筹码"，使L某获得了常人不可企及的好处。如有文章分析称，"长江学者奖励

---

① 王嘉兴. 青年长江学者与她"404"的论文 [N]. 中国青年报，2018-10-24.

② 王嘉兴. 青年长江学者与她"404"的论文 [N]. 中国青年报，2018-10-24. 10.

③ 李文辉. 论文撤稿事件的理性之思与解决之道 [N]. 中国教育报，2018-11-19（6）.

计划"中，特聘教授每年 150 名，聘期为 5 年，每年 20 万元奖金；讲座教授聘期为 3 年，享受每月 3 万元奖金，按实际工作时间支付。"长江学者奖励计划"在用人单位的具体招聘中还体现出更大的潜在价值，许多高校就在招聘公告中承诺对"长江学者"给予 800 万元住房补贴、100 万元年薪；或者税前 65 万～120 万元不等的年薪，60 万～300 万元不等的安家费，理工科最高 800 万元的科研启动费等高额待遇，还附带解决配偶工作、子女入学等相关福利问题。相关机构与管理者也正是依靠保护这些利益来获得管理者的政绩和机构的整体利益。如，各类"人才计划"的入选人数是衡量大学学科实力的重要指标，并在高校排名、学科评估、项目申报、经费划拨等方面发挥重要作用，出于对现实利益的衡量，对头衔的争夺也就不难理解了。而且，在事关学校排名、学科评估、项目申报、经费划拨等重大利益的事情面前，学生、教师大多被校方要求应该"服从大局"，"有担当"，尽量忽略外界"说三道四"的声音。正是基于上述层层利益考量，L 某事件很多年后才在一种不得已的情境下突然得到处理。

其四是观念意识性影响因素。

观念意识性科研诚信问责制度失灵现象的影响因素主要体现为人们在思想、认识方面存在问题，从而导致一定程度的制度执行偏差及制度目标偏离。对科研诚信建设重视不够，不认同或未能很好地掌握科研诚信规范，不信任，负责任研究行为意识不强，传统的官本位意识，重数量轻质量的政绩观等，都可能导致科研诚信问责制度在执行中出现问题。L 某在陈述自己撤稿的理由时声称自己以前的文章都是垃圾，不能反映她的研究水平，所以要求撤稿，而且这些问题只是出现在学术生涯早期，现在她也只发表英文论文，并强调自己从最开始什么都不懂到现在能在顶级英文刊物发表论文是多么不容易。L 某还认为，强调学术规范只是 2005 年才开始的，此前各级部门并不重视，如果追究早年的事情，所有中国学者都有问题，事实上谁也不希望早年的错误被追究而影响自己的前途。L 某还在课堂中炫耀自己的学术能力和荣誉，表达对教学的不屑，"我已经混到头了，没什么好怕的了"，"我已经评上教授了，学校说必须每年上三门课，我才来给你们上课的"[①]。这些认识恰恰反映出 L 某并没有坦诚地去承认错误，并为自己的过错负责，而是一种"高明的无耻"。作为学者，她不尊重自己的论文，不对笔下的文字负责，不对文字的阅读者负责，论文只是其上位的"数据"和"工具"，当这些都不需要时，就

---

① 王嘉兴. 青年长江学者与她"404"的论文［N］. 中国青年报，2018-10-24.

被大刀阔斧地删掉。① 甚至还会有学术不端行为者打着正常学术争鸣的旗号企图能蒙混过关。② 而且，类似 L 某事件这样的科研诚信问题出现，往往被认为这主要是个人的事，人们将重点放在个人上，机构层面的反省与检讨不够，也不透明。虽然最后对 L 某明确了处理结果，但对相关机构仅表明"学校还责成社会学院、人力资源处、教务处等相关部门作出深刻反省和认真检讨，采取切实措施，防止此类事件再次发生"③，而且也再无明确的处理结果公布，究竟如何就不得而知了。

其五是科学规范性影响因素。

科学规范性高校科研诚信问责制度失灵现象的影响因素体现在由于制度本身的科学规范问题，如制度的完善性、制度规定的科学性、制度体系的完整性等方面存在问题，从而导致高校科研诚信问责制度失灵。在 L 某事件中，学术评价体系、立法、相关规范等方面存在的问题与不足值得我们反思。在此前的学术评价体系中，一味用论文发表数量来评价人才，使不少科研工作者过度追求论文的数量而非质量，这就容易滋生造假等科研诚信问题。④ 高校应从对教师学术成就的审核及教学工作的要求等方面审视自身的评价体系，而不能期待媒体去揭露相关问题。⑤ 立法方面，有论者就 L 某事件提出个人信息"被遗忘权"问题，个人信息处置权益目前在法律和规范上的空白容易导致权力灰色地带的产生。L 某的不当论文是否可被遗忘？谁撤下了 L 某的文章？是否存在权利的侵犯和权力的滥用？未来，在空间维度和时间维度，都应加强对个人信息处置权益的立法规范。⑥ 也应重视其他规范性问题，L 某事件主要导向 L 某自身，对期刊、数据库、高校、管理部门及其他机构之间错综复杂的关系与责任则谈之甚少，这背后的规则空白及系统性缺陷同样值得关注并进行改进。⑦

其六是体制性影响因素。

体制性科研诚信问责制度失灵现象的影响因素主要指导致制度执行效果

① 《科技日报》评论员．学术论文岂能一撤了之［N］．中国教育报，2018-10-29（02）．

② 李文辉．论文撤稿事件的理性之思与解决之道［N］．中国教育报，2018-11-19（06）．

③ 南京大学新闻中心．南京大学召开警示教育大会［EB/OL］．（2018-12-18）［2021-03-12］．https：//xgc. nju. edu. cn/a9/99/c1817a305561/page. html.

④ 李勤余．论文造假是世界性问题 但不是中国学术界的遮羞布［N］．中国青年报，2018-10-30（02）．

⑤ 杨鑫宇．"404 教授"梁莹被揭穿，然是谁纵容了她［EB/OL］．（2018-10-25）［2021-03-12］. http：//news. cyol. com/yuanchuang/2018/10/25/content_17722486. html.

⑥ 谭影子．学术污点有没有"被遗忘权"［N］．中国青年报，2018-11-07（10）．

⑦ 谭影子．学术污点有没有"被遗忘权"［N］．中国青年报，2018-11-07（10）．

欠佳的制度背后的体系性、结构性的因素。学术权力滥用、"组织系统"站台、学术体制方面的弊端等都可能导致科研诚信问责制度失灵。正如有学者质疑 L 某的所作所为受到了体制性的纵容，如南京某大学及该大学某学院早期对 L 某的学术不端行为没有像最后一样迅速、大力度地调查处理，在处理其科研诚信问题时对其在教学工作中的问题仍然"轻拿轻放"。[①] 这确实反映了体制性的问题。行政性体制下的思维使得单位认同学术 GDP、认同学术刊物级别、重视形式化的外在表现，试图保护已取得的"学术成果"，但实质上起到了助纣为虐的负面作用。[②] L 某也许悟透了这种体制与规则，对于申请课题、积累头衔"毫无用处、纯粹浪费精力"的授课毫不在意，而把时间、精力都用在"刀刃"上，成为戴上了各种"帽子"的青年才俊、杰出学者后，她就更像是领导精心塑造的"形象工程"、价值巨大的"政绩工程"，各种或明或暗的"保护"也自然产生了。

第四节　科研诚信问责制度失灵并非不治之症

依据上述案例分析，本研究主要总结如下几个结论。同时，提出若干有针对性的建议供参考应用。当然也存在若干问题待进一步研究探讨。

一、正确认识高校科研诚信问题及相关制度

第一，应把科研诚信问责制理解为明责—知责—察责—追责的问责链状态，对高校科研诚信问题治理的分析不能仅仅局限于追究责任，而应从问责链各环节进行审视。

第二，制度是规范人们行为的规则，个人或组织一般依据制度进行行为选择。当人们的选择结果偏离了制度价值与目标时，说明相对制度规定而言，出现了需要矫正的异化行为，也表明出现了一定程度的制度失灵现象。高校科研诚信问责制度失灵现象受到多种因素影响，主要有执行性、技术性、利益性、观念意识性、科学规范性和体制性等因素。

① 杨鑫宇."404 教授"梁莹被揭穿，然而是谁纵容了她［EB/OL］.（2018-10-25）［2021-03-12］. http://news.cyol.com/yuanchuang/2018/10/25/content_17722486.html.

② 李文辉.论文撤稿事件的理性之思与解决之道［N］. 中国教育报，2018-11-13（06）.

第三，高校科研诚信问题出现在问责链的多个环节，受到多种因素影响。问责链每个环节出现的科研诚信问题都有一定的影响因素，每个影响因素也出现在多个不同的问责链环节。为了应对和解决高校科研诚信问责制度失灵问题，应考虑各种影响因素，从整体上采取相应措施。

总之，新制度主义坚持动态、整体制度观，认为制度与行为具有互塑作用。从问责制的视角来看，高校科研诚信问题治理不能仅仅注重对科研不端行为的责任追究，而应树立知责—明责—察责—追责的问责链理念。问责链的各个环节都可能受到某些因素的影响，从而导致违背科研诚信的现象的出现。因此，我们需要采取综合措施进行整合性全过程治理。

二、加强高校科研诚信建设的措施和建议

面对科研诚信问责制度失灵现象，针对其不同的影响因素，高校宜采取不同措施加强改革与治理。

第一，强化执行力度，提升全过程治理效果。在制度上，应做到程序清晰、职责明确，才能有效实施科研诚信问责。科研诚信问责一般是问责主体基于问责对象在科研诚信方面的行为，以问责的内容为核心，依据问责的标准，确定具体的问责形式，继而展开问责程序，最后确定问责后果。[①] 在问责过程中，各责任主体做到职责明确，如政府部门充分发挥治理的疏导与惩治作用、科研管理部门完善引导与管理作用、社会研究团体（公众）履行监督与正能量传播作用、科学共同体做好自治与自律等自我完善工作等。[②] 在此基础上，建立以学术自律为基础、由法律他律机制补缺的责任机制，形成应对科研诚信问题的"多元解决机制"[③]，形成道德自律、法制和社会监督共同发挥作用的科研诚信治理对策。[④] 同时，宜加大违规成本，使不当获利的受损值大于受益值，使相关主体不敢违、不想违。再者，还应改善拖沓行为，科研诚信监督部门、第三方评定结构、学术成果出版部门、资助部门、纳税人、广大公众以及大学等问责主体应共同发力，相互监督与促进，提高办事效率，

① 胡春艳，李贵．学术问责的概念及内在机理解析 [J]．国家教育行政学院学报，2011（5）：59-62．

② 宋雪冰．科研诚信治理主体的责任研究 [D]．中国矿业大学，2018．

③ 郑磊．科研诚信学术伦理责任与法律责任之辨析 [J]．山东科技大学学报（社会科学版），2011（2）：44-49．

④ 孟宪凤．论当代科研诚信治理主体的责任 [D]．东北大学，2008．

增强透明度，以便取得更好的科研诚信问责效果。①

第二，充分运用现代技术，提高问责效率。不断推进相应技术的进一步发展，加强监管与审辨，提升人文素养。同时，应克服网络学术问责中的法律界限模糊、非正式性、网络暴力、学术偏见等弊端，保护相关问责对象的正当权益。② 再者，须加快科研诚信与信用体系建设步伐，建立健全国家层面的科研诚信制度体系。③ 中共中央办公厅、国务院办公厅印发的《关于进一步加强科研诚信建设的若干意见》指出要建立健全职责明确、高效协同的科研诚信管理体系，即以"组织系统"的管理诚信推动科研诚信的建设。中共中央办公厅、国务院办公厅印发的《关于深化项目评审、人才评价、机构评估改革的意见》提出要建设并完善严重失信行为记录信息系统，使科研信用与其他社会领域诚信信息共享，实施联合惩戒。借助互联网，由科研诚信管理体系、严重失信行为记录信息系统等构成的科研诚信与信用体系有助于对学术个体和组织系统的科研诚信建设进行监督，从而起到相应的问责作用。高校等责任部门可在上述"意见"的指导下，设计更切实可行的、更具操作性的具体制度。④

第三，规范利益引导机制，形成良好格局。可将岗位竞聘与职称评定分离，职称与岗位、工资、奖金和福利待遇等利益性机制脱钩，职称仅代表教师个人的学术头衔，则可能在一定程度上杜绝触发科研诚信问题的制度性诱因。⑤ 同时，应注重打破官学之间、商学之间可能存在的不当利益勾结，从根本上打破这种潜规则，使学术回归学术的本来面貌。⑥ 再者，应建立严格的科研诚信问责和惩处制度，细化标准，并建立相应的机构严格执行这些制度。⑦此外，诚信保证金制度也是一种有效的科研诚信问责机制。诚信保证金制度主旨在于通过科研主体的自我承诺和第三人监督，以利益为基点，从制度、道德、文化多个层面来强化科研主体的责任感，促进科研诚信体系的构建，营造良好的科研环境。在科研项目经费中设定保证金比例并进行专项管理，

① 《自然》社论：学术不端调查请勿拖沓——资助和评定机构应起监督问责作用，校方需积极调查并公开结果［J］. 河南科技，2011（11）：92.

② 司林波，乔花云. 网络学术问责的有效性及其限度分析［J］. 教育评论，2013（4）：24-26.

③ 杨东占. 构建信用体系 加强科研诚信制度建设［J］. 中国高校科技，2014（9）：11-15.

④ 周维强. 以制度保障科研诚信［J］. 浙江学刊，2018（5）：11-12.

⑤ 李冲. 加强科研诚信建设需改革高校职称评定制度［J］. 科学与社会，2016（4）：21-23.

⑥ 何小陆. 高校学术问责制构建中的相关问题探讨［J］. 中国轻工教育，2014（5）：73-75.

⑦ 薛世君. 杜绝抄袭亟需学术问责制［N］. 广州日报，2009-08-05（018）.

或在科研项目管理机构外设置科研诚信审查机构等，都是可取之举。①

第四，加强教育培训，树立正确观念。在科研诚信问责制建设中，应通过宣传教育，引导人们树立正确的世界观、人生观与价值观，提高认识，伸张正义，加强保护，塑造弘扬正能量的文化环境，消解科研诚信问责中的观念意识性障碍。

第五，深化制度规范化建设。完善科研诚信相关的制度和标准、促进科研诚信建设进一步制度化②，制定更加理性、公正和有效的制度，在严密制度的规范下，使人性中任何萌动的利欲之心能被禁锢。③ 同时，应健全法制，促进科学共同体内部的规范约束以及科技人员自身的道德自律和文化建设，推动科研诚信立法④，形成完善的法律规范体系，如制定具有普遍效力的"学术问责法"或类似法律、法规，使问责常态化、制度化。⑤ 问责制是学术自由和学术责任的制度保障，须建构清晰规定问责主体和客体、问责内容和标准、问责事由和程序、问责方式和结果等要素的运行结构体系。⑥ 此外，也应注意，在科研诚信建设上，首先应强调立规示人，让负责任研究行为规范深入人心，使人们形成正能量的观念、稳定的态度和行为习惯。还需要强调，"做人"与"做事"不是分离的，"做人"通过"做事"表现出来，"做人"是对"做事"的判断和分类。制度规范就是教人"做事"的规则和道理，类似诚实守信等"做人"准则本质上是人在成长与不断社会化过程中其连续行为得到的社会的判断和分类。离开"做事"而空谈"做人"，反而容易引发诚信危机、监管危机。⑦

第六，加强体制性制度改革，促进综合治理。通过加紧相关法律法规修订、重视学术道德建设、建立科学完善的学术评价机制、建立科学合理的科研工作考核制度、建立健全学术科研公开诚信体系、建立健全学术监督约束

① 何云金，黄璐.科研项目诚信保证金制度建设之构想 [J].廉政文化研究，2010（4）：49-52.

② 孙平，任毅.科研诚信建设制度措施的可操作性问题探析 [J].科技管理研究，2017，37（1）：262-266.

③ 胡春艳，李贵.学术危机与学术问责制 [J].湖南城市学院学报，2011（2）：55-58.

④ 王志学.科研诚信是建设创新型国家的重要制度保障 [J].中国软科学，2007（11）：19-22.

⑤ 司林波，金裕景，彭建交.学术问责法律规范体系的构建 [J].现代教育管理，2015，（06）：76-80.

⑥ 司林波.学术自由、学术责任与学术问责制 [J].教育评论，2012（3）：3-5.

⑦ 蒋国华.学历造假：诚信缺失需问责监管 [N].学习时报，2010-08-02（006）.

制度等措施来健全学术权力约束机制。① 同时，科研诚信建设，不仅仅是学者个体或学术团队的诚信建设，还包括"组织系统"的诚信建设。"组织系统"的诚信，能更有效地防止学术个体或学术团队的科研不诚信行为的发生。② 科研诚信问责不能仅仅针对个人，还要深入团队和"组织系统"，追根溯源，综合治理。再者，需要完善相应的学术问责制度，改革学术体制，建立以学者为主体的学术道德委员会，实现问责主体学者化、责任认定客观化，倡导"学术为本"，坚持"学术自律"，强化人文关怀理念的学术问责文化建设。③

综上，宜在提升制度执行力、加强技术应用、强化利益引导与惩处力度、提高认识、促进制度本身的科学规范及完善学术管理体制等方面采取相应措施，加强科研诚信问责制度建设，综合发挥社会问责作用，政府、高校、社会及相应机构共同发力，以便更好地发挥制度效力，取得更好的问责效果。完善的科研诚信问责制建设应包含整合性的全程问责，应对学术研究发展的全过程和每个环节进行事前预防、事中监督和事后追究，同时注重科研诚信道德自律性和制度强制性的有效结合，以及同体问责和异体问责的有机统一。④

三、研究尚待进一步深化

人们期待在完善的科研诚信问责制度下，能够很好地遏制科研失信行为。但是，由于制度上的缺陷、科研工作压力、社会环境诱导、科研工作者自身观念等问题⑤，以及欠科学的高校考核体制、不完善的学术评价体系、功利化的学术研究动力、不健全的监管与惩处机制、薄弱的学术防腐意识等⑥多方面的原因，科研诚信问题并没有"因制病除"。一如前述，诸如学术造假、剽窃、抄袭、一稿多投、代写论文，以及利用学术权力或通过利益交换发表科研成果并获得学术奖项、荣誉、职称晋升等不良现象时有出现。这些科研失信行为浪费国家财力、损害公共利益、影响科技创新、阻碍学术进步、损害高校形象、败坏学术风气、侵蚀青年学者、腐蚀科研队伍、违反学术规范、

① 倪佳瑜，刘焕明. 防控学术权力滥用：高校科研诚信制度建设的关键［J］. 中国高校科技，2017（5）：15-17.

② 周维强. 以制度保障科研诚信［J］. 浙江学刊，2018（5）：11-12.

③ 张文. 完善高校学术问责制的思路［J］. 大学教育科学，2014（6）：40-44.

④ 杨强. 论高校学术问责制的理论建构［J］. 江苏高教，2009（4）：21-23.

⑤ 孟宪凤. 论当代科研诚信治理主体的责任［D］. 东北大学，2008.

⑥ 蔡福瑞. 高校学术不端行为的现状分析与构建学术问责制的必要性［J］. 科技广场，2014（4）：126-130.

破坏学术规则，造成了很不好的社会影响。①

　　本研究关于科研诚信问责制度失灵现象的发生机理及其影响因素与相应治理措施的探讨形成了一个分析框架。但何种因素最容易引发问题，何种因素出现的频率最高，何种因素最难应对，是否还有其他因素等，这些问题都有待后续研究进一步分析论证。

---

① 蔡福瑞. 高校学术不端行为的现状分析与构建学术问责制的必要性 ［J］. 科技广场，2014（4）：126-130.

第十章

科研诚信问责制：
建设什么样的制度及如何建设

在完成前述关于高校科研诚信问责制建设的相关论析后，我们现在需要回到初始问题，关注究竟应建立什么样的科研诚信问责制，以及如何建设这种制度等方面。

本研究认为，应当而且可以构建"四轮驱动"式整合性全过程科研诚信问责制。问责不仅仅是事后追责，而应被理解为明责—知责—察责—追责的问责链形态。这四个方面在问责全过程中都发挥重要作用，如汽车的四个轮子，如果四驱启动，形成联动模式，则力量倍增。

本研究认为，加强和促进高等学校科研诚信问责制建设需进行五重突破。为了建设与运行好上述"四轮驱动"式整合性全过程科研诚信问责制，提高科研诚信问题治理效能，从目前的基本情况来看，我国高校应在理念、结构、内容、工具和运行五大方面加强突破。其中，理念起导向作用，涉及制度建设的方向、价值、目的和原则等问题；结构发挥整体功能，涉及制度的系统与层次等问题；内容是行动的具体依据，涉及制度文本所呈现内容的科学性、规范性等问题；工具辅助增效，涉及制度运行的载体和支持系统等问题；运行产生动力，涉及制度实施的机制与流程等问题。这也正体现了新制度主义宏观与微观相结合、制度与行为互动、结构重要性与行动者能动性同在等核心要义。

第一，树立明责—知责—察责—追责的问责链理念。

加强科研诚信问责制度建设，在理念上应当坚持动态制度观，突破将问责仅仅理解为"责任追究"的局限，秉持明责—知责—察责—追责的问责链理念，采用整合性全过程问责模式。做到科研诚信的各相关责任主体职责明确，协同合作；加强基于问责主体视角的各种科研诚信问责方式的整合，发挥综合作用；使基于时间维度的各种科研诚信问责类型形成链状结构，全过程贯通。从而明确责任，建立完备的制度体系，加强对科研全过程中科研诚信问题的审视，更好地避免信息不对称问题，从广度、深度等多层面触及问责对象的利益，取得更加理想的科研诚信问题治理成效。①

具体来讲，就是通过教育、培训等措施，使科研相关的各主体清晰地认识到高等学校科研诚信的问责对象主要是相关研究的人员与机构；问责主体则包括高等学校、政府、机构、社会等广泛的利益相关者；问责内容主要涉及科研诚信所包含的各个方面；在问责程序中，首先通过科研诚信各种相关政策、法规、规范、办法等明确负责任研究行为的基准及相关人员与机构的责任，然后制定相应机制，对科研行为进行责任考察，一旦发现科研诚信缺失现象，即出现不负责任研究行为，应启动责任追究模式进行审查处理，最后依据问责结果做出相应处理。要使科研机构、科研人员及相应管理机构都牢固树立明责—知责—察责—追责的问责链意识，以便将其贯彻落实到具体的科研管理实践中去。

第二，建立各层面衔接整合的科研诚信问责制度体系。

治理科研诚信问题需构建整合的问责制度体系。在国家层面，一般有政府主导型、资助机构主导型、独立机构主导型，及法律兼治型等类型的问责制度体系。在我国，主要以政府为主导，其他机构为辅助，政策、法规、规范相结合。高等学校则应在国家相关政策法规的指导和要求下，结合本校实际制定行之有效的科研诚信制度，贯彻教育为主、惩罚为辅的原则，形成明责—知责—察责—追责的问责链状态，各环节紧密结合，以便发挥综合效应。②

我国党和政府及高等学校、相关机构都非常重视加强科研诚信建设，制定实施了许多相关法律、政策、规范等制度。改革开放以来，从 1980 年颁布首个相关法规《学位条例》，到 2020 年科技部颁布的《科学技术活动违规行为处理暂行规定》等，我国先后制定实施了 100 多项有关科研诚信的问责制度。这些制度包含中央和国家文件、法律、法规、部门规章及其他规范性文件等多种类型。依据相关科研诚信问责制度，我国各级各类高校也普遍制定相关问责制度以加强科研诚信建设。高校层面的科研诚信问责相关制度一般主要由两大部分组成，一是国家层面的科研诚信相关制度，二是学校办公室、

① 周湘林. 整合性全过程问责：高校科研诚信问题的治理之道——以澳大利亚麦考瑞大学为例[J]. 中国高教研究，2019（4）：80-85.

② 周湘林. 体系与内容：科研诚信问责制度分析[J]. 江苏高教，2020（3）：59-67.

科研处、教务处、人事处、研究生院以及社科处等部门颁布的科研诚信有关文件。我国高等学校一般运用国家层面的科研诚信相关问责制度，并依据这些制度建立校本科研诚信问责制度，加强对科研诚信问题的治理。但我国高等学校科研诚信问责制度的体系性不强、制度缺失等问题尚存，各高校间的制度差异性较大，明责与追责阶段的制度较多，知责与察责阶段的制度相对较少且力度不够。我国高校需指定校内专门机构负责，对科研诚信问责制度进行体系性检视，系统梳理、归类、整合并增补相应制度，在国家相关制度的指导下，依托现有基础，借鉴国外经验，建立各层面衔接整合的科研诚信问责制度体系。

第三，呈现责任明确、程序清晰的科研诚信问责制度内容。

我国相关科研诚信问责制度的内容在问责制各要素维度上有比较全面的体现。例如，教育部发布的《高等学校预防与处理学术不端行为办法》对于学术不端行为问责涉及的权责体系、问责内容、问责主体、问责对象、问责程序、问责后果等都有所规定，强调通过加强教育、培训、检查与审核、查询、监督、评审、鉴定、考核评价、调查处理等措施来预防和应对科研诚信方面存在的问题。其他如国家发展改革委等多部门发布的《关于对科研领域相关失信责任主体实施联合惩戒的合作备忘录》就联合惩戒对象、联合惩戒措施及联合惩戒方式等做出了详细规定；中宣部等多部门发布的《哲学社会科学科研诚信建设实施办法》对哲学社会科学科研诚信建设的组织体系、教育预防、调查处理等方面作出规定；国家新闻出版署发布的《学术出版规范——期刊学术不端行为界定（CY/T 174—2019）》就该规范的适用对象、适用范围及具体的学术不端行为等方面作了具体规定；科技部等多部门发布的《科研诚信案件调查处理规则（试行）》就科研诚信案件及科研失信行为的具体所指、职责分工、调查处理程序等方面作了具体规定。

就我国高等学校层面而言，有研究发现，截至 2019 年，我国 42 所"双一流"建设高校中，大部分高校的学术规范基本相同，关于学术不端行为的认定也比较一致，但是，不同高校中相关科研诚信制度的文本内容详略不太一致，差异性也比较大，高校内部学术规范不统一可能会影响科研人员科研行为的选择甚或导致出现某些混乱。① 高校科研诚信问责方面的相关制度一般散见于校内各不同部门，分别就教师、学生等相关主体的科研诚信要求做出了相应的规定，但内容的统一性、针对性、连贯性都不强。因此，我国高等

---

① 袁子晗，靳彤，张红伟，等. 我国 42 所大学科研诚信教育状况实证分析［J］. 科学与社会，2019（1）：50-62.

学校应突破现有科研诚信相关制度零散、内容不统一等困境，加强科研诚信问责制在内容方面的规范化建设。一是严格遵循与充分运用国家层面各相关机构制定的科研诚信问责制度，将其内容作为重要依据。二是在统摄性、整体性制度建设的基础上，更加突出科研诚信问责制度内容的规范性、具体性、针对性，做到各科研主体的责任清晰，体现运行有力、行之有效的察责、追责措施，整体上达到科研诚信问责实体明确、程序清楚、机制健全等要求。

第四，运用科研诚信问责多样化辅助工具。

在信息化、人工智能时代，高等学校科研诚信问责也可以将传统工具与信息化工具相结合，发挥这些工具有力的辅助作用。科研诚信问责传统辅助工具有很多，如与科研诚信问责有关的制度文本、书籍、专门图表、指导守则、承诺书、荣誉守则等，其在科研诚信问责的明责、知责、察责及追责的各阶段分别发挥一定的作用。相对于传统辅助工具而言，在信息化时代，科研诚信问责信息化辅助工具发挥了日益重要的作用。这些工具如一般网络、OA系统、专门网页、论文查重系统、科研诚信征信与评估系统等。一般网络主要用于科研诚信相关信息报道、举报、公示等方面。有关科研诚信的OA系统是科研诚信相关事务处理的一套自动化办公系统，一般嵌入高等学校整体的OA系统配合使用。近年来，论文查重系统得到普遍关注和应用，科研诚信征信评估系统也在不断发展。论文查重系统是指先设定某百分比为参照标准，然后将待查内容与一定数据库中的相关内容进行比对，考察其文字重复率情况。查重的一般过程可以概括为文本预处理—特征提取—模型构建—相似度判别—专家审核等环节。① 科研诚信征信与评估系统则是一套基于信联网技术的科研信用评价体系，也称为信联网。该系统也是借助互联网技术发挥问责作用。科研信联网体系主要由三部分构成，即科研信联网访问者模块、科研信联网用户模块、科研信联网体系监管模块，并设置六个共同服务于科研信用体系的子系统，即平台数据库、数据挖掘分析体系、信用评价体系、科研信用管理体系、信用风控监管体系、一体化问责体系。然后在问责主体、问责对象、问责内容、问责程序、问责结果、问责原则等方面进行界定，将其运用于科研诚信问责。依据科研信联网数据，可以对相关主体的科研诚信状况进行评级，设置黑名单、白名单，并可将这种信用评级转化为信用资产，

---

① 李善青，邢晓昭，杜圣梅．科技项目查重方法研究综述［J］．科技管理研究，2018，38（6）：197-201.

用于其他相关的用途。①

上述科研诚信问责辅助工具在我国高等学校有一定程度的运用。如明责、知责阶段的制度文本、相关文献资料、倡议书、学生手册等，察责阶段的论文查重系统，及与明责、知责、察责、追责各阶段有关的相关网页等。② 但这些工具的使用仍然比较零散，缺少统一的规划和系统性的运用。而且除了相关制度呈现和论文查重是比较显性的、常用的工具外，其他工具都处于潜在状态或使用率偏低。使用较多的学校相关网页也还不集中、不统一。科研诚信征信与评估系统主要还处于理论探讨阶段，真正将其用于实践尚待时日。可见，在加强高校科研诚信问责制度建设中，综合运用多样化科研诚信问责辅助工具来加大科研诚信问责力度，无疑是需大力加强的突破点之一。为此，一是应继续发挥好传统科研诚信问责辅助工具的作用；二是宜整合性加强科研诚信专门网站建设及相关软件等工具的使用；三是结合人工智能等先进技术，重点加强科研诚信征信与评估系统的开发运用。

第五，构建连贯畅通的科研诚信问责机制运行流程。

在问责链理念的观照下，建立科研诚信问责制度，选择科研诚信问责辅助工具，还应借助机制与流程，将制度落到实处，让制度活起来、动起来、运作起来、产生实效。制度的有效运行需借助可操作的机制，机制保障制度生命力的彰显。在科研治理实践中，运行有效的科研诚信问责机制丰富多样，按照明责—知责—察责—追责问责链理念，可以将其分为四类。其中，明责阶段的科研诚信问责机制主要有制度规范机制等；知责阶段的科研诚信问责机制主要有教育培训机制、承诺与荣誉守则机制等；察责阶段的科研诚信问责机制主要有内部评审机制、编研沟通机制、同行评议机制、署名审查机制、论文查重机制、重复试验机制、利益冲突回避机制、信息披露机制、科研信用评戒机制等；追责阶段的科研诚信问责机制主要有举报机制、科研不端行为调查处理机制、自愿排除协议机制、黑名单机制、撤销机制等。③ 各种机制按照一定的流程发挥问责作用。

科研诚信问责机制在我国高等学校得到一定程度的运用，但尚存一些问题，亟待完善改进。主要表现在以下方面：在明责阶段，制度规范机制在各

---

① 杜梦琦. 信联网科研信用体系下高校科研诚信缺失问责机制研究 [D]. 中央财经大学，2019.

② 李佳惠. 高校科研诚信问责制度失灵问题研究 [D]. 中央财经大学，2020.

③ 周湘林. 高校科研诚信问责机制：归类、现状与改进 [J]. 现代大学教育. 2020（5）：84-91.

高校得到不同程度的运用，但在各高校的运用差异性较大，有的比较完善，有的比较欠缺，相关制度的统一性、系统性有待进一步加强；在知责阶段，相关教育培训活动及承诺制等得到一定程度的运用，但形式比较简单，涉及面不宽，相关活动也比较零散，协调配合不够；在察责阶段，运用较多的是论文查重、同行评议、利益冲突回避等机制，但综合运用各种机制并进行长效建设有待进一步加强；在追责阶段，各高校重视和运用较多的是举报、科研不端行为调查处理机制等，但这些机制运行的力度、其他相关机制的运用及机制之间的协调配合有待进一步加强。[①] 我国高校在科研诚信问责机制与流程方面主要还存在机制不健全、流程不畅通等问题。

机制与流程是制度生效的有力保障。我国高等学校在加强科研诚信问责制度建设时，需突破部门分割、制度零散、机制不全、流程不畅等困境。通过设立专门负责科研诚信问题治理的相关机构，系统建立健全科研诚信问责机制，绘制清晰的机制运行流程图，并建立全校总体性的科研诚信问题治理流程图，将部门、问责链、机制整合起来，发挥综合效应，提升高等学校科研诚信问题治理能力，进一步促进我国高等学校科研诚信问责制度体系现代化。

---

① 周湘林. 高校科研诚信问责机制：归类、现状与改进［J］. 现代大学教育，2020（5）：84-91.

References

参 考 文 献

一、中文部分

[1][美]大卫·古斯顿.在政治与科学之间:确保科学研究的诚信与产出率[M].龚旭,译.北京:科学出版社,2011.

[2][美]Francis L. Macrina.科研诚信:负责任的科研行为教程与案例[M].3版.何鸣鸿,陈越,等,译.北京:高等教育出版社,2011.

[3][美]罗伯特·弗洛德曼,J.布瑞特·霍尔布鲁克,卡尔·米切姆.同行评议、研究诚信与科学治理:实践、理论与当代议题[M].洪晓楠,编辑.夏国军,朱勤,等,译.北京:人民出版社,2012.

[4][美]尼古拉斯·斯特耐克,梅丽莎·安德森,萨宾·克莱纳特,托尼·梅耶.第三届世界科研诚信大会论文集[C].吴波,余慧明,等,译.北京:高等教育出版社,2020.

[5][美]威廉·布罗德,尼古拉斯·韦德.背叛真理的人们:科学殿堂中的弄虚作假[M].朱进宁,方玉珍,译.上海:上海科技教育出版社,2004.

[6][英]Stephen P. Osborne.新公共治理?——公共治理理论和实践方面的新观点[M].包国宪,赵晓军,等,译.赵晓军,校.北京:科学出版社,2016.

[7]《画说科研诚信》编写组.画说科研诚信[M].北京:科学技术文献出版社,2018.

[8]《科技日报》评论员.学术论文岂能一撤了之[N].中国教育报,2018-10-29(02).

[9]《自然》社论:学术不端调查请勿拖沓——资助和评定机构应起监督问责作用,校方需积极调查并公开结果[J].河南科技,2011(11):92.

[10]CNKI科研诚信管理系统研究中心.学术不端文献检测系统[EB/

OL］．［2020-05-15］．https：//check．cnki．net/．

[11]Ren Yi,Suzanne Morris．澳大利亚科研诚信管理探析[J]．科学观察，2011(1):1-6．

[12]柏木钉．学术诚信建设 要有"牙齿"[N]．人民日报，2016-11-21(18)．

[13]蔡福瑞．高校学术不端行为的现状分析与构建学术问责制的必要性[J]．科技广场，214(4):126-130．

[14]曹望华，谢玲．国内科研诚信法津问题研究综述[J]．重庆社会主义学院学报，2013(3):82-88．

[15]曾天山．教育科研的视野与方向[M]．北京：教育科学出版社，2009．

[16]车畅．加拿大科研诚信体系中负面清单理念初探[J]．全球科技经济瞭望，2017,32(9):26-31．

[17]陈文晶，曲长海．中美高校科研诚信体系建设比较分析[J]．黑龙江省政府管理干部学院学报，2014(4):154-156．

[18]陈颖．论学术期刊在科研诚信建设中的责任与作为[J]．河南大学学报(社会科学版)，2020,60(2):146-150．

[19]陈振明．公共管理学——一种不同于传统行政学的研究途径[M]．2版．北京：中国人民大学出版社，2003．

[20]程如烟，文玲艺．主要国家加强科研诚信建设的做法及对我国的启示[J]．世界科技研究与成展，2013(1):153-156．

[21]崔理华，张红伟，孙岳．世界一流大学科研诚信治理体系的特征及启示——以哈佛大学为例[J]．科学与社会，2020,10(2):111-126．

[22]单红梅，胡恩华，熊新正，等．科研人员的个体特征对其诚信行为的交互影响研究[J]．科技管理研究，2015(1):237-241．

[23]邓晖，王乐．买来的论文成大学生评奖、保研"敲门砖"："学术不端"的毒瘤为何染上本科生[N]．光明微教育，2016-12-20．

[24]董全超，孙唯敏．国家科研信用体系建设与研究[J]．中国科技资源导刊，2018,50(4):1-5．

[25]董毅敏，龙寅．科研诚信体系在科技期刊领域的建设研究[J]．出版发行研究，2020(12):57-61．

[26]杜宝贵，唐纪航．高校学生科研诚信行为影响因素研究——基于结构方程模型的分析[J]．辽宁工业大学学报(社会科学版)，2020,22(6):90-96．

[27]杜宝贵，左志远．基于1999—2019年数据的中国科研诚信政策量化分析[J]．科技管理研究，2020,40(18):252-259．

[28]杜梦琦.信联网科研信用体系下高校科研诚信缺失问责机制研究[D].北京:中央财经大学,2019.

[29]杜鹏,杨燕萍,关晓斌.高校人文社会科学科研工作者学术道德与诚信状况[J].中国人民大学学报,2012(4):144-153.

[30]樊岳红.人才培养与科研诚信之张力的系统反思[J].系统科学学报,2021(4):45-50.

[31]方冬姝,杨磊,韦映梅.导师对研究生科研诚信养成作用的实证研究[J].中原工学院学报,2015(2):98-103.

[32]方玉东,陈越,董宏伟.与"科研诚信"有关的术语比较和翻译研究[J].中国科技术语,2014(6):32-34.

[33]方瑾.构建信息披露机制 加强高校科研管理[J].会计师,2016(23):58-59.

[34]冯靖雯,赵勇.第六届世界科研诚信大会的主题内容综述及启示[J].中国科学基金,2021,35(3):496-502.

[35]冯凌子,刘敬,袁军鹏.我国科研诚信政策变迁计量分析[J].图书情报工作,2020,64(9):73-84.

[36]付淑琼.美国大学教师科研诚信系统及其对我国的启示[J].高等教育研究,2015(1):92-97.

[37]复旦大学研究生院.研究生学术道德案例教育百例[M].上海:复旦大学出版社,2018.

[38]高飞.基于三层架构的高校教师科研诚信管理系统研究[J].软件导刊,2014(7):86-87.

[39]葛慧林.科学基金项目申报中科研诚信问题剖析与治理策略思考[J].中国科学基金,2020,34(5):645-651.

[40]龚旭.同行评议公正性的影响因素分析[J].科学学研究,2004,22(6):613-618.

[41]郭淑芬,裴耀琳,陈可.中国科研诚信研究的时空分布与热点演变[J].数字图书馆论坛,2020(2):67-72.

[42]国家自然科学基金委员会.2020 年查处的不端行为案件处理决定(第二批次)[EB/OL].(2021-01-15)[2021-03-20].http://www.nsfc.gov.cn/publish/portal0/tab434/info79607.html.

[43]国家自然科学基金委员会通报科研不端行为典型案例及近期查处的科研不端行为案件处理决定[N].中国科学报,2016-12-13.

[44]国丽娜,邵世才.科研单位和科研人员的科研信用评价指标和方法研究——从政府视角[J].中国科技论坛,2019(2):135-142.

[45]韩宇.荣誉守则对大学图书馆道德管理方法的启示[J].大学图书馆学报,2011,29(5):5-9,21.

[46]何美洁.近10年来我国科研诚信问题研究状况及趋势分析[J].云南科技管理,2020,33(2):15-22.

[47]何小陆.高校学术问责制构建中的相关问题探讨[J].中国轻工教育,2014(5):73-75.

[48]何云金,黄璐.科研项目诚信保证金制度建设之构想[J].廉政文化研究,2010(4):49-52.

[49]和鸿鹏,陈雅玲.比较视角下的中国科研不端查处政策——兼评《科研诚信案件调查处理规则(试行)》[J].中国科学基金,2020,34(3):318-323.

[50]洪晓楠,等.科学伦理的理论与实践[M].北京:人民出版社,2013.

[51]侯兴宇.基于透明性导向的科研诚信治理进路[J].出版与印刷,2021(2):7-12.

[52]胡春艳,李贵.学术危机与学术问责制[J].湖南城市学院学报,2011(2):55-58.

[53]胡春艳,李贵.学术问责的概念及内在机理解析[J].国家教育行政学院学报,2011(5):59-62.

[54]胡金富,史玉民.美国自愿排除和解协议的内涵、特点及启示[J].科学管理研究,2017,35(5):104-107.

[55]胡金富.让科研诚信案件调查走向规范化[N].中国科学报,2021-04-08(007).

[56]胡金富.科研诚信的挑战与应对——从世界科研诚信大会看全球科研诚信建设的趋势[J].合肥师范学院学报,2020,38(3):43-47.

[57]姜春林.国内外科研诚信研究比较:主题、热点与趋势[J].西南民族大学学报(人文社科版),2020,41(8):226-233.

[58]蒋国华.学历造假:诚信缺失需问责监管[N].学习时报,2010-08-02(006).

[59]蒋美仕,陈俊宇,徐陶.科研诚信范式及其认识论和方法论意蕴[J].自然辩证法研究,2015(11):42-47.

[60]蒋美仕,蒋安,段诗韵.科研不端行为查处程序的比较分析——基于美国、韩国及中国的典型案例[J].科学学研究,2013,31(4):487-495.

[61]蒋颖.科研诚信视角下的人文社科国际学术论文撤稿特征研究[J].情报资料工作,2020,41(6):63-70.

[62]教育部.高校预防与处理学术不端行为办法(教育部令第40号)[EB/OL].(2016-06-16)[2020-06-20]. http://www. moe. gov. cn/srcsite/A02/s5911/moe_621/201607/t20160718_272156. html.

[63]教育部:撤销南大"404教授"梁莹"青年长江学者"称号[EB/OL].(2018-12-30)[2021-03-30]. https://www. takefoto. cn/viewnews-1665297. html.

[64]教育部公开曝光4起违反教师职业行为十项准则典型案例[EB/OL].(2019-04-03)[2021-03-30]. http://www. moe. gov. cn/jyb_xwfb/gzdt_gzdt/s5987/201904/t20190403_376596. html.

[65]解本远.构建合理的科研诚信观[J].道德与文明,2014(2):119-123.

[66]科学技术部科研诚信建设办公室.科研诚信建设相关法律法规和文件汇编[C].北京:高等教育出版社,2017.

[67]科学技术部科研诚信建设办公室.科研活动诚信指南[M].北京:科技文献出版社,2009.

[68]兰福音,温余远.商业生态系统理论视角下科研诚信体系建设研究[J].科技创业月刊,2020,33(7):60-65.

[69]雷晓锋,王文文,冯蓉,等.高校研究生科研诚信教育的多维审视和途径分析[J].思想教育研究,2014(6):80-82.

[70]李超平,徐世勇.管理与组织研究常用的60个理论[M].北京大学出版社,2019.

[71]李冲.加强科研诚信建设需改革高校职称评定制度[J].科学与社会,2016(4):21-23.

[72]李佳惠.高校科研诚信问责制度失灵问题研究[D].北京:中央财经大学,2020.

[73]李勤余.论文造假是世界性问题 但不是中国学术界的遮羞布[N].中国青年报,2018-10-30(02).

[74]李睿婕.高校科研诚信问责制成熟度研究[D].北京:中央财经大学,2021.

[75]李善青,邢晓昭,杜圣梅.科技项目查重方法研究综述[J].科技管理研究,2018,38(6):197-201.

[76]李文辉.论文撤稿事件的理性之思与解决之道[N].中国教育报,2018-

11-19(06).

[77]李侠.科研诚信为何如此重要,却又容易失范?[N].中国科学报,2021-03-15(001).

[78]李叶宏."术"以载"道":基于区块链技术的科研诚信建设研究[J].自然辩证法研究,2021,37(3):35-41.

[79]李振宇,黄少安.制度失灵与技术创新——农民焚烧秸秆的经济学分析[J].中国农村观察,2002(5):11-16.

[80]李中政,诸大建.网络治理视角下服务型政府建设初探[J].探索与争鸣,2008(12):49-50.

[81]刘爱生.美国高校学术不端的调查程序与处罚机制——以埃里克·玻尔曼案为例[J].外国教育研究,2016(11):96-108.

[82]刘辉.科研诚信问题研究[D].吉林:吉林大学,2011.

[83]刘军仪.基于治理视角下的大学科研诚信建设研究[J].科技管理研究,2015(19):80-83.

[84]刘军仪.美英科研诚信建设的实践与探索[M].北京:党建读物出版社,2016.

[85]刘琪,段鑫星.基于大学章程的科研诚信治理效力[J].中国高校科技,2019(12):16-19.

[86]刘胜利,潘云涛,赵筱媛.科研诚信外部规范合目的性与合规律性的理论分析[J].现代情报,2020,40(9):53-59.

[87]龙红霞.学术伦理及其规制研究[M].重庆:西南师范大学出版社,2017.

[88]罗伯特·K.殷.案例研究:设计与方法[M].周海涛,史少杰,译.重庆:重庆大学出版社,2017.

[89]罗伯特·K.殷.案例研究方法的应用[M].周海涛,译.齐心,校.重庆:重庆大学出版社,2009.

[90]罗志敏,周倩.研究生科研诚信教育的本质与逻辑[J].学位与研究生教育,2020(5):38-43.

[91]罗志敏.代写论文、代发论文……如何斩断花钱买学术的生态链[N].光明微教育,2016-12-22.

[92]罗志敏.高校科研诚信宣教机制研究[J].内蒙古社会科学,2020,41(4):156-162.

[93]马佰莲,谢婧.近十年国内科研诚信研究述评[J].齐鲁师范学院学报,

2012(12):49-54.

[94]美国科学,工程与公共政策委员会.怎样当一名科学家:科学研究中的负责行为[M].3版.曹莉,译.北京:中国科学技术出版社,2014.

[95]美国医学科学院,美国科学三院国家科研委员会.科研道德:倡导负责行为[M].苗德岁,译.北京:北京大学出版社,2007.

[96]孟宪凤.论当代科研诚信治理主体的责任[D].沈阳:东北大学,2008.

[97]缪弈洲,张月红.科研诚信建设背景下贡献者角色分类(CRədiT)标准解读及应用建议[J].出版与印刷,2021(2):1-6.

[98]南京大学社会学院教授梁莹学历研究领域及主要科研成果[EB/OL].(2018-10-26)[2021-03-18].http://www.mnw.cn/edu/news/2076846.html.

[99]南京大学新闻中心.南京大学召开警示教育大会[EB/OL].(2018-12-18)[2021-03-12].https://xgc.nju.edu.cn/a9/99/c1817a305561/page.html.

[100]倪佳瑜,刘焕明.防控学术权力滥用:高校科研诚信制度建设的关键[J].中国高校科技,2017(5):15-17.

[101]倪楠.科研活动中诚信数据库的应用[J].安徽科技,2016(6):29-30.

[102]潘源,梁夏.新时代科学家精神构建下的高校科研诚信教育探讨[J].产业与科技论坛,2021,20(8):199-200.

[103]庞丽峰.着力提升行政问责效力[J].中共山西省委党校学报,2012(1):79-81.

[104]濮晓珍.弘扬学术道德,坚守科研诚信——以高校本科生学术不端行为为例[J].知识文库,2020(11):160-161.

[105]全国科学道德和学风建设宣讲教育领导小组.科学道德和学风建设宣讲参考大纲[M].北京:中国科学技术出版社,2012.

[106]三皮.南大博导梁莹——就喜欢看着你们义愤填膺,却又无可奈何的样子[EB/OL].(2018-11-18)[2021-03-22].https://www.jianshu.com/p/9e1fcde51613.

[107]山崎茂明.科学家的不端行为——捏造·篡改·剽窃[M].北京:清华大学出版社,2005.

[108]施其明,郭雪吟,刘琦."OSID开放科学计划"对我国科研诚信的作用机制研究[J].出版与印刷,2021(2):21-26.

[109]司林波,金裕景,彭建交.学术问责法律规范体系的构建[J].现代教育管理,2015(6):76-80.

[110]司林波,乔花云.网络学术问责的有效性及其限度分析[J].教育评

论,2013(4):24-26.

[111]司林波.学术自由、学术责任与学术问责制[J].教育评论,2012(3):3-5.

[112]宋雪冰.科研诚信治理主体的责任研究[D].徐州:中国矿业大学,2018.

[113]孙平,任毅.科研诚信建设制度措施的可操作性问题探析[J].科技管理研究,2017,37(1):262-266.

[114]孙平.英国加强科研诚信建设及其启示[J].科学中国人,2013(12):28-30.

[115]谭影子.学术污点有没有"被遗忘权"[N].中国青年报,2018-11-07(10).

[116]汪伟良,刘红.基于结构方程模型的科研诚信行为影响因素[J].中国科技论坛,2015(4):5-10.

[117]汪莹.让失信"黑名单"成为诚信催化剂[N].嘉兴日报.2014-12-23(001).

[118]王聪,刘玉强.我国高校科研诚信政策中的科研诚信概念研究[J].科学与社会,2020,10(2):127-141.

[119]王翠芝,刘君亮,毛阳,等.科研人员科研诚信"3C"评价模式研究[J].科技创新与应用,2020(24):46-47.

[120]王飞.北欧及德语国家科研诚信建设的制度与经验[M].北京:人民出版社,2020.

[121]王飞.斯塔佩尔案的调查处理对科研诚信制度建设的启示[J].自然辩证法通讯,2021,43(4):76-82.

[122]王国骞,唐伟华,陈越.世界各国科研诚信立法模式及我国立法特征[J].中国基础科学,2013(4):59-61.

[123]王洪涛,徐晋,吕瑞博,等.国外高校研究生科研诚信建设经验借鉴[J].教育教学论坛,2020(49):90-91.

[124]王霁霞,尹嘉希.科研不端行为处理程序研究——兼评《科研诚信案件调查处理规则(试行)》[J].科技进步与对策,2022,39(1):141-149.

[125]王嘉兴,陈轶男.这位名教授的问题不仅仅是抄袭[N].中国青年报,2018-10-26(01).

[126]王嘉兴.南京大学已正式调查梁莹涉嫌学术不端问题[EB/OL].(2018-10-24)[2021-03-12].http://news.cyol.com/yuanchuang/2018-10/24/

content_17717644.html.

[127]王嘉兴.青年长江学者与她"404"的论文[N].中国青年报,2018-10-24(10).

[128]王君宏,张双山.田承毅:人大监督应有问责效力[J].公民导刊,2016(5):22-23.

[129]王阳.美国科研诚信建设演变的制度逻辑与中国借鉴[J].自然辩证法研究,2020,36(7):52-58.

[130]王瑀.加强科研院所科研诚信建设路径研究[J].江苏科技信息,2020,37(16):1-5.

[131]王志学.科研诚信是建设创新型国家的重要制度保障[J].中国软科学,2007(11):1-5.

[132]王钟的.期刊黑名单背后 潜藏唯论文的浮躁之风[N].科技日报,2019-05-17(007).

[133]魏刘伟,尼尔斯·梅杰加德.科研诚信:从言至行的九种方法[J].世界科学,2021(2):39-41.

[134]温虹,贾利帅.我国高校科研诚信政策研究——基于政策工具的视角[J].中国高教研究,2021(4):48-54.

[135]吴荻枫.制度引进有时为什么会失灵[N].深圳特区报,2016-12-27(B10).

[136]吴冠军.科研诚信与学术声誉——基于政治哲学与博弈论的思考[J].华东师范大学学报(教育科学版),2020,38(7):75-86.

[137]吴华刚.国外促进科研诚信建设的经验概述及启示[J].科技与产业,2014(3):103-106.

[138]吴艳,杨志维.我国科研诚信体系建设实践中的问题及对策[J].科技创新发展战略研究,2020,4(2):1-4.

[139]吴艳,杨志维.英国《维护科研诚信协约》(2019)的新发展及其启示[J].科学管理研究,2020,38(3):152-155.

[140]夏文莉.基于因子分析法的科研诚信评价机制研究[J].科研管理,2013(10):118-121+137.

[141]向晓莉,吕永胜,杨叶,等,李金桃.基金论文的科研诚信问题及编辑部对策探讨[J].传媒论坛,2020,3(3):81-83.

[142]肖雪珍,王念,殷刚.科研诚信教育的内涵、途径和意义[J].教育教学论坛,2014(3):9-11.

[143]熊建练,王婷婷,成黎明.高校研究生科研诚信影响因素实证分析[J].统计与决策,2015(8):114-117.

[144]熊新正,胡恩华,修立军,单红梅.科研诚信行为影响因素研究综述[J].科学管理研究,2012(3):39-42.

[145]许春明."洗稿"的法律定性及其规制[N].上海法治报,2019-02-20(B05).

[146]许淑雯,周湘林.高校教学质量问责反馈机制研究[J].中国高教研究,2015(4):75-79.

[147]薛世君.杜绝抄袭亟需学术问责制[N].广州日报,2009-08-05(018).

[148]闫北方,焦豪灿.从审计角度看内控制度失灵[J].理财,2011(7):88-89.

[149]燕继荣.治理"制度失灵"[N].北京日报,2015-11-30(018).

[150]燕农.问责效力还要看制度的后续表现[N].法制日报,2010-4-26(003).

[151]杨东占.构建信用体系 加强科研诚信制度建设[J].中国高校科技,2014(9):11-15.

[152]杨强.论高校学术问责制的理论建构[J].江苏高教,2009(4):21-23.

[153]杨锐,杨亮,李良强,等.我国科研诚信政策特征及演化逻辑——基于文本挖掘法[J].科技进步与对策,2020,37(20):89-98.

[154]杨圣坤.制度失灵的基础理论问题研究[J].江南社会学院学报,2012,14(4):60-64.

[155]杨鑫宇."404教授"梁莹被揭穿,然而是谁纵容了她[EB/OL].(2018-10-25)[2021-03-12].http://news.cyol.com/yuanchuang/2018/10/25/content_17722486.html.

[156]鄞益奋.网络治理:公共管理的新框架[J].公共管理学报,2007(1):89-96+126.

[157]印波.科研伦理与学术规范:《高等学校预防和处理学术不端行为办法》一百问[M].北京:法律出版社,2018.

[158]印波.至善、因袭与实用:科研诚信案件查处规范制定的价值准则[J].科学与社会,2020,10(4):85-101.

[159]袁军鹏.科研诚信建设不能只靠转发文件[N].中国科学报,2021-04-06(001).

[160]袁子晗,靳彤,张红伟,等.我国42所大学科研诚信教育状况实证分

析[J].科学与社会,2019,9(1):50-62.

[161]张阿朵,周湘林.科研诚信问责逻辑及案例研究——基于新制度主义视角[J].中国高校科技,2018(11):18-21.

[162]张浩.编订"学者黑名单"[N].科技日报.2013-04-20(002).

[163]张红伟,赵勇.科研诚信建设要实现五大转变[J].中国信用,2020(3):126.

[164]张洁平.中国学术腐败将动摇国本[N].亚洲周刊,2006-8-28.

[165]张萌.从科学的社会契约关系角度谈科研诚信建设[J].产业与科技论坛,2015(11):243-244.

[166]张茜.我国高被引论文和热点论文数量升至世界第二[N].中国青年报,2019-11-20.

[167]张文.完善高校学术问责制的思路[J].大学教育科学,2014(6):40-44.

[168]张欣欣.制度建设:科研诚信的有力保障[J].中国高校科技,2014(9):4-6.

[169]张艳,焦艳.高校科研诚信和学术规范的管理体系构建[J].科技和产业,2021,21(3):166-173.

[170]张媛.将建立科研项目经费管理使用黑名单[N].法制日报,2013-10-23(003).

[171]张云起,孙军锋,王毅,等.信联网商务信用体系建设[J].中央财经大学学报,2015(4):90-99.

[172]赵海萍.高校科研诚信建设之自律策略分析报告[J].中国农业教育,2014(6):83-86.

[173]赵海萍.高校科研诚信之他律策略可行性分析[J].黑龙江高教研究,2015(4):51-53.

[174]赵勇.国内一流大学的科研诚信管理工作现状与问题[Z/OL].(2020-06-05)[2021-05-21].https://k.cnki.net/CInfo/Index/6049.

[175]郑磊.高校科研诚信建设主体责任的法治建构[J].高校教育管理,2020,14(5):58-67.

[176]郑磊.科研诚信学术伦理责任与法律责任之辨析[J].山东科技大学学报(社会科学版),2011(2):44-49.

[177]中国科学报.提升科研诚信水平 学术共同体须加强自律自查自治[J].中国信用,2021(3):124.

[178]中国科学院.科学与诚信:发人深省的科研不端行为案例[M].北京:科学出版社,2013.

[179]中国科学院.科研活动道德规范读本[M].北京:科学出版社,2009.

[180]中国学者论文再遭集中撤稿！该杂志一次性撤回70篇涉嫌造假论文[EB/OL].（2021-02-22）[2021-03-20]. https://www.sohu.com/a/451947578_120877456.

[181]周海源.论行政问责的效力范围[J].河北工业大学学报（社会科学版）,2014(4):26-31.

[182]周婕,刘海涛.区块链技术在高校科研诚信建设中的应用探索[J].农业图书情报学报,2020,32(8):34-39.

[183]周维强.以制度保障科研诚信[J].浙江学刊,2018(5):11-12.

[184]周湘林,马海泉.探索科教融合下的大学学术及学术共同体[J].中国高校科技,2017(10):4-6.

[185]周湘林.从管理到治理:中国高校问责制范式转型[J].华中师范大学学报（人文社会科学版）,2011(3):144-149.

[186]周湘林.从政府问责到社会问责:中国高校问责制的内涵、类型与变革[J].高等教育研究,2010,31(1):34-40.

[187]周湘林.体系与内容:科研诚信问责制度分析[J].江苏高教,2020(3):59-67.

[188]周湘林.责任—问责:高校科研诚信问题及其治理[J].北京教育（高教版）,2019(4):87-91.

[189]周湘林.整合性全过程问责高校科研诚信问题的治理之道——以澳大利亚麦考瑞大学为例[J].中国高教研究,2019(4):80-85.

[190]周湘林.制度利益人视角下高校教学质量问责机制分析[J].中国高教研究,2017(1):54-59.

[191]周晓艳,朱冰倩,郭建伟.如何提高本科毕业论文的质量——基于科研诚信检测手段的有效性及后果分析[J].市场论坛,2014(7):95-97.

[192]朱珊珊,王建学.当前高校科研诚信建设的三个误区与化解[J].人民政坛,2015(7):42-43.

[193]主要国家科研诚信制度与管理比较研究课题组.国外科研诚信制度与管理[M].北京:科学技术文献出版社,2014.

二、英文部分

[1]Abdi S, Pizzolato D, Nemery B, et al. Educating PhD students in research integrity in Europe[J]. Science and Engineering Ethics, 2021, 27(1): 5-23.

[2]Ackerman J M. Social accountability in the public sector: A conceptual discussion and learning module[EB/OL]. https://documents1. worldbank. org/curated/en/514581468134386783/pdf/357330Ackerman. pdf.

[3]Amsterdam Agenda[EB/OL]. (2017-05-31)[2020-04-15]. https:// wcrif. org/documents/42-amsterdam-agenda/file.

[4]Anderson M S, Horn A S, Risbey K R, et al. What do mentoring and training in the responsible conduct of research have to do with scientists' misbehavior? Findings from a National Survey of NIH-funded scientists[J]. Academic Medicine, 2007(82): 853-860.

[5]Anna C M, Kahn J P. Encouraging accountability in research: A pilot assessment of training efforts[J]. Accountability in Research,1999,7(1):85-100.

[6]Armond A C Vieira, Gordijn B, Lewis J, et al. A scoping review of the literature featuring research ethics and research integrity cases[J]. BMC Medical Ethics,2021,22(1): 50.

[7] Australiancode for the responsible conduct of research[EB/OL]. [2020-05-10]. https://www. nhmrc. gov. au/about-us/publications/australian-code-responsible-conduct-research-2018.

[8]Bommier C, Stœklé H-C, Filliatreau G, et al. 5JIS—Towards a pedagogy of research integrity[J]. Ethics, Medicine and Public Health, 2021(16): 1-5.

[9]Breaches of the code and research misconduct[EB/OL]. [2019-10-15]. https://www. mq. edu. au/research/ethics-integrity-and-policies/research-integrity/breaches-of-the-code-and-research-misconduct.

[10]Carter J M, Goldman G T, Rosenberg A A, et al. Strengthen scientific integrity under the Biden administration [J]. Science (New York, N. Y.), 2021, 371(6530): 668-671.

[11]Cossette P. Research integrity: An exploratory survey of administrative science faculties[J]. Journal of Business Ethics, 2004(49): 213-234.

[12]Degn L. Integratingintegrity: The organizational translation of policies on research integrity[J]. Science and Engineering Ethics, 2020(26): 3167-3182.

[13]Desmond H, Dierickx K. Research integrity codes of conduct in Europe: Understanding the divergences[J]. Bioethics, 2021, 35(5): 414-428.

[14]Education with Integrity [EB/OL]. [2020-08-06]. https://www.turnitin.com/.

[15]Fiedorowicz J G, Levenson J L, Leentjens A F G. When is lack of scientific integrity a reason for retracting a paper? A case study[J]. Journal of Psychosomatic Research, 2021, 144: 110412.

[16]Govert V, Guus D, Joeri T, et al. Expanding research integrity: A cultural-practice perspective[J]. Science and Engineering Ethics, 2021, 27(1): 1-23.

[17]Gunsalus CK. Institutional structure to ensure research integrity [J/OL]. https://europepmc.org/article/MED/8373489.

[18]Gustafsson L. Authorship statements: A commitment to publishing ethics and research integrity[J]. Australian Occupational Therapy Journal, 2020, 67(4): 285-286.

[19]HDRresearch integrity & misconduct management[EB/OL]. [2017-04-06]. http://hdr.mq.edu.au/information_about/hdr_research_integrity_and_misconduct.

[20]Heck S, Bianchini F, Souren N Y, et al. Fake data, paper mills, and their authors: The International Journal of Cancer reacts to this threat to scientific integrity[J/OL]. International journal of cancer, https://onlinelibrary.wiley.com/doi/10.1002/ijc.33604.

[21]Hillard T, Baber R. Peer review: The cornerstone of scientific publishing integrity[J]. Climacteric, 2021, 24(2): 107-108.

[22]Hren D, Vujaklija A, IvanisievicR, et al. Students' moral reasoning, Machiavellianism and socially desirable responding: implications for teaching ethics and research integrity[J]. Medical Education, 2006, 40(3): 269-277.

[23]Hwang K. Scientificintegrity and Mr He's jade[J]. The Journal of Craniofacial surgery, 2020, 32(1):15.

[24]Iverson M, Frankel M S,Siang S. Scientific societies and research integrity: what are they doing and how well are they doing it? [J]. Science and Engineering Ethics, 2003(9): 141-158.

[25]Kalichman M. Survey study of research integrity officers' perceptions of research practices associated with instances of research misconduct [J]. Research integrity and peer review, 2020, 5(1): 17.

[26]Kraemer Diaz A E, Johnson C R S, Arcury T A. Variation in the interpretation of scientific integrity in community-based participatory health research[J]. Social Science & Medicine, 2013(11): 134-142.

[27]Lau P. Acase study on research postgraduate students' understanding of academic integrity at a Hong Kong University[J]. Frontiers in Education, 2021(4):1-10.

[28]Lüscher T F, Fox K, Hamm C, et al. Scientific integrity: What a journal can and cannot do[J]. European Heart Journal, 2020, 41(48): 4552-4555.

[29]Macquarie Universitycode for the responsible conduct of research [EB/OL]. [2020-05-10]. https://staff. mq. edu. au/work/strategy-planning-and-governance/university-policies-and-procedures/policies/responsible-conduct-of-research.

[30]Martin B R. Whither research integrity? Plagiarism, self-plagiarism and coercive citation in an age of research assessment[J]. Research Policy, 2013, 42(5): 1005-1014.

[31]Martinson B C, Crain A L, De Veries R, et al. The importance of organizational justice in ensuring research integrity[J]. Journal of Empirical Research on Human Research Ethics, 2010, 5(3): 67-83.

[32]Mayer T, Steneck N. Promoting Research Integrity in a Global Environment[M]. London: World Scientific, 2012.

[33]McCrary S V, Anderson C B, Jakovljebic B C, et al. A national survey of policies on disclosure of conflicts of interest in biomedical research[J]. The New England Journal of Medicine, 2000(343):1621-1626.

[34]Mejlgaard N, Bouter L M, Gaskell G, et al. Research integrity: Nine ways to move from talk to walk[J]. Nature, 2020, 586(7829): 358-360.

[35]Mitcham C. Co-Responsibility for research integrity[J]. Science and Engineering Ethics, 2003(9): 273-290.

[36]Moher D, Bouter L, Kleinert S, et al. The Hong Kong Principles for assessing researchers: Fostering research integrity[J]. PLoS Biology, 2020, 18(7): e3000737.

[37]Otto C M, Bradley S M, Newby D E. Research integrity: We are all accountable[J]. Heart, 2015, 101(6): 414-415.

[38]Paradeise C, Filliatreau G. Scientific integrity matters[J]. Minerva, 2021(prepublish): 1-21.

[39]Proceedings of the 4th World Conference on Research Integrity[J]. Research Integrity and Peer Review, 2016, 1(Suppl 1): 1-56.

[40]Ren Yi, McCormack A. APEC research integrity principles project report to member economics[EB/OL]. https://aimp2.apec.org/sites/PDB/Supporting%20Docs/2849/Completion%20Report/HRD%2001%202016S_APEC%20Guiding%20Principles%20for%20Research%20Integrity%20Report.pdf.

[41]Ren Yi. Research integrity management framework for Joint PhD and Cotutelle candidates at Macquarie University[C]//Steneck N, Anderson M, Kleinert S, et al. Integrity in the Global Research Arena. Singapore: World Scientific, 2015.

[42]Reporting a breach or research misconduct [EB/OL]. (2020-02-25) [2020-04-19]. https://www.mq.edu.au/research/ethics-integrity-and-policies/research-integrity/reporting-a-breach-or-research-misconduct.

[43]Reporting a breach or research misconduct[EB/OL]. [2020-08-18]. https://www.mq.edu.au/research/ethics-integrity-and-policies/research-integrity/reporting-a-breach-or-research-misconduct.

[44]Request forinformation and comments on fostering research integrity and the responsible conduct of research[EB/OL]. [2020-10-19]. https://www.federalregister.gov/documents/2020/10/19/2020-22992/request-for-information-and-comments-on-fostering-research-integrity-and-the-responsible-conduct-of.

[45]Research integerity training and resources[EB/OL]. [2017-04-06]. http://www.research.mq.edu.au/research_integrity/research_integrity_training_and_resources.

[46]Research integrity advisors[EB/OL].（2020-02-25）[2020-04-19]. https：//www. mq. edu. au/research/ethics-integrity-and-policies/research-integrity/research-integrity-advisors.

[47]Research integrity in practice[EB/OL].（2020-02-25）[2020-04-19]. https：//www. mq. edu. au/research/ethics-integrity-and-policies/research-integrity/research-integrity-in-practice.

[48]Research integrity[EB/OL].（2020-04-01）[2020-04-19]. https：//www. mq. edu. au/research/ethics-integrity-and-policies/research-integrity.

[49]Research onresearch integrity conferences（HHS）[J]. Federal Grants & Contracts，2021，45(11)：7.

[50]Retractionwatch[EB/OL]. [2020-08-06]. https：//retractionwatch. com/.

[51]Roberts L L. Historicizing research integrity and fraud[J]. History of Science，2020，58(4)：353.

[52]Sandra T，Kornfeld D S. The research misconduct post hoc inquiry as a measure of institutional integrity[J]. Accountability in Research，2021，28(1)：54-57.

[53]Ščepanović R，Krishma L，Buljan I，et al. Practices for research integrity promotion in research performing organisations and research funding organisations：A scoping review[J]. Science and Engineering Ethics，2021，27(1)：4.

[54]Sijtsma K，Emons W H M，Steneck N H，et al. Steps toward preregistration of research on research integrity[J]. Research Integrity and Peer Review，2021，6(1)：5.

[55]Singapore Statement on Research Integrity[EB/OL].（2010-07-24）[2020-04-15]. https：//wcrif. org/documents/327-singapore-statement-a4size/file.

[56]Steneck N H. Fostering integrity in research：Definitions, current knowledge，and future directions[J]. Science and Engineering Ethics，2006(12)：53-74.

[57]Steneck N H. Global research integrity training[J]. Science，2013，340(6132)：552-553.

[58]Steneck N，Anderson M，Kleinert S，et al. Integrity in the Global

Research Arena[M]. Singapore：World Scientific，2015.

[59]Sun Ping. How many codes of conduct do we need? The Chinese Experience[M]. London：World Scientific，2012.

[60]The Hong Kong Principles for Assessing Researchers：Fostering Research Integrity[EB/OL]. (2019-06-05)[2020-04-15]. https：//wcrif. org/images/2020/HKP/HKPs_preprint_-_English. pdf.

[61]The Office of Research Integrity[EB/OL]. [2018-11-05]. https：//ori. hhs. gov/extramural-research.

[62]Titus S L，Wells J A，Rhoades L J. Repairing research integrity[J]. Nature，2008，453(19)：980-982.

[63]TitusS，Bosch X. Tie funding to research integrity[J]. Nature，2010，466(22)：436-437.

[64]Training and resources[EB/OL]. (2019-10-15)[2020-04-19]. https：//www. mq. edu. au/research/ethics-integrity-and-policies/research-integrity/training-and-resources.

[65]Wang Fei，Li Yingjie. How Chinese scientific societies should promote the construction of research integrity[J]. Accountability in Research，2020，27(5)：271-283.

[66]What is research integrity? [EB/OL]. (2017-04-06)[2020-05-06]. http：//www. research. mq. edu. au/research_integrity/what_is_research_integrity.

[67]Yang Huifeng. Research on the discovery mode of integrity cases in scientific research in China[J]. Journal of Social Science and Humanities，2020，2(6)：112-114.

Appendix

附　　录

附录一　关于进一步加强科研诚信建设的若干意见

科研诚信是科技创新的基石。近年来，我国科研诚信建设在工作机制、制度规范、教育引导、监督惩戒等方面取得了显著成效，但整体上仍存在短板和薄弱环节，违背科研诚信要求的行为时有发生。为全面贯彻党的十九大精神，培育和践行社会主义核心价值观，弘扬科学精神，倡导创新文化，加快建设创新型国家，现就进一步加强科研诚信建设、营造诚实守信的良好科研环境提出以下意见。

一、总体要求

（一）指导思想。全面贯彻党的十九大和十九届二中、三中全会精神，以习近平新时代中国特色社会主义思想为指导，落实党中央、国务院关于社会信用体系建设的总体要求，以优化科技创新环境为目标，以推进科研诚信建设制度化为重点，以健全完善科研诚信工作机制为保障，坚持预防与惩治并举，坚持自律与监督并重，坚持无禁区、全覆盖、零容忍，严肃查处违背科研诚信要求的行为，着力打造共建共享共治的科研诚信建设新格局，营造诚实守信、追求真理、崇尚创新、鼓励探索、勇攀高峰的良好氛围，为建设世界科技强国奠定坚实的社会文化基础。

（二）基本原则

——明确责任，协调有序。加强顶层设计、统筹协调，明确科研诚信建设各主体职责，加强部门沟通、协同、联动，形成全社会推进科研诚信建设合力。

——系统推进，重点突破。构建符合科研规律、适应建设世界科技强国要求的科研诚信体系。坚持问题导向，重点在实践养成、调查处理等方面实现突破，在提高诚信意识、优化科研环境等方面取得实效。

——激励创新，宽容失败。充分尊重科学研究灵感瞬间性、方式多样性、路径不确定性的特点，重视科研试错探索的价值，建立鼓励创新、宽容失败的容错纠错机制，形成敢为人先、勇于探索的科研氛围。

——坚守底线，终身追责。综合采取教育引导、合同约定、社会监督等多种方式，营造坚守底线、严格自律的制度环境和社会氛围，让守信者一路绿灯，失信者处处受限。坚持零容忍，强化责任追究，对严重违背科研诚信要求的行为依法依规终身追责。

（三）主要目标。在各方共同努力下，科学规范、激励有效、惩处有力的科研诚信制度规则健全完备，职责清晰、协调有序、监管到位的科研诚信工作机制有效运行，覆盖全面、共享联动、动态管理的科研诚信信息系统建立完善，广大科研人员的诚信意识显著增强，弘扬科学精神、恪守诚信规范成为科技界的共同理念和自觉行动，全社会的诚信基础和创新生态持续巩固发展，为建设创新型国家和世界科技强国奠定坚实基础，为把我国建成富强民主文明和谐美丽的社会主义现代化强国提供重要支撑。

二、完善科研诚信管理工作机制和责任体系

（四）建立健全职责明确、高效协同的科研诚信管理体系。科技部、中国社科院分别负责自然科学领域和哲学社会科学领域科研诚信工作的统筹协调和宏观指导。地方各级政府和相关行业主管部门要积极采取措施加强本地区本系统的科研诚信建设，充实工作力量，强化工作保障。科技计划管理部门要加强科技计划的科研诚信管理，建立健全以诚信为基础的科技计划监管机制，将科研诚信要求融入科技计划管理全过程。教育、卫生健康、新闻出版等部门要明确要求教育、医疗、学术期刊出版等单位完善内控制度，加强科研诚信建设。中国科学院、中国工程院、中国科协要强化对院士的科研诚信要求和监督管理，加强院士推荐（提名）的诚信审核。

（五）从事科研活动及参与科技管理服务的各类机构要切实履行科研诚信建设的主体责任。从事科研活动的各类企业、事业单位、社会组织等是科研诚信建设第一责任主体，要对加强科研诚信建设作出具体安排，将科研诚信工作纳入常态化管理。通过单位章程、员工行为规范、岗位说明书等内部规章制度及聘用合同，对本单位员工遵守科研诚信要求及责任追究作出明确规定或约定。

科研机构、高等学校要通过单位章程或制定学术委员会章程，对学术委员会科研诚信工作任务、职责权限作出明确规定，并在工作经费、办事机构、专职人员等方面提供必要保障。学术委员会要认真履行科研诚信建设职责，切实发挥审议、评定、受理、调查、监督、咨询等作用，对违背科研诚信要求的行为，发现一起，查处一起。学术委员会要组织开展或委托基层学术组织、第三方机构对本单位科研人员的重要学术论文等科研成果进行全覆盖核查，核查工作应以3—5年为周期持续开展。

科技计划（专项、基金等）项目管理专业机构要严格按照科研诚信要求，加强立项评审、项目管理、验收评估等科技计划全过程和项目承担单位、评审专家等科技计划各类主体的科研诚信管理，对违背科研诚信要求的行为要严肃查处。

从事科技评估、科技咨询、科技成果转化、科技企业孵化和科研经费审计等的科技中介服务机构要严格遵守行业规范，强化诚信管理，自觉接受监督。

（六）学会、协会、研究会等社会团体要发挥自律自净功能。学会、协会、研究会等社会团体要主动发挥作用，在各自领域积极开展科研活动行为规范制定、诚信教育引导、诚信案件调查认定、科研诚信理论研究等工作，实现自我规范、自我管理、自我净化。

（七）从事科研活动和参与科技管理服务的各类人员要坚守底线、严格自律。科研人员要恪守科学道德准则，遵守科研活动规范，践行科研诚信要求，不得抄袭、剽窃他人科研成果或者伪造、篡改研究数据、研究结论；不得购买、代写、代投论文，虚构同行评议专家及评议意见；不得违反论文署名规范，擅自标注或虚假标注获得科技计划（专项、基金等）等资助；不得弄虚作假，骗取科技计划（专项、基金等）项目、科研经费以及奖励、荣誉等；不得有其他违背科研诚信要求的行为。

项目（课题）负责人、研究生导师等要充分发挥言传身教作用，加强对项目（课题）成员、学生的科研诚信管理，对重要论文等科研成果的署名、研究数据真实性、实验可重复性等进行诚信审核和学术把关。院士等杰出高级专家要在科研诚信建设中发挥示范带动作用，做遵守科研道德的模范和表率。

评审专家、咨询专家、评估人员、经费审计人员等要忠于职守，严格遵守科研诚信要求和职业道德，按照有关规定、程序和办法，实事求是，独立、客观、公正开展工作，为科技管理决策提供负责任、高质量的咨询评审意见。科技管理人员要正确履行管理、指导、监督职责，全面落实科研诚信要求。

三、加强科研活动全流程诚信管理

（八）加强科技计划全过程的科研诚信管理。科技计划管理部门要修改完善各级各类科技计划项目管理制度，将科研诚信建设要求落实到项目指南、立项评审、过程管理、结题验收和监督评估等科技计划管理全过程。要在各类科研合同（任务书、协议等）中约定科研诚信义务和违约责任追究条款，加强科研诚信合同管理。完善科技计划监督检查机制，加强对相关责任主体科研诚信履责情况的经常性检查。

（九）全面实施科研诚信承诺制。相关行业主管部门、项目管理专业机构等要在科技计划项目、创新基地、院士增选、科技奖励、重大人才工程等工作中实施科研诚信承诺制度，要求从事推荐（提名）、申报、评审、评估等工作的相关人员签署科研诚信承诺书，明确承诺事项和违背承诺的处理要求。

（十）强化科研诚信审核。科技计划管理部门、项目管理专业机构要对科技计划项目申请人开展科研诚信审核，将具备良好的科研诚信状况作为参与各类科技计划的必备条件。对严重违背科研诚信要求的责任者，实行"一票否决"。相关行业主管部门要将科研诚信审核作为院士增选、科技奖励、职称评定、学位授予等工作的必经程序。

（十一）建立健全学术论文等科研成果管理制度。科技计划管理部门、项目管理专业机构要加强对科技计划成果质量、效益、影响的评估。从事科学研究活动的企业、事业单位、社会组织等应加强科研成果管理，建立学术论文发表诚信承诺制度、科研过程可追溯制度、科研成果检查和报告制度等成果管理制度。学术论文等科研成果存在违背科研诚信要求情形的，应对相应责任人严肃处理并要求其采取撤回论文等措施，消除不良影响。

（十二）着力深化科研评价制度改革。推进项目评审、人才评价、机构评估改革，建立以科技创新质量、贡献、绩效为导向的分类评价制度，将科研诚信状况作为各类评价的重要指标，提倡严谨治学，反对急功近利。坚持分类评价，突出品德、能力、业绩导向，注重标志性成果质量、贡献、影响，推行代表作评价制度，不把论文、专利、荣誉性头衔、承担项目、获奖等情况作为限制性条件，防止简单量化、重数量轻质量、"一刀切"等倾向。尊重科学研究规律，合理设定评价周期，建立重大科学研究长周期考核机制。开展临床医学研究人员评价改革试点，建立设置合理、评价科学、管理规范、运转协调、服务全面的临床医学研究人员考核评价体系。

四、进一步推进科研诚信制度化建设

（十三）完善科研诚信管理制度。科技部、中国社科院要会同相关单位加

强科研诚信制度建设，完善教育宣传、诚信案件调查处理、信息采集、分类评价等管理制度。从事科学研究的企业、事业单位、社会组织等应建立健全本单位教育预防、科研活动记录、科研档案保存等各项制度，明晰责任主体，完善内部监督约束机制。

（十四）完善违背科研诚信要求行为的调查处理规则。科技部、中国社科院要会同教育部、国家卫生健康委、中国科学院、中国科协等部门和单位依法依规研究制定统一的调查处理规则，对举报受理、调查程序、职责分工、处理尺度、申诉、实名举报人及被举报人保护等作出明确规定。从事科学研究的企业、事业单位、社会组织等应制定本单位的调查处理办法，明确调查程序、处理规则、处理措施等具体要求。

（十五）建立健全学术期刊管理和预警制度。新闻出版等部门要完善期刊管理制度，采取有效措施，加强高水平学术期刊建设，强化学术水平和社会效益优先要求，提升我国学术期刊影响力，提高学术期刊国际话语权。学术期刊应充分发挥在科研诚信建设中的作用，切实提高审稿质量，加强对学术论文的审核把关。

科技部要建立学术期刊预警机制，支持相关机构发布国内和国际学术期刊预警名单，并实行动态跟踪、及时调整。将罔顾学术质量、管理混乱、商业利益至上，造成恶劣影响的学术期刊，列入黑名单。论文作者所在单位应加强对本单位科研人员发表论文的管理，对在列入预警名单的学术期刊上发表论文的科研人员，要及时警示提醒；对在列入黑名单的学术期刊上发表的论文，在各类评审评价中不予认可，不得报销论文发表的相关费用。

五、切实加强科研诚信的教育和宣传

（十六）加强科研诚信教育。从事科学研究的企业、事业单位、社会组织应将科研诚信工作纳入日常管理，加强对科研人员、教师、青年学生等的科研诚信教育，在入学入职、职称晋升、参与科技计划项目等重要节点必须开展科研诚信教育。对在科研诚信方面存在倾向性、苗头性问题的人员，所在单位应当及时开展科研诚信诚勉谈话，加强教育。

科技计划管理部门、项目管理专业机构以及项目承担单位，应当结合科技计划组织实施的特点，对承担或参与科技计划项目的科研人员有效开展科研诚信教育。

（十七）充分发挥学会、协会、研究会等社会团体的教育培训作用。学会、协会、研究会等社会团体要主动加强科研诚信教育培训工作，帮助科研人员熟悉和掌握科研诚信具体要求，引导科研人员自觉抵制弄虚作假、欺诈剽窃等行为，开展负责任的科学研究。

（十八）加强科研诚信宣传。创新手段，拓宽渠道，充分利用广播电视、报刊杂志等传统媒体及微博、微信、手机客户端等新媒体，加强科研诚信宣传教育。大力宣传科研诚信典范榜样，发挥典型人物示范作用。及时曝光违背科研诚信要求的典型案例，开展警示教育。

六、严肃查处严重违背科研诚信要求的行为

（十九）切实履行调查处理责任。自然科学论文造假监管由科技部负责，哲学社会科学论文造假监管由中国社科院负责。科技部、中国社科院要明确相关机构负责科研诚信工作，做好受理举报、核查事实、日常监管等工作，建立跨部门联合调查机制，组织开展对科研诚信重大案件联合调查。违背科研诚信要求行为人所在单位是调查处理第一责任主体，应当明确本单位科研诚信机构和监察审计机构等调查处理职责分工，积极主动、公正公平开展调查处理。相关行业主管部门应按照职责权限和隶属关系，加强指导和及时督促，坚持学术、行政两条线，注重发挥学会、协会、研究会等社会团体作用。对从事学术论文买卖、代写代投以及伪造、虚构、篡改研究数据等违法违规活动的中介服务机构，市场监督管理、公安等部门应主动开展调查，严肃惩处。保障相关责任主体申诉权等合法权利，事实认定和处理决定应履行对当事人的告知义务，依法依规及时公布处理结果。科研人员应当积极配合调查，及时提供完整有效的科学研究记录，对拒不配合调查、隐匿销毁研究记录的，要从重处理。对捏造事实、诬告陷害的，要依据有关规定严肃处理；对举报不实、给被举报单位和个人造成严重影响的，要及时澄清、消除影响。

（二十）严厉打击严重违背科研诚信要求的行为。坚持零容忍，保持对严重违背科研诚信要求行为严厉打击的高压态势，严肃责任追究。建立终身追究制度，依法依规对严重违背科研诚信要求行为实行终身追究，一经发现，随时调查处理。积极开展对严重违背科研诚信要求行为的刑事规制理论研究，推动立法、司法部门适时出台相应刑事制裁措施。

相关行业主管部门或严重违背科研诚信要求责任人所在单位要区分不同情况，对责任人给予科研诚信诫勉谈话；取消项目立项资格，撤销已获资助项目或终止项目合同，追回科研项目经费；撤销获得的奖励、荣誉称号，追回奖金；依法开除学籍，撤销学位、教师资格，收回医师执业证书等；一定期限直至终身取消晋升职务职称、申报科技计划项目、担任评审评估专家、被提名为院士候选人等资格；依法依规解除劳动合同、聘用合同；终身禁止在政府举办的学校、医院、科研机构等从事教学、科研工作等处罚，以及记

入科研诚信严重失信行为数据库或列入观察名单等其他处理。严重违背科研诚信要求责任人属于公职人员的，依法依规给予处分；属于党员的，依纪依规给予党纪处分。涉嫌存在诈骗、贪污科研经费等违法犯罪行为的，依法移交监察、司法机关处理。

对包庇、纵容甚至骗取各类财政资助项目或奖励的单位，有关主管部门要给予约谈主要负责人、停拨或核减经费、记入科研诚信严重失信行为数据库、移送司法机关等处理。

（二十一）开展联合惩戒。加强科研诚信信息跨部门跨区域共享共用，依法依规对严重违背科研诚信要求责任人采取联合惩戒措施。推动各级各类科技计划统一处理规则，对相关处理结果互认。将科研诚信状况与学籍管理、学历学位授予、科研项目立项、专业技术职务评聘、岗位聘用、评选表彰、院士增选、人才基地评审等挂钩。推动在行政许可、公共采购、评先创优、金融支持、资质等级评定、纳税信用评价等工作中将科研诚信状况作为重要参考。

七、加快推进科研诚信信息化建设

（二十二）建立完善科研诚信信息系统。科技部会同中国社科院建立完善覆盖全国的自然科学和哲学社会科学科研诚信信息系统，对科研人员、相关机构、组织等的科研诚信状况进行记录。研究拟订科学合理、适用不同类型科研活动和对象特点的科研诚信评价指标、方法模型，明确评价方式、周期、程序等内容。重点对参与科技计划（项目）组织管理或实施、科技统计等科技活动的项目承担人员、咨询评审专家，以及项目管理专业机构、项目承担单位、中介服务机构等相关责任主体开展诚信评价。

（二十三）规范科研诚信信息管理。建立健全科研诚信信息采集、记录、评价、应用等管理制度，明确实施主体、程序、要求。根据不同责任主体的特点，制定面向不同类型科技活动的科研诚信信息目录，明确信息类别和管理流程，规范信息采集的范围、内容、方式和信息应用等。

（二十四）加强科研诚信信息共享应用。逐步推动科研诚信信息系统与全国信用信息共享平台、地方科研诚信信息系统互联互通，分阶段分权限实现信息共享，为实现跨部门跨地区联合惩戒提供支撑。

八、保障措施

（二十五）加强党对科研诚信建设工作的领导。各级党委（党组）要高度重视科研诚信建设，切实加强领导，明确任务，细化分工，扎实推进。有关部门、地方应整合现有科研保障措施，建立科研诚信建设目标责任制，明确任务分工，细化目标责任，明确完成时间。科技部要建立科研诚信建设情况督查和通报制度，对工作取得明显成效的地方、部门和机构进行表彰；对措施不得力、工作不落实的，予以通报批评，督促整改。

（二十六）发挥社会监督和舆论引导作用。充分发挥社会公众、新闻媒体等对科研诚信建设的监督作用。畅通举报渠道，鼓励对违背科研诚信要求的行为进行负责任实名举报。新闻媒体要加强对科研诚信正面引导。对社会舆论广泛关注的科研诚信事件，当事人所在单位和行业主管部门要及时采取措施调查处理，及时公布调查处理结果。

（二十七）加强监测评估。开展科研诚信建设情况动态监测和第三方评估，监测和评估结果作为改进完善相关工作的重要基础以及科研事业单位绩效评价、企业享受政府资助等的重要依据。对重大科研诚信事件及时开展跟踪监测和分析。定期发布中国科研诚信状况报告。

（二十八）积极开展国际交流合作。积极开展与相关国家、国际组织等的交流合作，加强对科技发展带来的科研诚信建设新情况新问题研究，共同完善国际科研规范，有效应对跨国跨地区科研诚信案件。

附录二　关于进一步弘扬科学家精神加强作风和学风建设的意见

为激励和引导广大科技工作者追求真理、勇攀高峰，树立科技界广泛认可、共同遵循的价值理念，加快培育促进科技事业健康发展的强大精神动力，在全社会营造尊重科学、尊重人才的良好氛围，现提出如下意见。

一、总体要求

（一）指导思想。以习近平新时代中国特色社会主义思想为指导，全面贯彻党的十九大和十九届二中、三中全会精神，以塑形铸魂科学家精神为抓手，切实加强作风和学风建设，积极营造良好科研生态和舆论氛围，引导广大科技工作者紧密团结在以习近平同志为核心的党中央周围，增强"四个意识"，坚定"四个自信"，做到"两个维护"，在践行社会主义核心价值观中走在前列，争做重大科研成果的创造者、建设科技强国的奉献者、崇高思想品格的践行者、良好社会风尚的引领者，为实现"两个一百年"奋斗目标、实现中华民族伟大复兴的中国梦作出更大贡献。

（二）基本原则。坚持党的领导，提高政治站位，强化政治引领，把党的领导贯穿到科技工作全过程，筑牢科技界共同思想基础。坚持价值引领，把握主基调，唱响主旋律，弘扬家国情怀、担当作风、奉献精神，发挥示范带动作用。坚持改革创新，大胆突破不符合科技创新规律和人才成长规律的制度藩篱，营造良好学术生态，激发全社会创新创造活力。坚持久久为功，汇聚党政部门、群团组织、高校院所、企业和媒体等各方力量，推动作风和学风建设常态化、制度化，为科技工作者潜心科研、拼搏创新提供良好政策保障和舆论环境。

（三）主要目标。力争1年内转变作风改进学风的各项治理措施得到全面实施，3年内取得作风学风实质性改观，科技创新生态不断优化，学术道德建设得到显著加强，新时代科学家精神得到大力弘扬，在全社会形成尊重知识、崇尚创新、尊重人才、热爱科学、献身科学的浓厚氛围，为建设世界科技强国汇聚磅礴力量。

二、自觉践行、大力弘扬新时代科学家精神

（四）大力弘扬胸怀祖国、服务人民的爱国精神。继承和发扬老一代科学

家艰苦奋斗、科学报国的优秀品质，弘扬"两弹一星"精神，坚持国家利益和人民利益至上，以支撑服务社会主义现代化强国建设为己任，着力攻克事关国家安全、经济发展、生态保护、民生改善的基础前沿难题和核心关键技术。

（五）大力弘扬勇攀高峰、敢为人先的创新精神。坚定敢为天下先的自信和勇气，面向世界科技前沿，面向国民经济主战场，面向国家重大战略需求，抢占科技竞争和未来发展制高点。敢于提出新理论、开辟新领域、探寻新路径、不畏挫折、敢于试错，在独创独有上下功夫，在解决受制于人的重大瓶颈问题上强化担当作为。

（六）大力弘扬追求真理、严谨治学的求实精神。把热爱科学、探求真理作为毕生追求，始终保持对科学的好奇心。坚持解放思想、独立思辨、理性质疑，大胆假设、认真求证，不迷信学术权威。坚持立德为先、诚信为本，在践行社会主义核心价值观、引领社会良好风尚中率先垂范。

（七）大力弘扬淡泊名利、潜心研究的奉献精神。静心笃志、心无旁骛、力戒浮躁，甘坐"冷板凳"，肯下"数十年磨一剑"的苦功夫。反对盲目追逐热点，不随意变换研究方向，坚决摒弃拜金主义。从事基础研究，要瞄准世界一流，敢于在世界舞台上与同行对话；从事应用研究，要突出解决实际问题，力争实现关键核心技术自主可控。

（八）大力弘扬集智攻关、团结协作的协同精神。强化跨界融合思维，倡导团队精神，建立协同攻关、跨界协作机制。坚持全球视野，加强国际合作，秉持互利共赢理念，为推动科技进步、构建人类命运共同体贡献中国智慧。

（九）大力弘扬甘为人梯、奖掖后学的育人精神。坚决破除论资排辈的陈旧观念，打破各种利益纽带和裙带关系，善于发现培养青年科技人才，敢于放手、支持其在重大科研任务中"挑大梁"，甘做致力提携后学的"铺路石"和领路人。

三、加强作风和学风建设，营造风清气正的科研环境

（十）崇尚学术民主。鼓励不同学术观点交流碰撞，倡导严肃认真的学术讨论和评论，排除地位影响和利益干扰。开展学术批评要开诚布公，多提建设性意见，反对人身攻击。尊重他人学术话语权，反对门户偏见和"学阀"作风，不得利用行政职务或学术地位压制不同学术观点。鼓励年轻人大胆提出自己的学术观点，积极与学术权威交流对话。

（十一）坚守诚信底线。科研诚信是科技工作者的生命。高等学校、科研机构和企业等要把教育引导和制度约束结合起来，主动发现、严肃查处违背

科研诚信要求的行为，并视情节追回责任人所获利益，按程序记入科研诚信严重失信行为数据库，实行"零容忍"，在晋升使用、表彰奖励、参与项目等方面"一票否决"。科研项目承担者要树立"红线"意识，严格履行科研合同义务，严禁违规将科研任务转包、分包他人，严禁随意降低目标任务和约定要求，严禁以项目实施周期外或不相关成果充抵交差。严守科研伦理规范，守住学术道德底线，按照对科研成果的创造性贡献大小据实署名和排序，反对无实质学术贡献者"挂名"，导师、科研项目负责人不得在成果署名、知识产权归属等方面侵占学生、团队成员的合法权益。对已发布的研究成果中确实存在错误和失误的，责任方要以适当方式予以公开和承认。不参加自己不熟悉领域的咨询评审活动，不在情况不掌握、内容不了解的意见建议上署名签字。压紧压实监督管理责任，有关主管部门和高等学校、科研机构、企业等单位要建立健全科研诚信审核、科研伦理审查等有关制度和信息公开、举报投诉、通报曝光等工作机制。对违反项目申报实施、经费使用、评审评价等规定，违背科研诚信、科研伦理要求的，要敢于揭短亮丑，不迁就、不包庇，严肃查处、公开曝光。

（十二）反对浮夸浮躁、投机取巧。深入科研一线，掌握一手资料，不人为夸大研究基础和学术价值，未经科学验证的现象和观点，不得向公众传播。论文等科研成果发表后 1 个月内，要将所涉及的实验记录、实验数据等原始数据资料交所在单位统一管理、留存备查。参与国家科技计划（专项、基金等）项目的科研人员要保证有足够时间投入研究工作，承担国家关键领域核心技术攻关任务的团队负责人要全时全职投入攻关任务。科研人员同期主持和主要参与的国家科技计划（专项、基金等）项目（课题）数原则上不得超过 2 项，高等学校、科研机构领导人员和企业负责人作为项目（课题）负责人同期主持的不得超过 1 项。每名未退休院士受聘的院士工作站不超过 1 个、退休院士不超过 3 个，院士在每个工作站全职工作时间每年不少于 3 个月。国家人才计划入选者、重大科研项目负责人在聘期内或项目执行期内擅自变更工作单位，造成重大损失、恶劣影响的要按规定承担相应责任。兼职要与本人研究专业相关，杜绝无实质性工作内容的各种兼职和挂名。高等学校、科研机构和企业要加强对本单位科研人员的学术管理，对短期内发表多篇论文、取得多项专利等成果的，要开展实证核验，加强核实核查。科研人员公布突破性科技成果和重大科研进展应当经所在单位同意，推广转化科技成果不得故意夸大技术价值和经济社会效益，不得隐瞒技术风险，要经得起同行评、用户用、市场认。

（十三）反对科研领域"圈子"文化。要以"功成不必在我"的胸襟，打破相互封锁、彼此封闭的门户倾向，防止和反对科研领域的"圈子"文化，破除各种利益纽带和人身依附关系。抵制各种人情评审，在科技项目、奖励、人才计划和院士增选等各种评审活动中不得"打招呼"、"走关系"，不得投感情票、单位票、利益票，一经发现这类行为，立即取消参评、评审等资格。院士等高层次专家要带头打破壁垒，树立跨界融合思维，在科研实践中多做传帮带，善于发现、培养青年科研人员，在引领社会风气上发挥表率作用。要身体力行、言传身教，积极履行社会责任，主动走近大中小学生，传播爱国奉献的价值理念，开展科普活动，引领更多青少年投身科技事业。

四、加快转变政府职能，构建良好科研生态

（十四）深化科技管理体制机制改革。政府部门要抓战略、抓规划、抓政策、抓服务，树立宏观思维，倡导专业精神，减少对科研活动的微观管理和直接干预，切实把工作重点转到制定政策、创造环境、为科研人员和企业提供优质高效服务上。坚持刀刃向内，深化科研领域政府职能转变和"放管服"改革，建立信任为前提、诚信为底线的科研管理机制，赋予科技领军人才更大的技术路线决策权、经费支配权、资源调动权。优化项目形成和资源配置方式，根据不同科学研究活动的特点建立稳定支持、竞争申报、定向委托等资源配置方式，合理控制项目数量和规模，避免"打包"、"拼盘"、任务发散等问题。建立健全重大科研项目科学决策、民主决策机制，确定重大创新方向要围绕国家战略和重大需求，广泛征求科技界、产业界等意见。对涉及国家安全、重大公共利益或社会公众切身利益的，应充分开展前期论证评估。建立完善分层分级责任担当机制，政府部门要敢于为科研人员的探索失败担当责任。

（十五）正确发挥评价引导作用。改革科技项目申请制度，优化科研项目评审管理机制，让最合适的单位和人员承担科研任务。实行科研机构中长期绩效评价制度，加大对优秀科技工作者和创新团队稳定支持力度，反对盲目追求机构和学科排名。大幅减少评比、评审、评奖，破除唯论文、唯职称、唯学历、唯奖项倾向，不得简单以头衔高低、项目多少、奖励层次等作为前置条件和评价依据，不得以单位名义包装申报项目、奖励、人才"帽子"等。优化整合人才计划，避免相同层次的人才计划对同一人员的重复支持，防止"帽子"满天飞。支持中西部地区稳定人才队伍，发达地区不得片面通过高薪酬高待遇竞价抢挖人才，特别是从中西部地区、东北地区挖人才。

（十六）大力减轻科研人员负担。加快国家科技管理信息系统建设，实现

在线申报、信息共享。大力解决表格多、报销繁、牌子乱、"帽子"重复、检查频繁等突出问题。原则上1个年度内对1个项目的现场检查不超过1次。项目管理专业机构要强化合同管理，按照材料只报1次的要求，严格控制报送材料数量、种类、频次，对照合同从实从严开展项目成果考核验收。专业机构和项目专员严禁向评审专家施加倾向性影响，坚决抵制各种形式的"围猎"。高等学校、科研机构和企业等创新主体要切实履行法人主体责任，改进内部科研管理，减少繁文缛节，不层层加码。高等学校、科研机构领导人员和企业负责人在履行勤勉尽责义务、没有牟取非法利益前提下，免除追究其技术创新决策失误责任，对已履行勤勉尽责义务但因技术路线选择失误等导致难以完成预定目标的项目单位和科研人员予以减责或免责。

五、加强宣传，营造尊重人才、尊崇创新的舆论氛围

（十七）大力宣传科学家精神。高度重视"人民科学家"等功勋荣誉表彰奖励获得者的精神宣传，大力表彰科技界的民族英雄和国家脊梁。推动科学家精神进校园、进课堂、进头脑。系统采集、妥善保存科学家学术成长资料，深入挖掘所蕴含的学术思想、人生积累和精神财富。建设科学家博物馆，探索在国家和地方博物馆中增加反映科技进步的相关展项，依托科技馆、国家重点实验室、重大科技工程纪念馆（遗迹）等设施建设一批科学家精神教育基地。

（十八）创新宣传方式。建立科技界与文艺界定期座谈交流、调研采风机制，引导支持文艺工作者运用影视剧、微视频、小说、诗歌、戏剧、漫画等多种艺术形式，讲好科技工作者科学报国故事。以"时代楷模"、"最美科技工作者"、"大国工匠"等宣传项目为抓手，积极选树、广泛宣传基层一线科技工作者和创新团队典型。支持有条件的高等学校和中学编排创作演出反映科学家精神的文艺作品，创新青少年思想政治教育手段。

（十九）加强宣传阵地建设。主流媒体要在黄金时段和版面设立专栏专题，打造科技精品栏目。加强科技宣传队伍建设，开展系统培训，切实提高相关从业人员的科学素养和业务能力。加强网络和新媒体宣传平台建设，创新宣传方式和手段，增强宣传效果、扩大传播范围。

六、保障措施

（二十）强化组织保障。各级党委和政府要切实加强对科技工作的领导，对科技工作者政治上关怀、工作上支持、生活上关心，把弘扬科学家精神、加强作风和学风建设作为践行社会主义核心价值观的重要工作摆上议事日程。各有关部门要转变职能，创新工作模式和方法，加强沟通、密切配合、齐抓共管，细化政策措施，推动落实落地，切实落实好党中央关于为基层减负的部署。科技类社会团体要制定完善本领域科研活动自律公约和职业道德准则，经常性开展职业道德和学风教育，发挥自律自净作用。各类新闻媒体要提高科学素养，宣传报道科研进展和科技成就要向相关机构和人员进行核实，听取专家意见，杜绝盲目夸大或者恶意贬低，反对"标题党"。对宣传报道不实、造成恶劣影响的，相关媒体、涉事单位及责任人员应及时澄清，有关部门应依规依法处理。

中央宣传部、科技部、中国科协、教育部、中国科学院、中国工程院等要会同有关方面分解工作任务，对落实情况加强跟踪督办和总结评估，确保各项举措落到实处。军队可根据本意见，结合实际建立健全相应工作机制。

附录三　高等学校预防与处理学术不端行为办法

第一章　总则

第一条　为有效预防和严肃查处高等学校发生的学术不端行为，维护学术诚信，促进学术创新和发展，根据《中华人民共和国高等教育法》《中华人民共和国科学技术进步法》《中华人民共和国学位条例》等法律法规，制定本办法。

第二条　本办法所称学术不端行为是指高等学校及其教学科研人员、管理人员和学生，在科学研究及相关活动中发生的违反公认的学术准则、违背学术诚信的行为。

第三条　高等学校预防与处理学术不端行为应坚持预防为主、教育与惩戒结合的原则。

第四条　教育部、国务院有关部门和省级教育部门负责制定高等学校学风建设的宏观政策，指导和监督高等学校学风建设工作，建立健全对所主管高等学校重大学术不端行为的处理机制，建立高校学术不端行为的通报与相关信息公开制度。

第五条　高等学校是学术不端行为预防与处理的主体。高等学校应当建设集教育、预防、监督、惩治于一体的学术诚信体系，建立由主要负责人领导的学风建设工作机制，明确职责分工；依据本办法完善本校学术不端行为预防与处理的规则与程序。

高等学校应当充分发挥学术委员会在学风建设方面的作用，支持和保障学术委员会依法履行职责，调查、认定学术不端行为。

第二章　教育与预防

第六条　高等学校应当完善学术治理体系，建立科学公正的学术评价和学术发展制度，营造鼓励创新、宽容失败、不骄不躁、风清气正的学术环境。

高等学校教学科研人员、管理人员、学生在科研活动中应当遵循实事求是的科学精神和严谨认真的治学态度，恪守学术诚信，遵循学术准则，尊重和保护他人知识产权等合法权益。

第七条　高等学校应当将学术规范和学术诚信教育，作为教师培训和学生教育的必要内容，以多种形式开展教育、培训。

教师对其指导的学生应当进行学术规范、学术诚信教育和指导，对学生公开发表论文、研究和撰写学位论文是否符合学术规范、学术诚信要求，进行必要的检查与审核。

第八条　高等学校应当利用信息技术等手段，建立对学术成果、学位论文所涉及内容的知识产权查询制度，健全学术规范监督机制。

第九条　高等学校应当建立健全科研管理制度，在合理期限内保存研究的原始数据和资料，保证科研档案和数据的真实性、完整性。

高等学校应当完善科研项目评审、学术成果鉴定程序，结合学科特点，对非涉密的科研项目申报材料、学术成果的基本信息以适当方式进行公开。

第十条　高等学校应当遵循学术研究规律，建立科学的学术水平考核评价标准、办法，引导教学科研人员和学生潜心研究，形成具有创新性、独创性的研究成果。

第十一条　高等学校应当建立教学科研人员学术诚信记录，在年度考核、职称评定、岗位聘用、课题立项、人才计划、评优奖励中强化学术诚信考核。

第三章　受理与调查

第十二条　高等学校应当明确具体部门，负责受理社会组织、个人对本校教学科研人员、管理人员及学生学术不端行为的举报；有条件的，可以设立专门岗位或者指定专人，负责学术诚信和不端行为举报相关事宜的咨询、受理、调查等工作。

第十三条　对学术不端行为的举报，一般应当以书面方式实名提出，并符合下列条件：

（一）有明确的举报对象；

（二）有实施学术不端行为的事实；

（三）有客观的证据材料或者查证线索。

以匿名方式举报，但事实清楚、证据充分或者线索明确的，高等学校应当视情况予以受理。

第十四条　高等学校对媒体公开报道、其他学术机构或者社会组织主动披露的涉及本校人员的学术不端行为，应当依据职权，主动进行调查处理。

第十五条　高等学校受理机构认为举报材料符合条件的，应当及时作出受理决定，并通知举报人。不予受理的，应当书面说明理由。

第十六条　学术不端行为举报受理后，应当交由学校学术委员会按照相关程序组织开展调查。

学术委员会可委托有关专家就举报内容的合理性、调查的可能性等进行初步审查，并作出是否进入正式调查的决定。

决定不进入正式调查的，应当告知举报人。举报人如有新的证据，可以提出异议。异议成立的，应当进入正式调查。

第十七条　高等学校学术委员会决定进入正式调查的，应当通知被举报人。

被调查行为涉及资助项目的，可以同时通知项目资助方。

第十八条　高等学校学术委员会应当组成调查组，负责对被举报行为进行调查；但对事实清楚、证据确凿、情节简单的被举报行为，也可以采用简易调查程序，具体办法由学术委员会确定。

调查组应当不少于3人，必要时应当包括学校纪检、监察机构指派的工作人员，可以邀请同行专家参与调查或者以咨询等方式提供学术判断。

被调查行为涉及资助项目的，可以邀请项目资助方委派相关专业人员参与调查组。

第十九条　调查组的组成人员与举报人或者被举报人有合作研究、亲属或者导师学生等直接利害关系的，应当回避。

第二十条　调查可通过查询资料、现场查看、实验检验、询问证人、询问举报人和被举报人等方式进行。调查组认为有必要的，可以委托无利害关系的专家或者第三方专业机构就有关事项进行独立调查或者验证。

第二十一条　调查组在调查过程中，应当认真听取被举报人的陈述、申辩，对有关事实、理由和证据进行核实；认为必要的，可以采取听证方式。

第二十二条　有关单位和个人应当为调查组开展工作提供必要的便利和协助。

举报人、被举报人、证人及其他有关人员应当如实回答询问，配合调查，提供相关证据材料，不得隐瞒或者提供虚假信息。

第二十三条　调查过程中，出现知识产权等争议引发的法律纠纷的，且该争议可能影响行为定性的，应当中止调查，待争议解决后重启调查。

第二十四条　调查组应当在查清事实的基础上形成调查报告。调查报告应当包括学术不端行为责任人的确认、调查过程、事实认定及理由、调查结论等。

学术不端行为由多人集体做出的，调查报告中应当区别各责任人在行为中所发挥的作用。

第二十五条　接触举报材料和参与调查处理的人员，不得向无关人员透露举报人、被举报人个人信息及调查情况。

第四章 认定

第二十六条 高等学校学术委员会应当对调查组提交的调查报告进行审查；必要的，应当听取调查组的汇报。

学术委员会可以召开全体会议或者授权专门委员会对被调查行为是否构成学术不端行为以及行为的性质、情节等作出认定结论，并依职权作出处理或建议学校作出相应处理。

第二十七条 经调查，确认被举报人在科学研究及相关活动中有下列行为之一的，应当认定为构成学术不端行为：

（一）剽窃、抄袭、侵占他人学术成果；

（二）篡改他人研究成果；

（三）伪造科研数据、资料、文献、注释，或者捏造事实、编造虚假研究成果；

（四）未参加研究或创作而在研究成果、学术论文上署名，未经他人许可而不当使用他人署名，虚构合作者共同署名，或者多人共同完成研究而在成果中未注明他人工作、贡献；

（五）在申报课题、成果、奖励和职务评审评定、申请学位等过程中提供虚假学术信息；

（六）买卖论文、由他人代写或者为他人代写论文；

（七）其他根据高等学校或者有关学术组织、相关科研管理机构制定的规则，属于学术不端的行为。

第二十八条 有学术不端行为且有下列情形之一的，应当认定为情节严重：

（一）造成恶劣影响的；

（二）存在利益输送或者利益交换的；

（三）对举报人进行打击报复的；

（四）有组织实施学术不端行为的；

（五）多次实施学术不端行为的；

（六）其他造成严重后果或者恶劣影响的。

第五章 处理

第二十九条 高等学校应当根据学术委员会的认定结论和处理建议，结合行为性质和情节轻重，依职权和规定程序对学术不端行为责任人作出如下处理：

（一）通报批评；

（二）终止或者撤销相关的科研项目，并在一定期限内取消申请资格；

（三）撤销学术奖励或者荣誉称号；

（四）辞退或解聘；

（五）法律、法规及规章规定的其他处理措施。

同时，可以依照有关规定，给予警告、记过、降低岗位等级或者撤职、开除等处分。

学术不端行为责任人获得有关部门、机构设立的科研项目、学术奖励或者荣誉称号等利益的，学校应当同时向有关主管部门提出处理建议。

学生有学术不端行为的，还应当按照学生管理的相关规定，给予相应的学籍处分。

学术不端行为与获得学位有直接关联的，由学位授予单位作暂缓授予学位、不授予学位或者依法撤销学位等处理。

第三十条 高等学校对学术不端行为作出处理决定，应当制作处理决定书，载明以下内容：

（一）责任人的基本情况；

（二）经查证的学术不端行为事实；

（三）处理意见和依据；

（四）救济途径和期限；

（五）其他必要内容。

第三十一条 经调查认定，不构成学术不端行为的，根据被举报人申请，高等学校应当通过一定方式为其消除影响、恢复名誉等。

调查处理过程中，发现举报人存在捏造事实、诬告陷害等行为的，应当认定为举报不实或者虚假举报，举报人应当承担相应责任。属于本单位人员的，高等学校应当按照有关规定给予处理；不属于本单位人员的，应通报其所在单位，并提出处理建议。

第三十二条 参与举报受理、调查和处理的人员违反保密等规定，造成不良影响的，按照有关规定给予处分或其他处理。

第六章 复核

第三十三条 举报人或者学术不端行为责任人对处理决定不服的，可以在收到处理决定之日起 30 日内，以书面形式向高等学校提出异议或者复核申请。

异议和复核不影响处理决定的执行。

第三十四条 高等学校收到异议或者复核申请后，应当交由学术委员会组织讨论，并于 15 日内作出是否受理的决定。

决定受理的，学校或者学术委员会可以另行组织调查组或者委托第三方机构进行调查；决定不予受理的，应当书面通知当事人。

第三十五条　当事人对复核决定不服，仍以同一事实和理由提出异议或者申请复核的，不予受理；向有关主管部门提出申诉的，按照相关规定执行。

第七章　监督

第三十六条　高等学校应当按年度发布学风建设工作报告，并向社会公开，接受社会监督。

第三十七条　高等学校处理学术不端行为推诿塞责、隐瞒包庇、查处不力的，主管部门可以直接组织或者委托相关机构查处。

第三十八条　高等学校对本校发生的学术不端行为，未能及时查处并做出公正结论，造成恶劣影响的，主管部门应当追究相关领导的责任，并进行通报。

高等学校为获得相关利益，有组织实施学术不端行为的，主管部门调查确认后，应当撤销高等学校由此获得的相关权利、项目以及其他利益，并追究学校主要负责人、直接负责人的责任。

第八章　附则

第三十九条　高等学校应当根据本办法，结合学校实际和学科特点，制定本校学术不端行为查处规则及处理办法，明确各类学术不端行为的惩处标准。有关规则应当经学校学术委员会和教职工代表大会讨论通过。

第四十条　高等学校主管部门对直接受理的学术不端案件，可自行组织调查组或者指定、委托高等学校、有关机构组织调查、认定。对学术不端行为责任人的处理，根据本办法及国家有关规定执行。

教育系统所属科研机构及其他单位有关人员学术不端行为的调查与处理，可参照本办法执行。

第四十一条　本办法自 2016 年 9 月 1 日起施行。

教育部此前发布的有关规章、文件中的相关规定与本办法不一致的，以本办法为准。

附录四　关于对科研领域相关失信责任主体实施联合惩戒的合作备忘录

为深入学习贯彻习近平新时代中国特色社会主义思想和党的十九大精神，落实《国务院关于印发社会信用体系建设规划纲要（2014—2020 年）的通知》（国发〔2014〕21 号）、《国务院关于改进加强中央财政科研项目和资金管理的若干意见》（国发〔2014〕11 号）、《国务院关于建立完善守信联合激励和失信联合惩戒制度加快推进社会诚信建设的指导意见》（国发〔2016〕33 号）、《中华人民共和国科学技术进步法》《国家发展改革委 人民银行关于加强和规范守信联合激励和失信联合惩戒对象名单管理工作的指导意见》（发改财金〔2017〕1798 号）等有关要求，加强科研诚信体系建设，建立健全科研领域失信联合惩戒机制，构筑诚实守信的科技创新环境，国家发展改革委、人民银行、科技部、中央组织部、中央宣传部、中央编办、中央文明办、中央网信办、最高法院、最高检察院、中央军委装备发展部、中央军委科学技术委员会、教育部、工业和信息化部、公安部、财政部、人力资源社会保障部、自然资源部、住房城乡建设部、交通运输部、水利部、农业农村部、商务部、卫生健康委、国资委、海关总署、税务总局、市场监管总局、广电总局、中科院、社科院、工程院、银保监会、证监会、自然科学基金会、民航局、全国总工会、共青团中央、全国妇联、中国科协、铁路总公司就科研领域实施失信联合惩戒达成如下一致意见。

一、联合惩戒对象

联合惩戒对象为在科研领域存在严重失信行为，列入科研诚信严重失信行为记录名单的相关责任主体，包括科技计划（专项、基金等）及项目的承担人员、评估人员、评审专家，科研服务人员和科学技术奖候选人、获奖人、提名人等自然人，项目承担单位、项目管理专业机构、中介服务机构、科学技术奖提名单位、全国学会等法人机构。

二、联合惩戒措施

依据相关责任主体失信行为严重程度，对其采取以下一项或多项惩戒措施：

（一）科研诚信建设联席会议成员单位采取的惩戒措施

1. 限制或取消一定期限申报或承担国家科技计划（专项、基金等）的资格。

2. 依法撤销国家科学技术奖奖励，追回奖金、证书。

3. 暂停或取消国家科学技术奖提名人资格。

4. 一定期限内或终身取消国家科学技术奖被提名资格。

5. 作为高新技术企业认定管理工作监督检查和备案等相关工作的重点监管对象。

6. 撤销其行为发生年科技型中小企业入库登记编号，并在服务平台上公告。

7. 在科技计划（专项、基金等）项目立项、评审专家遴选、职称评定、职务晋升、项目管理专业机构选定、科技奖励评审、间接费用核定、结余资金留用及创新基地与人才遴选、考核评估等工作中，将失信信息作为重要参考依据。

8. 列为重点监管对象，增加在国家科技计划（专项、基金等）实施中的监督检查频次。

9. 撤销学会领导职务，取消会员资格。（实施单位：科技部、最高法院、最高检察院、中央军委装备发展部、中央军委科学技术委员会、国家发展改革委、教育部、工业和信息化部、公安部、财政部、人力资源社会保障部、农业农村部、卫生健康委、市场监管总局、广电总局、中科院、社科院、工程院、自然科学基金会、中国科协）

（二）跨部门联合惩戒措施

10. 一定期限内或终身取消中国科学院、中国工程院院士提名（推荐）资格、院士被提名（推荐）资格。（实施单位：中科院、工程院、中国科协）

11. 按程序及时撤销相关荣誉称号，取消参加评优评先资格。（实施单位：中央宣传部、中央文明办、人力资源社会保障部、全国总工会、共青团中央、全国妇联、中国科协）

12. 依法限制招录（聘）为公务员或事业单位工作人员。（实施单位：中央组织部、人力资源社会保障部等有关部门）

13. 失信责任主体是个人的，依法限制登记为事业单位法定代表人。失信责任主体是机构的，该机构法定代表人依法限制登记为事业单位法定代表人。（实施单位：中央编办）

14. 暂停审批其新的重大项目申报，核减、停止拨付或收回政府补贴资

金。（实施单位：国家发展改革委、财政部、人力资源社会保障部、国资委）

15. 将失信信息作为证券公司、保险公司、基金管理公司、期货公司的董事、监事和高级管理人员及分支机构负责人任职审批或备案的参考。（实施单位：证监会、银保监会）

16. 将失信信息作为证券公司、保险公司、基金管理公司及期货公司的设立及股权或实际控制人变更审批或备案，私募投资基金管理人登记、重大事项变更以及基金备案的参考。（实施单位：证监会、银保监会）

17. 将失信信息作为加强对境内上市公司实行股权激励计划或相关人员成为股权激励对象事中事后监管的参考。（实施单位：国资委、财政部、证监会）

18. 强化税收管理，提高监督检查频次。（实施单位：税务总局）

19. 将失信责任主体的失信情况作为纳税信用评价的重要外部参考。（实施单位：税务总局）

20. 对严重失信责任主体，限制其取得认证机构资质；限制其获得认证证书。（实施单位：市场监管总局）

21. 对失信责任主体进出口货物实施严密监管，在办理相关海关业务时，加强单证审核、布控查验、加工贸易担保征收、后续稽查或统计监督核查。（实施单位：海关总署）

22. 对失信责任主体申请适用海关认证企业管理的，不予通过认证。已经成为认证企业的，按照规定下调企业信用等级。（实施单位：海关总署）

23. 依法限制参与依法必须招标的工程建设项目招投标活动。（实施单位：国家发展改革委、工业和信息化部、住房城乡建设部、交通运输部、水利部、商务部、市场监管总局、民航局、铁路总公司）

24. 依法限制参与基础设施和公用事业特许经营。（实施单位：国家发展改革委、财政部、住房城乡建设部、交通运输部、水利部）

25. 依法限制享受投资等领域优惠政策。（实施单位：国家发展改革委等有关单位）

26. 依法限制新网站开办；在申请经营性互联网信息服务时，将失信信息作为审核相关许可的重要参考。（实施单位：工业和信息化部）

27. 依法限制其作为供应商参与政府采购活动；依法限制其作为装备承制单位参与武器装备采购。（实施单位：财政部、中央军委装备发展部）

28. 依法限制取得政府供应土地。（实施单位：自然资源部）

29. 依法限制取得生产许可证。（实施单位：市场监管总局）

30. 依法限制取得建筑开发规划选址许可、新增建设项目规划许可、水土

保持方案许可和设施验收许可、施工许可等。(实施单位:住房城乡建设部、水利部)

31. 依法限制发起设立或参股金融机构。(实施单位:银保监会、证监会)

32. 依法限制发起设立或参股小额贷款公司、融资担保公司、创业投资公司、互联网融资平台等机构。(实施单位:中央网信办、地方政府确定的相关监管机构)

33. 将失信机构及其相关失信人员信息作为银行评级授信、信贷融资、管理和退出的重要参考依据。(实施单位:人民银行、银保监会)

34. 依法对申请发行企业债券不予受理。(实施单位:国家发展改革委)

35. 将失信信息作为发行公司债券的重要参考,依法从严审核;在注册非金融债券融资工具时加强管理,并按照注册发行有关工作要求,强化信息披露,加强投资人保护机制管理,防范有关风险。(实施单位:人民银行)

36. 将失信信息纳入金融信用信息基础数据库。(实施单位:人民银行)

37. 将失信信息作为公开发行公司信用类债券核准或注册的参考,依法从严审核;在注册非金融债券融资工具时加强管理,并按照注册发行有关工作要求,强化信息披露,加强投资人保护机制管理,防范有关风险。(实施单位:证监会)

38. 在股票发行审核及在全国中小企业股份转让系统挂牌公开转让审核中,将失信信息作为参考。(实施单位:证监会)

39. 对相关失信责任主体在证券、基金、期货从业资格申请中予以从严审核,对已成为证券、基金、期货从业人员的相关主体予以重点关注。(实施单位:证监会)

40. 对相关失信责任主体在上市公司或者非上市公众公司收购的事中事后监管中予以重点关注。(实施单位:证监会)

41. 将失信信息作为非上市公众公司重大资产重组审核的参考。(实施单位:证监会)

42. 将其失信信息作为独立基金销售机构审批时的参考。(实施单位:证监会)

43. 对其依法采取责令改正、暂停相关业务、停业整顿、关闭网站、吊销相关业务许可证或者吊销营业执照等措施。(实施单位:公安部、市场监管总局、中央网信办)

三、联合惩戒实施方式

(一)科技部通过全国信用信息共享平台定期向签署本备忘录的相关部门

提供科研领域联合惩戒对象的相关信息。同时，在"信用中国"网站、科技部政府网站、国家企业信用信息公示系统等向社会公布。其他部门和单位通过全国信用信息共享平台联合奖惩子系统获取科研领域联合惩戒对象信息，按照本备忘录约定内容，依法依规实施惩戒。

（二）建立惩戒效果定期通报机制，根据实际情况相关部门可定期将联合惩戒措施的实施情况通过全国信用信息共享平台联合奖惩子系统反馈至国家发展改革委和科技部。

四、联合惩戒动态管理

科技部对科研领域失信行为责任主体名单进行动态管理，通过全国信用信息共享平台定期更新科研领域严重失信行为信息，相关部门依据相关规则和程序实施或解除惩戒措施。解除惩戒措施后依程序移除科研领域严重失信行为信息，但相关记录在电子档案中长期保存。

五、其他事宜

各部门应密切协作，积极落实本备忘录。本备忘录实施过程中涉及部门之间协调配合的问题，由各部门协商解决。各有关单位可在惩戒时按相关具体规定或管理要求，确定惩戒时限。

本备忘录签署后，各项惩戒措施所依据的法律、法规、规章及规范性文件有修改或调整的，以修改后的法律、法规、规章及规范性文件为准。

附　部门联合惩戒措施及法律政策依据

（略）

附录五　哲学社会科学科研诚信建设实施办法

一、总则

第一条　为在全国范围内培育和践行社会主义核心价值观，弘扬科学精神，营造诚实守信的良好科研环境，培根铸魂，构建科学权威、公开透明的哲学社会科学成果评价体系，根据相关法律法规和《关于进一步加强科研诚信建设的若干意见》等文件，制定本办法。

第二条　本办法适用于全国范围内哲学社会科学领域的党政机关、企事业单位和社会组织，以及从事哲学社会科学工作的相关人员。

第三条　科研诚信建设应坚持教育、预防、监督、惩戒相结合，教育优先、预防为主的原则。

第四条　哲学社会科学领域的党政机关、企事业单位和社会组织应当依据本办法建设相应的科研诚信管理体系，完善管理制度和工作机制。

二、组织体系

第五条　哲学社会科学科研诚信建设联席会议是全国哲学社会科学科研诚信建设的领导机构，由中国社会科学院负责召集，中宣部、教育部、科技部、中共中央党校（国家行政学院）、国务院发展研究中心、中央军委科学技术委员会等为成员单位，按照全国哲学社会科学工作领导小组的部署开展工作。

第六条　联席会议职责

（一）贯彻落实党中央国务院关于哲学社会科学科研诚信与信用体系建设的决策部署；

（二）组织研究哲学社会科学科研诚信体系建设的重大政策措施和重点问题，并提出意见建议；

（三）协调解决哲学社会科学科研诚信体系建设过程中的重大问题；

（四）组织开展对哲学社会科学科研诚信重大案件的联合调查与处理；

（五）指导开展有关哲学社会科学科研诚信的宣传教育活动；

（六）协调建立哲学社会科学科研诚信建设的信息共享机制；

（七）研究协调哲学社会科学科研诚信与信用体系建设有关的其他重要事项。

第七条　行业主管部门负责本系统科研诚信建设的统筹协调和宏观指导。中国社会科学院、教育部、中共中央党校（国家行政学院）、国务院发展研究中心、中央军委科学技术委员会分别负责社科院系统、教育系统、党校系统、政府研究机构、军队系统在哲学社会科学领域科研诚信建设的宏观指导。

第八条　哲学社会科学科研诚信建设联席会议的成员单位建立工作层面的联系人机制，就具体工作进行协调联络。

第九条　中国社会科学院设立哲学社会科学科研诚信管理办公室，作为哲学社会科学科研诚信建设联席会议的办事机构，负责哲学社会科学领域科研诚信建设的日常工作。其主要职责是：

（一）对哲学社会科学领域各单位的科研诚信管理工作进行监督和指导；

（二）组织协调相关部门调查重大及敏感的哲学社会科学科研诚信案件；

（三）负责对哲学社会科学科研诚信建设联席会议成员单位的科研诚信管理工作进行协调和对接；

（四）定期组织召开哲学社会科学科研诚信建设联席会议；

（五）组织开展哲学社会科学科研诚信工作和相关法律法规的业务培训；

（六）完成哲学社会科学科研诚信建设联席会议交办的其他工作。

三、教育预防

第十条　哲学社会科学科研诚信建设联席会议建立哲学社会科学科研诚信数据库，对科研失信行为进行记录和公示，实现科研诚信信息的公开透明，发挥社会监督作用。

第十一条　哲学社会科学科研诚信建设责任单位应当完善学术治理体系，建立科学公正的科研制度，营造鼓励创新、宽容失败、不骄不躁、风清气正的学术环境。

第十二条　哲学社会科学科研诚信建设责任单位应当把科研诚信和学术道德教育作为学习培训的必要内容，以多种形式开展教育培训。

第十三条　哲学社会科学科研诚信建设责任单位应建立覆盖科研活动全领域全流程的科研诚信监督检查制度，在科研项目、人才计划、科研奖项、成果发表等各项科研活动的各个环节加强科研诚信审核。

第十四条　哲学社会科学科研诚信建设责任单位应当建立科研管理信息平台，建立涵盖科研项目、学术称号等内容的科研诚信档案，建立对学术成果、学位论文所涉及内容的知识产权查询制度。

第十五条　哲学社会科学领域各单位应当建立个人科研诚信记录，在年度考核、职称评定、岗位聘用、评优奖励中强化科研诚信考核。

第十六条　哲学社会科学工作者在科研活动中应当遵循实事求是的科学精神和严谨认真的治学态度，恪守学术诚信，遵循学术准则，尊重和保护他人知识产权等合法权益。

四、受理调查

第十七条　哲学社会科学科研诚信建设责任单位应建立科研诚信举报的受理、调查、处理、公布机制，应明确具体部门负责受理对本单位人员的科研诚信举报。

第十八条　对违背科研诚信行为的举报应当符合以下条件：

（一）应当实名举报；

（二）有明确的举报对象；

（三）有明确的违规事实；

（四）有客观的证据材料或者查证线索。

第十九条　被举报人所在单位接到举报或上级部门转办的举报后，应当在 15 个工作日内进行初步核查，确认是否受理。

第二十条　对违背哲学社会科学科研诚信行为的调查，应采取诚信调查和学术鉴定相结合的方法。诚信调查由责任单位的专门机构负责，对案件涉及的事实情况进行调查；学术鉴定由责任单位成立专门评审组，对案件的学术问题进行审查评议。

第二十一条　对引发社会普遍关注的，或涉及多个部门和单位的哲学社会科学科研诚信事件，哲学社会科学科研诚信管理办公室根据哲学社会科学科研诚信建设联席会议决定，具体组织协调相关单位分别开展或联合开展调查。

第二十二条　调查组应当在决定受理之日起 180 日内进行调查并形成调查报告。调查报告应当包括事实认定及理由、调查过程、调查结论等。

五、认定处理

第二十三条　在科研及相关活动中有下列情况的，应当认定为违背科研诚信行为：

（一）抄袭、剽窃、侵占他人研究成果；

（二）伪造科研数据、资料、文献、注释，或者捏造事实、编造虚假研究成果；

（三）违反署名规范，未参加研究或创作而在研究成果、学术论文上署名，未经他人许可而不当使用他人署名，虚构合作者共同署名，或者多人共同完成研究而在成果中未注明他人工作、贡献；

（四）采取弄虚作假、贿赂、利益交换等方式获取项目、经费、职务职称、奖励、荣誉等；

（五）故意重复发表论文；

（六）买卖论文、由他人代写或者为他人代写论文；

（七）虚构同行评议专家及评议意见；

（八）利用管理、咨询、评价专家等身份或职务便利，在科研活动中为他人谋取利益；

（九）其他违背科研诚信的行为。

第二十四条　对认定存在违背科研诚信行为的单位或个人，由相关部门或机构视情节轻重，给予约谈警示、通报批评、中止项目执行和项目拨款、终止项目执行和项目拨款直至限制项目申报资格、在一定期限内不接受其项目的申请等处理。

对于严重违背科研诚信行为的单位或个人，实行终身追责。

构成违纪的，依据《事业单位工作人员处分暂行规定》《财政违法行为处罚处分条例》等相关文件，视情节轻重给予警告、记过、降低岗位等级或撤职、开除等处分。

涉嫌犯罪的，由司法机关依法追究其刑事责任。

此外，按照多部门印发《关于对科研领域相关失信责任主体实施联合惩戒的合作备忘录》的相关办法进行惩处。

第二十五条　责任单位将处理完结的违背哲学社会科学科研诚信案件相关信息及时报送其上级主管部门，并在哲学社会科学科研诚信数据库进行记录。

第二十六条　各系统主管部门和责任单位要依据国家构建社会信用体系的有关规章制度对违背哲学社会科学科研诚信的主体实施联合惩戒。

六、申诉复核

第二十七条　当事人对处理决定不服的，可以在收到处理决定之日起 30 个工作日内，以书面形式向调查处理责任单位提出异议或者复核申请。

第二十八条　调查处理责任单位应当于收到申诉之日起 10 个工作日内作出是否复查的决定。

决定受理的，责任单位应另行组织调查组重新展开调查；决定不予受理的，应当书面通知当事人，并说明不予复查的原因。复查应当自决定受理之日起 60 日内完成。

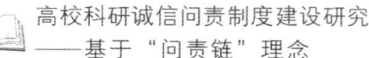

第二十九条　当事人对复核决定不服，仍以同一事实和理由提出异议或者申请复核的，不予受理。

七、保障监督

第三十条　参与调查处理工作的人员应当遵守工作纪律，保守秘密；不得私自留存、隐匿、摘抄、复制或泄露涉事资料；不得私自透露或散布调查处理工作情况。

第三十一条　责任单位在调查处理违背科研诚信行为时有推诿塞责、隐瞒包庇、查处不力等情形的，主管部门应当追究相关领导责任，予以通报批评，并监督责任单位重新开展调查。

八、附则

第三十二条　国家有关法律法规对科研诚信建设另有规定的，依照其规定执行。

各有关单位依据本办法结合单位实际情况制定具体细则。军队系统实施哲学社会科学科研诚信有关办法由中央军委科学技术委员会另行制定。

第三十三条　本办法自发布之日起实施，哲学社会科学科研诚信建设联席会议负责解释。

附录六　学术出版规范——期刊学术不端行为界定（CYT 174—2019）

1　范围

本标准界定了学术期刊论文作者、审稿专家、编辑者所可能涉及的学术不端行为。

本标准适用于学术期刊论文出版过程中各类学术不端行为的判断和处理。其他学术出版物可参照使用。

2　术语和定义

下列术语和定义使用于本文件。

2.1　剽窃 plagiarism

采用不当手段，窃取他人的观点、数据、图像、研究方法、文字表述等并以自己名义发表的行为。

2.2　伪造 fabrication

编造或虚构数据、事实的行为。

2.3　篡改 falsification

故意修改数据和事实使其失去真实性的行为。

2.4　不当署名 inappropriate authorization

与对论文实际贡献不符的署名或作者排序行为。

2.5　一稿多投 duplicate submission；multiple submissions

将同一篇论文或只有微小差别的多篇论文投给两个及以上期刊，或者在约定期限内再转投其他期刊的行为。

2.6　重复发表 overlapping publications

在未说明的情况下重复发表自己（或自己作为作者之一）已经发表文献中内容的行为。

3　论文作者学术不端行为类型

3.1　剽窃

3.1.1　观点剽窃

不加引注或说明地使用他人的观点，并以自己的名义发表，应界定为观点剽窃。观点剽窃的表现形式包括：

a）不加引注地直接使用他人已发表文献中的论点、观点、结论等。

b）不改变其本意地转述他人的论点、观点、结论等后不加引注地使用。

c）对他人的论点、观点、结论等删减部分内容后不加引注地使用。

d）对他人的论点、观点、结论等进行拆分或重组后不加引注地使用。

e）对他人的论点、观点、结论等增加一些内容后不加引注地使用。

3.1.2 数据剽窃

不加引注或说明地使用他人已发表文献中的数据，并以自己的名义发表，应界定为数据剽窃。数据剽窃的表现形式包括：

a）不加引注地直接使用他人已发表文献中的数据。

b）对他人已发表文献中的数据进行些微修改后不加引注地使用。

c）对他人已发表文献中的数据进行一些添加后不加引注地使用。

d）对他人已发表文献中的数据进行部分删减后不加引注地使用。

e）改变他人已发表文献中数据原有的排列顺序后不加引注地使用。

f）改变他人已发表文献中的数据的呈现方式后不加引注地使用，如将图表转换成文字表述，或者将文字表述转换成图表。

3.1.3 图片和音视频剽窃

不加引注或说明地使用他人已发表文献中的图片和音视频，并以自己的名义发表，应界定为图片和音视频剽窃。图片和音视频剽窃的表现形式包括：

a）不加引注或说明地直接使用他人已发表文献中的图像、音视频等资料。

b）对他人已发表文献中的图片和音视频进行些微修改后不加引注或说明地使用。

c）对他人已发表文献中的图片和音视频添加一些内容后不加引注或说明地使用。

d）对他人已发表文献中的图片和音视频删减部分内容后不加引注或说明地使用。

e）对他人已发表文献中的图片增强部分内容后不加引注或说明地使用。

f）对他人已发表文献中的图片弱化部分内容后不加引注或说明地使用。

3.1.4 研究（实验）方法剽窃

不加引注或说明地使用他人具有独创性的研究（实验）方法，并以自己的名义发表，应界定为研究（实验）方法剽窃。研究（实验）方法剽窃的表现形式包括：

a）不加引注或说明地直接使用他人已发表文献中具有独创性的研究（实验）方法。

b）修改他人已发表文献中具有独创性的研究（实验）方法的一些非核心元素后不加引注或说明地使用。

3.1.5　文字表述剽窃

不加引注地使用他人已发表文献中具有完整语义的文字表述，并以自己的名义发表，应界定为文字表述剽窃。文字表述剽窃的表现形式包括：

a）不加引注地直接使用他人已发表文献中的文字表述。

b）成段使用他人已发表文献中的文字表述，虽然进行了引注，但对所使用文字不加引号，或者不改变字体，或者不使用特定的排列方式显示。

c）多处使用某一已发表文献中的文字表述，却只在其中一处或几处进行引注。

d）连续使用来源于多个文献的文字表述，却只标注其中一个或几个文献来源。

e）不加引注、不改变其本意地转述他人已发表文献中的文字表述，包括概括、删减他人已发表文献中的文字，或者改变他人已发表文献中的文字表述的句式，或者用类似词语对他人已发表文献中的文字表述进行同义替换。

f）对他人已发表文献中的文字表述增加一些词句后不加引注地使用。

g）对他人已发表文献中的文字表述删减一些词句后不加引注地使用。

3.1.6　整体剽窃

论文的主体或论文某一部分的主体过度引用或大量引用他人已发表文献的内容，应界定为整体剽窃。整体剽窃的表现形式包括：

a）直接使用他人已发表文献的全部或大部分内容。

b）在他人已发表文献的基础上增加部分内容后以自己的名义发表，如补充一些数据，或者补充一些新的分析等。

c）对他人已发表文献的全部或大部分内容进行缩减后以自己的名义发表。

d）替换他人已发表文献中的研究对象后以自己的名义发表。

e）改变他人已发表文献的结构、段落顺序后以自己的名义发表。

f）将多篇他人已发表文献拼接成一篇论文后发表。

3.1.7　他人未发表成果剽窃

未经许可使用他人未发表的观点，具有独创性的研究（实验）方法，数据、图片等，或获得许可但不加以说明，应界定为他人未发表成果剽窃。他人未发表成果剽窃的表现形式包括：

a）未经许可使用他人已经公开但未正式发表的观点，具有独创性的研究（实验）方法，数据、图片等。

b）获得许可使用他人已经公开但未正式发表的观点，具有独创性的研究（实验）方法，数据、图片等，却不加引注，或者不以致谢等方式说明。

3.2 伪造

伪造的表现形式包括：

a）编造不以实际调查或实验取得的数据、图片等。

b）伪造无法通过重复实验而再次取得的样品等。

c）编造不符合实际或无法重复验证的研究方法、结论等。

d）编造能为论文提供支撑的资料、注释、参考文献。

e）编造论文中相关研究的资助来源。

f）编造审稿人信息、审稿意见。

3.3 篡改

篡改的表现形式包括：

a）使用经过擅自修改、挑选、删减、增加的原始调查记录、实验数据等，使原始调查记录、实验数据等的本意发生改变。

b）拼接不同图片从而构造不真实的图片。

c）从图片整体中去除一部分或添加一些虚构的部分，使对图片的解释发生改变。

d）增强、模糊、移动图片的特定部分，使对图片的解释发生改变。

e）改变所引用文献的本意，使其对己有利。

3.4 不当署名

不当署名的表现形式包括：

a）将对论文所涉及的研究有实质性贡献的人排除在作者名单外。

b）未对论文所涉及的研究有实质性贡献的人在论文中署名。

c）未经他人同意擅自将其列入作者名单。

d）作者排序与其对论文的实际贡献不符。

e）提供虚假的作者职称、单位、学历、研究经历等信息。

3.5 一稿多投

一稿多投的表现形式包括：

a）将同一篇论文同时投给多个期刊。

b）在首次投稿的约定回复期内，将论文再次投给其他期刊。

c）在未接到期刊确认撤稿的正式通知前，将稿件投给其他期刊。

d）将只有微小差别的多篇论文，同时投给多个期刊。

e）在收到首次投稿期刊回复之前或在约定期内，对论文进行稍微修改后，投给其他期刊。

f）在不做任何说明的情况下，将自己（或自己作为作者之一）已经发表论文，原封不动或做些微修改后再次投稿。

3.6 重复发表

重复发表的表现形式包括：

a）不加引注或说明，在论文中使用自己（或自己作为作者之一）已发表文献中的内容。

b）在不做任何说明的情况下，摘取多篇自己（或自己作为作者之一）已发表文献中的部分内容，拼接成一篇新论文后再次发表。

c）被允许的二次发表不说明首次发表出处。

d）不加引注或说明地在多篇论文中重复使用一次调查、一个实验的数据等。

e）将实质上基于同一实验或研究的论文，每次补充少量数据或资料后，多次发表方法、结论等相似或雷同的论文。

f）合作者就同一调查、实验、结果等，发表数据、方法、结论等明显相似或雷同的论文。

3.7 违背研究伦理

论文涉及的研究未按规定获得伦理审批，或者超出伦理审批许可范围，或者违背研究伦理规范，应界定为违背研究伦理。违背研究伦理的表现形式包括：

a）论文所涉及的研究未按规定获得相应的伦理审批，或不能提供相应的审批证明。

b）论文所涉及的研究超出伦理审批许可的范围。

c）论文所涉及的研究中存在不当伤害研究参与者，虐待有生命的实验对象，违背知情同意原则等违背研究伦理的问题。

d）论文泄露了被试者或被调查者的隐私。

e）论文未按规定对所涉及研究中的利益冲突予以说明。

3.8 其他学术不端行为

其他学术不端行为包括：

a）在参考文献中加入实际未参考过的文献。

b）将转引自其他文献的引文标注为直引，包括将引自译著的引文标注为引自原著。

c）未以恰当的方式，对他人提供的研究经费、实验设备、材料、数据、思路、未公开的资料等，给予说明和承认（有特殊要求的除外）。

d）不按约定向他人或社会泄露论文关键信息，侵犯投稿期刊的首发权。

e）未经许可，使用需要获得许可的版权文献。

f）使用多人共有版权文献时，未经所有版权者同意。

g）经许可使用他人版权文献，却不加引注，或引用文献信息不完整。

h）经许可使用他人版权文献，却超过了允许使用的范围或目的。

i）在非匿名评审程序中干扰期刊编辑、审稿专家。

j）向编辑推荐与自己有利益关系的审稿专家。

k）委托第三方机构或者与论文内容无关的他人代写、代投、代修。

l）违反保密规定发表论文。

4　审稿专家学术不端行为类型

4.1　违背学术道德的评审

论文评审中姑息学术不端的行为，或者依据非学术因素评审等，应界定为违背学术道德的评审。违背学术道德的评审的表现形式包括：

a）对发现的稿件中的实际缺陷、学术不端行为视而不见。

b）依据作者的国籍、性别、民族、身份地位、地域以及所属单位性质等非学术因素等，而非论文的科学价值、原创性和撰写质量以及与期刊范围和宗旨的相关性等，提出审稿意见。

4.2　干扰评审程序

故意拖延评审过程，或者以不正当方式影响发表决定，应界定为干扰评审程序。干扰评审程序的表现形式包括：

a）无法完成评审却不及时拒绝评审或与期刊协商。

b）不合理地拖延评审过程。

c）在非匿名评审程序中不经期刊允许，直接与作者联系。

d）私下影响编辑者，左右发表决定。

4.3　违反利益冲突规定

不公开或隐瞒与所评审论文的作者的利益关系，或者故意推荐与特定稿件存在利益关系的其他审稿专家等，应界定为违反利益冲突规定。违反利益冲突规定的表现形式包括：

a）未按规定向编辑者说明可能会将自己排除出评审程序的利益冲突。

b）向编辑者推荐与特定稿件存在可能或潜在利益冲突的其他审稿专家。

c）不公平地评审存在利益冲突的作者的论文。

4.4　违反保密规定

擅自与他人分享、使用所审稿件内容，或者公开未发表稿件内容，应界定为违反保密规定。违反保密规定的表现形式包括：

a）在评审程序之外与他人分享所审稿件内容。

b）擅自公布未发表稿件内容或研究成果。

c）擅自以与评审程序无关的目的使用所审稿件内容。

4.5　盗用稿件内容

擅自使用自己评审的、未发表稿件中的内容，或者使用得到许可的未发表稿件中的内容却不加引注或说明，应界定为盗用所审稿件内容。盗用所审稿件内容的表现形式包括：

a）未经论文作者、编辑者许可，使用自己所审的、未发表稿件中的内容。

b）经论文作者、编辑者许可，却不加引注或说明地使用自己所审的、未发表稿件中的内容。

4.6　谋取不正当利益

利用评审中的保密信息、评审的权利为自己谋利，应界定为谋取不正当利益。谋取不正当利益的表现形式包括：

a）利用保密的信息来获得个人的或职业上的利益。

b）利用评审权利谋取不正当利益。

4.7　其他学术不端行为

其他学术不端行为包括：

a）发现所审论文存在研究伦理问题但不及时告知期刊。

b）擅自请他人代自己评审。

5　编辑者学术不端行为类型

5.1　违背学术和伦理标准提出编辑意见

不遵循学术和伦理标准、期刊宗旨提出编辑意见，应界定为违背学术和伦理标准提出编辑意见。表现形式包括：

a）基于非学术标准、超出期刊范围和宗旨提出编辑意见。

b）无视或有意忽视期刊论文相关伦理要求提出编辑意见。

5.2　违反利益冲突规定

隐瞒与投稿作者的利益关系，或者故意选择与投稿作者有利益关系的审稿专家，应界定为违反利益冲突规定。违反利益冲突规定的表现形式包括：

a）没有向编辑者说明可能会将自己排除出特定稿件编辑程序的利益冲突。

b）有意选择存在潜在或实际利益冲突的审稿专家评审稿件。

5.3　违反保密要求

在匿名评审中故意透露论文作者、审稿专家的相关信息，或者擅自透露、公开、使用所编辑稿件的内容，或者因不遵守相关规定致使稿件信息外泄，应界定为违反保密要求。违反保密要求的表现形式包括：

a）在匿名评审中向审稿专家透露论文作者的相关信息。

b）在匿名评审中向论文作者透露审稿专家的相关信息。

c）在编辑程序之外与他人分享所编辑稿件内容。

d）擅自公布未发表稿件内容或研究成果。

e）擅自以与编辑程序无关的目的使用稿件内容。

f）违背有关安全存放或销毁稿件和电子版稿件文档及相关内容的规定，致使信息外泄。

5.4　盗用稿件内容

擅自使用未发表稿件的内容，或者经许可使用未发表稿件内容却不加引注或说明，应界定为盗用稿件内容。盗用稿件内容的表现形式包括：

a）未经论文作者许可，使用未发表稿件中的内容。

b）经论文作者许可，却不加引注或说明地使用未发表稿件中的内容。

5.5　干扰评审

影响审稿专家的评审，或者无理由地否定、歪曲审稿专家的审稿意见，应界定为干扰评审。干扰评审的表现形式包括：

a）私下影响审稿专家，左右评审意见。

b）无充分理由地无视或否定审稿专家给出的审稿意见。

c）故意歪曲审稿专家的意见，影响稿件修改和发表决定。

5.6　谋取不正当利益

利用期刊版面、编辑程序中的保密信息、编辑权利等谋利，应界定为谋取不正当利益。谋取不正当利益的表现形式包括：

a）利用保密信息获得个人或职业利益。

b）利用编辑权利左右发表决定，谋取不当利益。

c）买卖或与第三方机构合作买卖期刊版面。

d）以增加刊载论文数量牟利为目的扩大征稿和用稿范围，或压缩篇幅单期刊载大量论文。

5.7　其他学术不端行为

其他学术不端行为包括：

a）重大选题未按规定申报。

b）未经著作权人许可发表其论文。

c）对需要提供相关伦理审查材料的稿件，无视相关要求，不执行相关程序。

d）刊登虚假或过时的期刊获奖信息、数据库收录信息等。

e）随意添加与发表论文内容无关的期刊自引文献，或者要求、暗示作者非必要地引用特定文献。

f）以提高影响因子为目的协议和实施期刊互引。

g）故意歪曲作者原意修改稿件内容。

附录七 科研诚信案件调查处理规则（试行）

第一章 总则

第一条 为规范科研诚信案件调查处理工作，根据《中华人民共和国科学技术进步法》《中华人民共和国高等教育法》《关于进一步加强科研诚信建设的若干意见》等规定，制定本规则。

第二条 本规则所称的科研诚信案件，是指根据举报或其他相关线索，对涉嫌违背科研诚信要求的行为开展调查并作出处理的案件。

前款所称违背科研诚信要求的行为（以下简称科研失信行为），是指在科学研究及相关活动中发生的违反科学研究行为准则与规范的行为，包括：

（一）抄袭、剽窃、侵占他人研究成果或项目申请书；

（二）编造研究过程，伪造、篡改研究数据、图表、结论、检测报告或用户使用报告；

（三）买卖、代写论文或项目申请书，虚构同行评议专家及评议意见；

（四）以故意提供虚假信息等弄虚作假的方式或采取贿赂、利益交换等不正当手段获得科研活动审批，获取科技计划项目（专项、基金等）、科研经费、奖励、荣誉、职务职称等；

（五）违反科研伦理规范；

（六）违反奖励、专利等研究成果署名及论文发表规范；

（七）其他科研失信行为。

第三条 任何单位和个人不得阻挠、干扰科研诚信案件的调查处理，不得推诿包庇。

第四条 科研诚信案件被调查人和证人等应积极配合调查，如实说明问题，提供相关证据，不得隐匿、销毁证据材料。

第二章 职责分工

第五条 科技部和社科院分别负责统筹自然科学和哲学社会科学领域科研诚信案件的调查处理工作。应加强对科研诚信案件调查处理工作的指导和监督，对引起社会普遍关注，或涉及多个部门（单位）的重大科研诚信案件，可组织开展联合调查，或协调不同部门（单位）分别开展调查。

主管部门负责指导和监督本系统科研诚信案件调查处理工作，建立健全重大科研诚信案件信息报送机制，并可对本系统重大科研诚信案件独立组织开展调查。

第六条　科研诚信案件被调查人是自然人的，由其被调查时所在单位负责调查。调查涉及被调查人在其他曾任职或求学单位实施的科研失信行为的，所涉单位应积极配合开展调查处理并将调查处理情况及时送被调查人所在单位。

被调查人担任单位主要负责人或被调查人是法人单位的，由其上级主管部门负责调查。没有上级主管部门的，由其所在地的省级科技行政管理部门或哲学社会科学科研诚信建设责任单位负责组织调查。

第七条　财政资金资助的科研项目、基金等的申请、评审、实施、结题等活动中的科研失信行为，由项目、基金管理部门（单位）负责组织调查处理。项目申报推荐单位、项目承担单位、项目参与单位等应按照项目、基金管理部门（单位）的要求，主动开展并积极配合调查，依据职责权限对违规责任人作出处理。

第八条　科技奖励、科技人才申报中的科研失信行为，由科技奖励、科技人才管理部门（单位）负责组织调查，并分别依据管理职责权限作出相应处理。科技奖励、科技人才推荐（提名）单位和申报单位应积极配合并主动开展调查处理。

第九条　论文发表中的科研失信行为，由第一通讯作者或第一作者的第一署名单位负责牵头调查处理，论文其他作者所在单位应积极配合做好对本单位作者的调查处理并及时将调查处理情况报送牵头单位。学位论文涉嫌科研失信行为的，学位授予单位负责调查处理。

发表论文的期刊编辑部或出版社有义务配合开展调查，应当主动对论文内容是否违背科研诚信要求开展调查，并应及时将相关线索和调查结论、处理决定等告知作者所在单位。

第十条　负有科研诚信案件调查处理职责的相关单位，应明确本单位承担调查处理职责的机构，负责科研诚信案件的登记、受理、调查、处理、复查等。

第三章　调查

第一节　举报和受理

第十一条　科研诚信案件举报可通过下列途径进行：

（一）向被举报人所在单位举报；

（二）向被举报人单位的上级主管部门或相关管理部门举报；

（三）向科研项目、科技奖励、科技人才计划等的管理部门（单位）、监督主管部门举报；

（四）向发表论文的期刊编辑部或出版机构举报；

（五）其他方式。

第十二条　科研诚信案件的举报应同时满足下列条件：

（一）有明确的举报对象；

（二）有明确的违规事实；

（三）有客观、明确的证据材料或查证线索。

鼓励实名举报，不得恶意举报、诬陷举报。

第十三条　下列举报，不予受理：

（一）举报内容不属于科研失信行为的；

（二）没有明确的证据和可查线索的；

（三）对同一对象重复举报且无新的证据、线索的；

（四）已经做出生效处理决定且无新的证据、线索的。

第十四条　接到举报的单位应在15个工作日内进行初核。初核应由2名工作人员进行。

初核符合受理条件的，应予以受理。其中，属于本单位职责范围的，由本单位调查；不属于本单位职责范围的，可转送相关责任单位或告知举报人向相关责任单位举报。

举报受理情况应在完成初核后5个工作日内通知实名举报人，不予受理的应说明情况。举报人可以对不予受理提出异议并说明理由，符合受理条件的，应当受理；异议不成立的，不予受理。

第十五条　下列科研诚信案件线索，符合受理条件的，有关单位应主动受理，主管部门应加强督查。

（一）上级机关或有关部门移送的线索；

（二）在日常科研管理活动中或科技计划、科技奖励、科技人才管理等工作中发现的问题和线索；

（三）媒体披露的科研失信行为线索。

第二节　调查

第十六条　调查应制订调查方案，明确调查内容、人员、方式、进度安排、保障措施等，经单位相关负责人批准后实施。

第十七条　调查应包括行政调查和学术评议。行政调查由单位组织对案件的事实情况进行调查，包括对相关原始数据、协议、发票等证明材料和研究过程、获利情况等进行核对验证。学术评议由单位委托本单位学六（学位、职称）委员会或根据需要组成专家组，对案件涉及的学术问题进行评议。专家组应不少于 5 人，根据需要由案件涉及领域的同行科技专家、管理专家、科研伦理专家等组成。

第十八条　调查需要与被调查人、证人等谈话的，参与谈话的调查人员不得少于 2 人，谈话内容应书面记录，并经谈话人和谈话对象签字确认，在履行告知程序后可录音、录像。

第十九条　调查人员可按规定和程序调阅、摘抄、复印、封存相关资料、设备。调阅、封存的相关资料、设备应书面记录，并由调查人员和资料、设备管理人签字确认。

第二十条　调查中应当听取被调查人的陈述和申辩，对有关事实、理由和证据进行核实。可根据需要要求举报人补充提供材料，必要时经举报人同意可组织举报人与被调查人当面质证。严禁以威胁、引诱、欺骗以及其他非法手段收集证据。

第二十一条　调查中发现被调查人的行为可能影响公众健康与安全或导致其他严重后果的，调查人员应立即报告，或按程序移送有关部门处理。

第二十二条　调查中发现关键信息不充分，或暂不具备调查条件的，或被调查人在调查期间死亡的，可经单位负责人批准中止或终止调查。条件具备时，应及时启动已中止的调查，中止的时间不计入调查时限。对死亡的被调查人中止或终止调查不影响对案件涉及的其他被调查人的调查。

第二十三条　调查结束应形成调查报告。调查报告应包括举报内容的说明、调查过程、查实的基本情况、违规事实认定与依据、调查结论、有关人员的责任、被调查人的确认情况以及处理意见或建议等。调查报告须由全体调查人员签字。

如需补充调查，应确定调查方向和主要问题，由原调查人员进行，并根据补充调查情况重新形成调查报告。

第二十四条　科研诚信案件应自决定受理之日起 6 个月内完成调查。

特别重大复杂的案件，在前款规定期限内仍不能完成调查的，经单位主要负责人批准后可延长调查期限，延长时间最长不得超过一年。上级机关和有关部门移交的案件，调查延期情况应向移交机关或部门报备。

第四章　处理

第二十五条　被调查人科研失信行为的事实、性质、情节等最终认定后，由调查单位按职责对被调查人作出处理决定，或向有关单位或部门提出处理建议，并制作处理决定书或处理建议书。

第二十六条　处理决定书或处理建议书应载明以下内容：

（一）责任人的基本情况（包括身份证件号码、社会信用代码等）；

（二）违规事实情况；

（三）处理决定和依据；

（四）救济途径和期限；

（五）其他应载明的内容。

做出处理决定的单位负责向被调查人送达书面处理决定书，并告知实名举报人。

第二十七条　作出处理决定前，应书面告知被处理人拟作出处理决定的事实、理由及依据，并告知其依法享有陈述与申辩的权利。被调查人没有进行陈述或申辩的，视为放弃陈述与申辩的权利。被调查人作出陈述或申辩的，应充分听取其意见。

第二十八条　处理包括以下措施：

（一）科研诚信诚勉谈话；

（二）一定范围内或公开通报批评；

（三）暂停财政资助科研项目和科研活动，限期整改；

（四）终止或撤销财政资助的相关科研项目，按原渠道收回已拨付的资助经费、结余经费，撤销利用科研失信行为获得的相关学术奖励、荣誉称号、职务职称等，并收回奖金；

（五）一定期限直至永久取消申请或申报科技计划项目（专项、基金等）、科技奖励、科技人才称号和专业技术职务晋升等资格；

（六）取消已获得的院士等高层次专家称号，学会、协会、研究会等学术团体以及学术、学位委员会等学术工作机构的委员或成员资格；

（七）一定期限直至永久取消作为提名或推荐人、被提名或推荐人、评审专家等资格；

（八）一定期限减招、暂停招收研究生直至取消研究生导师资格；

（九）暂缓授予学位、不授予学位或撤销学位；

（十）其它处理。

上述处理措施可合并使用。科研失信行为责任人是党员或公职人员的，还应根据《中国共产党纪律处分条例》等规定，给予责任人党纪和政务处分。责任人是事业单位工作人员的，应按照干部人事管理权限，根据《事业单位工作人员处分暂行规定》给予处分。涉嫌违法犯罪的，应移送有关国家机关依法处理。

第二十九条　有关机构或单位有组织实施科研失信行为的，或在调查处理中推诿塞责、隐瞒包庇、打击报复举报人的，主管部门应撤销该机构或单位因此获得的相关利益、荣誉，给予单位警告、重点监管、通报批评、暂停拨付或追回资助经费、核减间接费用、取消一定期限内申请和承担项目资格等处理，并按照有关规定追究其主要负责人、直接负责人的责任。

第三十条　被调查人有下列情形之一的，认定为情节较轻，可从轻或减轻处理：

（一）有证据显示属于过失行为且未造成重大影响的；

（二）过错程度较轻且能积极配合调查的；

（三）在调查处理前主动纠正错误，挽回损失或有效阻止危害结果发生的；

（四）在调查中主动承认错误，并公开承诺严格遵守科研诚信要求、不再实施科研失信行为的。

第三十一条　被调查人有下列情形之一的，认定为情节较重或严重，应从重或加重处理：

（一）伪造、销毁、藏匿证据的；

（二）阻止他人提供证据，或干扰、妨碍调查核实的；

（三）打击、报复举报人的；

（四）存在利益输送或利益交换的；

（五）有组织地实施科研失信行为的；

（六）多次实施科研失信行为或同时存在多种科研失信行为的；

（七）态度恶劣，证据确凿、事实清楚而拒不承认错误的；

（八）其他情形。

有前款情形且造成严重后果或恶劣影响的属情节特别严重，应加重处理。

第三十二条　对科研失信行为情节轻重的判定应考虑以下因素：

（一）行为偏离科学界公认行为准则的程度；

（二）是否有故意造假、欺骗或销毁、藏匿证据行为，或者存在阻止他人提供证据，干扰、妨碍调查，或打击、报复举报人的行为；

（三）行为造成社会不良影响的程度；

（四）行为是首次发生还是屡次发生；

（五）行为人对调查处理的态度；

（六）其他需要考虑的因素。

第三十三条 经调查认定存在科研失信行为的，应视情节轻重给予以下处理：

（一）情节较轻的，警告、科研诚信诚勉谈话或暂停财政资助科研项目和科研活动，限期整改，暂缓授予学位；

（二）情节较重的，取消3年以内承担财政资金支持项目资格及本规则规定的其他资格，减招、暂停招收研究生，不授予学位或撤销学位；

（三）情节严重的，所在单位依法依规给予降低岗位等级或者撤职处理，取消3～5年承担财政资金支持项目资格及本规则规定的其他资格；

（四）情节特别严重的，所在单位依法依规给予取消5年以上直至永久取消其晋升职务职称、申报财政资金支持项目等资格及本规则规定的其他资格，并向社会公布。

存在本规则第二条（一）（二）（三）（四）情形之一的，处理不应低于前款（二）规定的尺度。

第三十四条 被给予本规则第三十三条（二）（三）（四）规定处理的责任人正在申报财政资金资助项目或被推荐为相关候选人、被提名人、被推荐人等的，终止其申报资格或被提名、推荐资格。

利用科研失信行为获得的资助项目、科研经费以及科技人才称号、科技奖励、荣誉、职务职称、学历学位等的，撤销获得的资助项目和人才、奖励、荣誉等称号及职务职称、学历学位，追回项目经费、奖金。

第三十五条 根据本规则规定给予被调查人一定期限取消相关资格处理和取消已获得的相关称号、资格处理的，均应对责任人在单位内部或系统通报批评，并记入科研诚信严重失信行为数据库，按照国家有关规定纳入信用信息系统，并提供相关部门和地方依法依规对有关责任主体实施失信联合惩戒。

根据前款规定记入科研诚信严重失信行为数据库的，应在处理决定书中载明。

第三十六条 根据本规则给予被调查人一定期限取消相关资格处理和取消已获得的相关称号、资格处理的，处理决定由省级及以下地方相关单位作出的，决定作出单位应在决定生效后1个月内将处理决定书和调查报告报送所在地省级科技行政管理部门或哲学社会科学科研诚信建设责任单位和上级主管部门。省级科技行政管理部门应在收到后10个工作日内通过科研诚信信息系统提交至科技部。

处理决定由国务院部门及其所属单位作出的，由该部门在处理决定生效后 1 个月内将处理决定书和调查报告提交至科技部。

第三十七条　被调查人科研失信行为涉及科技计划（专项、基金等）、科技奖励、科技人才等的，调查处理单位应将调查处理决定或处理建议书同时报送科技计划（专项、基金等）、科技奖励和科技人才管理部门（单位）。科技计划（专项、基金等）、科技奖励、科技人才管理部门（单位）在接到调查报告和处理决定书或处理建议书后，应依据经查实的科研失信行为，在职责范围内对被调查人同步做出处理，并制作处理决定书，送达被处理人及其所在单位。

第三十八条　对经调查未发现存在科研失信行为的，调查单位应及时以公开等适当方式澄清。

对举报人捏造事实，恶意举报的，举报人所在单位应依据相关规定对举报人严肃处理。

第三十九条　处理决定生效后，被处理人如果通过全国性媒体公开作出严格遵守科研诚信要求、不再实施科研失信行为承诺，或对国家和社会做出重大贡献的，做出处理决定的单位可根据被处理人申请对其减轻处理。

第五章　申诉复查

第四十条　当事人对处理决定不服的，可在收到处理决定书之日起 15 日内，按照处理决定书载明的救济途径向做出调查处理决定的单位或部门书面提出复查申请，写明理由并提供相关证据或线索。

调查处理单位（部门）应在收到复查申请之日起 15 个工作日内作出是否受理决定。决定受理的，另行组织调查组或委托第三方机构，按照本规则的调查程序开展调查，作出复查报告，向被举报人反馈复查决定。

第四十一条　当事人对复查结果不服的，可向调查处理单位的上级主管部门或科研诚信管理部门提出书面申诉，申诉必须明确理由并提供充分证据。

相关单位或部门应在收到申诉之日起 15 个工作日内作出是否受理决定。仅以对调查处理结果和复查结果不服为由，不能说明其他理由并提供充分证据，或以同一事实和理由提出申诉的，不予受理。决定受理的，应再次组织复查，复查结果为最终结果。

第四十二条　复查应制作复查决定书，复查决定书应针对当事人提出的理由一一给予明确回复。复查原则上应自受理之日起 90 个工作日内完成。

第六章　保障与监督

第四十三条　参与调查处理工作的人员应遵守工作纪律，签署保密协议，不得私自留存、隐匿、摘抄、复制或泄露问题线索和涉案资料，未经允许不得透露或公开调查处理工作情况。

委托第三方机构开展调查、测试、评估或评价时，应履行保密程序。

第四十四条　调查处理应严格执行回避制度。参与科研诚信案件调查处理工作的专家和调查人员应签署回避声明。被调查人或举报人近亲属、本案证人、利害关系人、有研究合作或师生关系或其他可能影响公正调查处理情形的，不得参与调查处理工作，应当主动申请回避。

被调查人、举报人以及其他有关人员有权要求其回避。

第四十五条　调查处理应保护举报人、被举报人、证人等的合法权益，不得泄露相关信息，不得将举报材料转给被举报人或被举报单位等利益涉及方。对于调查处理过程中索贿受贿、违反保密和回避原则、泄露信息的，依法依规严肃处理。

第四十六条　高等学校、科研机构、医疗卫生机构、企业、社会组织等单位应建立健全调查处理工作相关的配套制度，细化受理举报、科研失信行为认定标准、调查处理程序和操作规程等，明确单位科研诚信负责人和内部机构职责分工，加强工作经费保障和对相关人员的培训指导，抓早抓小，并发挥聘用合同（劳动合同）、科研诚信承诺书和研究数据管理政策等在保障调查程序正当性方面的作用。

第四十七条　主管部门应加强对本系统科研诚信案件调查处理的指导和监督。

第四十八条　科技部和社科院对自然科学和哲学社会科学领域重大科研诚信案件应加强信息通报与公开。

科研诚信建设联席会议各成员单位和各地方应加强科研诚信案件调查处理的协调配合、结果互认和信息共享等工作。

第七章　附则

第四十九条　从轻处理，是指在本规则规定的科研失信行为应受到的处理幅度以内，给予较轻的处理。

从重处理，是指在本规则规定的科研失信行为应受到的处理幅度以内，给予较重的处理。

减轻处理，是指在本规则规定的科研失信行为应受到的处理幅度以外，减轻一档给予处理。

加重处理，是指在本规则规定的科研失信行为应受到的处理幅度以外，加重一档给予处理。

第五十条　各有关部门和单位应依据本规则结合实际情况制定具体细则。

第五十一条 科研诚信案件涉事人员或单位属于军队管理的，由军队按照其有关规定进行调查处理。

相关主管部门已制定本行业、本领域、本系统科研诚信案件调查处理规则且处理尺度不低于本规则的，可按照已有规则开展调查处理。

第五十二条 本规则自发布之日起实施，由科技部和社科院负责解释。

附录八　科学技术活动违规行为处理暂行规定

第一章　总则

第一条　为规范科学技术活动违规行为处理，营造风清气正的良好科研氛围，根据《中华人民共和国科学技术进步法》等法律法规，制定本规定。

第二条　对下列单位和人员在开展有关科学技术活动过程中出现的违规行为的处理，适用本规定。

（一）受托管理机构及其工作人员，即受科学技术行政部门委托开展相关科学技术活动管理工作的机构及其工作人员；

（二）科学技术活动实施单位，即具体开展科学技术活动的科学技术研究开发机构、高等学校、企业及其他组织；

（三）科学技术人员，即直接从事科学技术活动的人员和为科学技术活动提供管理、服务的人员；

（四）科学技术活动咨询评审专家，即为科学技术活动提供咨询、评审、评估、评价等意见的专业人员；

（五）第三方科学技术服务机构及其工作人员，即为科学技术活动提供审计、咨询、绩效评估评价、经纪、知识产权代理、检验检测、出版等服务的第三方机构及其工作人员。

第三条　科学技术部加强对科学技术活动违规行为处理工作的统筹、协调和督促指导。

各级科学技术行政部门根据职责和权限对科学技术活动实施中发生的违规行为进行处理。

第四条　科学技术活动违规行为的处理，应区分主观过错、性质、情节和危害程度，做到程序正当、事实清楚、证据确凿、依据准确、处理恰当。

第二章　违规行为

第五条　受托管理机构的违规行为包括以下情形：

（一）采取弄虚作假等不正当手段获得管理资格；

（二）内部管理混乱，影响受托管理工作正常开展；

（三）重大事项未及时报告；

（四）存在管理过失，造成负面影响或财政资金损失；

（五）设租寻租、徇私舞弊、滥用职权、私分受托管理的科研资金；

（六）隐瞒、包庇科学技术活动中相关单位或人员的违法违规行为；

（七）不配合监督检查或评估评价工作，不整改、虚假整改或整改未达到要求；

（八）违反任务委托协议等合同约定的主要义务；

（九）违反国家科学技术活动保密相关规定；

（十）法律、行政法规、部门规章或规范性文件规定的其他相关违规行为。

第六条　受托管理机构工作人员的违规行为包括以下情形：

（一）管理失职，造成负面影响或财政资金损失；

（二）设租寻租、徇私舞弊等利用组织科学技术活动之便谋取不正当利益；

（三）承担或参加所管理的科技计划（专项、基金等）项目；

（四）参与所管理的科学技术活动中有关论文、著作、专利等科学技术成果的署名及相关科技奖励、人才评选等；

（五）未经批准在相关科学技术活动实施单位兼职；

（六）干预咨询评审或向咨询评审专家施加倾向性影响；

（七）泄露科学技术活动管理过程中需保密的专家名单、专家意见、评审结论和立项安排等相关信息；

（八）违反回避制度要求，隐瞒利益冲突；

（九）虚报、冒领、挪用、套取所管理的科研资金；

（十）违反国家科学技术活动保密相关规定；

（十一）法律、行政法规、部门规章或规范性文件规定的其他相关违规行为。

第七条　科学技术活动实施单位的违规行为包括以下情形：

（一）在科学技术活动的申报、评审、实施、验收、监督检查和评估评价等活动中提供虚假材料，组织"打招呼""走关系"等请托行为；

（二）管理失职，造成负面影响或财政资金损失；

（三）无正当理由不履行科学技术活动管理合同约定的主要义务；

（四）隐瞒、迁就、包庇、纵容或参与本单位人员的违法违规活动；

（五）未经批准，违规转包、分包科研任务；

（六）截留、挤占、挪用、套取、转移、私分财政科研资金；

（七）不配合监督检查或评估评价工作，不整改、虚假整改或整改未达到要求；

（八）不按规定上缴应收回的财政科研结余资金；

（九）未按规定进行科技伦理审查并监督执行；

（十）开展危害国家安全、损害社会公共利益、危害人体健康的科学技术活动；

（十一）违反国家科学技术活动保密相关规定；

（十二）法律、行政法规、部门规章或规范性文件规定的其他相关违规行为。

第八条　科学技术人员的违规行为包括以下情形：

（一）在科学技术活动的申报、评审、实施、验收、监督检查和评估评价等活动中提供虚假材料，实施"打招呼""走关系"等请托行为；

（二）故意夸大研究基础、学术价值或科技成果的技术价值、社会经济效益，隐瞒技术风险，造成负面影响或财政资金损失；

（三）人才计划入选者、重大科研项目负责人在聘期内或项目执行期内擅自变更工作单位，造成负面影响或财政资金损失；

（四）故意拖延或拒不履行科学技术活动管理合同约定的主要义务；

（五）随意降低目标任务和约定要求，以项目实施周期外或不相关成果充抵交差；

（六）抄袭、剽窃、侵占、篡改他人科学技术成果，编造科学技术成果，侵犯他人知识产权等；

（七）虚报、冒领、挪用、套取财政科研资金；

（八）不配合监督检查或评估评价工作，不整改、虚假整改或整改未达到要求；

（九）违反科技伦理规范；

（十）开展危害国家安全、损害社会公共利益、危害人体健康的科学技术活动；

（十一）违反国家科学技术活动保密相关规定；

（十二）法律、行政法规、部门规章或规范性文件规定的其他相关违规行为。

第九条　科学技术活动咨询评审专家的违规行为包括以下情形：

（一）采取弄虚作假等不正当手段获取咨询、评审、评估、评价、监督检查资格；

（二）违反回避制度要求；

（三）接受"打招呼""走关系"等请托；

（四）引导、游说其他专家或工作人员，影响咨询、评审、评估、评价、监督检查过程和结果；

（五）索取、收受利益相关方财物或其他不正当利益；

（六）出具明显不当的咨询、评审、评估、评价、监督检查意见；

（七）泄漏咨询评审过程中需保密的申请人、专家名单、专家意见、评审结论等相关信息；

（八）抄袭、剽窃咨询评审对象的科学技术成果；

（九）违反国家科学技术活动保密相关规定；

（十）法律、行政法规、部门规章或规范性文件规定的其他相关违规行为。

第十条　第三方科学技术服务机构及其工作人员的违规行为包括以下情形：

（一）采取弄虚作假等不正当手段获取科学技术活动相关业务；

（二）从事学术论文买卖、代写代投以及伪造、虚构、篡改研究数据等；

（三）违反回避制度要求；

（四）擅自委托他方代替提供科学技术活动相关服务；

（五）出具虚假或失实结论；

（六）索取、收受利益相关方财物或其他不正当利益；

（七）泄漏需保密的相关信息或材料等；

（八）违反国家科学技术活动保密相关规定；

（九）法律、行政法规、部门规章或规范性文件规定的其他相关违规行为。

第三章　处理措施

第十一条　对科学技术活动违规行为，视违规主体和行为性质，可单独或合并采取以下处理措施：

（一）警告；

（二）责令限期整改；

（三）约谈；

（四）一定范围内或公开通报批评；

（五）终止、撤销有关财政性资金支持的科学技术活动；

（六）追回结余资金，追回已拨财政资金以及违规所得；

（七）撤销奖励或荣誉称号，追回奖金；

（八）取消一定期限内财政性资金支持的科学技术活动管理资格；

（九）禁止在一定期限内承担或参与财政性资金支持的科学技术活动；

（十）记入科研诚信严重失信行为数据库。

第十二条　违规行为涉嫌违反党纪政纪、违法犯罪的，移交有关机关处理。

第十三条　对于第三方科学技术服务机构及人员违规的，可视情况将相关问题及线索移交具有处罚或处理权限的主管部门或行业协会处理。

第十四条　受托管理机构、科学技术活动实施单位有组织地开展科学技术活动违规行为的，或存在重大管理过失的，按本规定第十一条第（八）项追究主要负责人、直接负责人的责任，具体期限与被处理单位的受限年限保持一致。

第十五条　有证据表明违规行为已经造成恶劣影响或财政资金严重损失的，应直接或提请具有相应职责和权限的行政机关责令采取有效措施，防止影响或损失扩大，中止相关科学技术活动，暂停拨付相应财政资金，同时暂停接受相关责任主体申请新的财政性资金支持的科学技术活动。

第十六条　采取本规定第十一条第（九）项处理措施的，违规行为未涉及科学技术活动核心关键任务、约束性目标或指标，但造成较大负面影响或财政资金损失，对违规单位取消2年以内（含2年）相关资格，对违规个人取消3年以内（含3年）相关资格。

上述违规行为涉及科学技术活动的核心关键任务、约束性目标或指标，并导致相关科学技术活动偏离约定目标，或造成严重负面影响或财政资金损失，对违规单位取消2至5年相关资格，对违规个人取消3至5年相关资格。

上述违规行为涉及科学技术活动的核心关键任务、约束性目标或指标，并导致相关科学技术活动停滞、严重偏离约定目标，或造成特别严重负面影响或财政资金损失，对违规单位和个人取消5年以上直至永久相关资格。

第十七条　有以下情形之一的，可以给予从轻处理：

（一）主动反映问题线索，并经查属实；

（二）主动承认错误并积极配合调查和整改；

（三）主动退回因违规行为所获各种利益；

（四）主动挽回损失浪费或有效阻止危害结果发生；

（五）通过全国性媒体公开作出严格遵守科学技术活动相关国家法律及管理规定、不再实施违规行为的承诺；

（六）其他可以给予从轻处理情形。

第十八条　有以下情形之一的，应当给予从重处理：

（一）伪造、销毁、藏匿证据；

（二）阻止他人提供证据，或干扰、妨碍调查核实；

（三）打击、报复举报人；

（四）有组织地实施违规行为；

（五）多次违规或同时存在多种违规行为；

（六）其他应当给予从重处理情形。

第十九条　科学技术活动违规行为涉及多个主体的，应甄别不同主体的责任，并视其违规行为在负面影响或财政资金损失发生过程和结果中所起作用等因素分别给予相应处理。

第四章　处理程序

第二十条　科学技术活动违规行为认定后，视事实、性质、情节，按照本规定第十一条的处理措施作出相应处理决定，并制作处理决定书。

第二十一条　作出处理决定前，应告知被处理单位或人员拟作出处理决定的事实、理由及依据，并告知其享有陈述与申辩的权利及其行使的方式和期限。被处理单位或人员逾期未提出陈述或申辩的，视为放弃陈述与申辩的权利；作出陈述或申辩的，应充分听取其意见。

第二十二条　处理决定书应载明以下内容：

（一）被处理主体的基本情况；

（二）违规行为情况及事实根据；

（三）处理依据和处理决定；

（四）救济途径和期限；

（五）作出处理决定的单位名称和时间；

（六）法律、行政法规、部门规章或规范性文件规定的其他相关事项。

第二十三条　处理决定书应送达被处理单位或人员，抄送被处理人员所在单位或被处理单位的上级主管部门，并可视情通知被处理人员或单位所属相关行业协会。

处理决定书可采取直接送达、委托送达、邮寄送达等方式；被送达人下落不明的，可公告送达。涉及保密内容的，按照保密相关规定送达。

对于影响范围广、社会关注度高的违规行为的处理决定，除涉密内容外，应向社会公开，发挥警示教育作用。

第二十四条　被处理单位或人员对处理决定不服的，可自收到处理决定书之日起 15 个工作日内，按照处理决定书载明的救济途径向作出处理决定的相关部门或单位提出复查申请，写明理由并提供相关证据或线索。

处理主体应自收到复查申请后 15 个工作日内作出是否受理的决定。决定受理的，应当另行组织对处理决定所认定的事实和相关依据进行复查。

复查应制作复查决定书，复查原则上应自受理之日起 90 个工作日内完成并送达复查申请人。复查期间，不停止原处理决定的执行。

第二十五条　被处理单位或人员也可以不经复查，直接依法申请复议或提起诉讼。

第二十六条　采取本规定第十一条第（九）项处理措施的，取消资格期限自处理决定下达之日起计算，处理决定作出前已执行本规定第十五条采取暂停活动的，暂停活动期限可折抵处理期限。

第二十七条　科学技术活动违规行为涉及多个部门的，可组织开展联合调查，按职责和权限分别予以处理。

第二十八条　科学技术活动违规行为处理超出科学技术行政部门职责和权限范围内的，应将问题及线索移交相关部门、机构，并可以适当方式向相关部门、机构提出意见建议。

第五章　附则

第二十九条　科学技术行政部门委托受托管理机构管理的科学技术活动中，项目承担单位和人员出现的情节轻微、未造成明显负面影响或财政资金损失的违规行为，由受托管理机构依据有关科学技术活动管理合同、管理办法等处理。

第三十条　各级科学技术行政部门已在职责和权限范围内制定科学技术活动违规行为处理规定且处理尺度不低于本规定的，可按照已有规定进行处理。

第三十一条　科学技术活动违规行为处理属其他部门、机构职责和权限的，由有权处理的部门、机构依据法律、行政法规及其他有关规定处理。

科学技术活动违规行为涉事单位或人员属军队管理的，由军队按照其有关规定进行处理。

第三十二条　法律、行政法规对科学技术活动违规行为及相应处理另有规定的，从其规定。

科学技术部部门规章或规范性文件相关内容与本规定不一致的，适用本规定。

第三十三条　本规定自 2020 年 9 月 1 日起施行。

第三十四条　本规定由科学技术部负责解释。

附录九　关于加强科技伦理治理的意见

科技伦理是开展科学研究、技术开发等科技活动需要遵循的价值理念和行为规范，是促进科技事业健康发展的重要保障。当前，我国科技创新快速发展，面临的科技伦理挑战日益增多，但科技伦理治理仍存在体制机制不健全、制度不完善、领域发展不均衡等问题，已难以适应科技创新发展的现实需要。为进一步完善科技伦理体系，提升科技伦理治理能力，有效防控科技伦理风险，不断推动科技向善、造福人类，实现高水平科技自立自强，现就加强科技伦理治理提出如下意见。

一、总体要求

（一）指导思想。以习近平新时代中国特色社会主义思想为指导，深入贯彻党的十九大和十九届历次全会精神，坚持和加强党中央对科技工作的集中统一领导，加快构建中国特色科技伦理体系，健全多方参与、协同共治的科技伦理治理体制机制，坚持促进创新与防范风险相统一、制度规范与自我约束相结合，强化底线思维和风险意识，建立完善符合我国国情、与国际接轨的科技伦理制度，塑造科技向善的文化理念和保障机制，努力实现科技创新高质量发展与高水平安全良性互动，促进我国科技事业健康发展，为增进人类福祉、推动构建人类命运共同体提供有力科技支撑。

（二）治理要求

——伦理先行。加强源头治理，注重预防，将科技伦理要求贯穿科学研究、技术开发等科技活动全过程，促进科技活动与科技伦理协调发展、良性互动，实现负责任的创新。

——依法依规。坚持依法依规开展科技伦理治理工作，加快推进科技伦理治理法律制度建设。

——敏捷治理。加强科技伦理风险预警与跟踪研判，及时动态调整治理方式和伦理规范，快速、灵活应对科技创新带来的伦理挑战。

——立足国情。立足我国科技发展的历史阶段及社会文化特点，遵循科技创新规律，建立健全符合我国国情的科技伦理体系。

——开放合作。坚持开放发展理念，加强对外交流，建立多方协同合作机制，凝聚共识，形成合力。积极推进全球科技伦理治理，贡献中国智慧和中国方案。

二、明确科技伦理原则

（一）增进人类福祉。科技活动应坚持以人民为中心的发展思想，有利于促进经济发展、社会进步、民生改善和生态环境保护，不断增强人民获得感、幸福感、安全感，促进人类社会和平发展和可持续发展。

（二）尊重生命权利。科技活动应最大限度避免对人的生命安全、身体健康、精神和心理健康造成伤害或潜在威胁，尊重人格尊严和个人隐私，保障科技活动参与者的知情权和选择权。使用实验动物应符合"减少、替代、优化"等要求。

（三）坚持公平公正。科技活动应尊重宗教信仰、文化传统等方面的差异，公平、公正、包容地对待不同社会群体，防止歧视和偏见。

（四）合理控制风险。科技活动应客观评估和审慎对待不确定性和技术应用的风险，力求规避、防范可能引发的风险，防止科技成果误用、滥用，避免危及社会安全、公共安全、生物安全和生态安全。

（五）保持公开透明。科技活动应鼓励利益相关方和社会公众合理参与，建立涉及重大、敏感伦理问题的科技活动披露机制。公布科技活动相关信息时应提高透明度，做到客观真实。

三、健全科技伦理治理体制

（一）完善政府科技伦理管理体制。国家科技伦理委员会负责指导和统筹协调推进全国科技伦理治理体系建设工作。科技部承担国家科技伦理委员会秘书处日常工作，国家科技伦理委员会各成员单位按照职责分工负责科技伦理规范制定、审查监管、宣传教育等相关工作。各地方、相关行业主管部门按照职责权限和隶属关系具体负责本地方、本系统科技伦理治理工作。

（二）压实创新主体科技伦理管理主体责任。高等学校、科研机构、医疗卫生机构、企业等单位要履行科技伦理管理主体责任，建立常态化工作机制，加强科技伦理日常管理，主动研判、及时化解本单位科技活动中存在的伦理风险；根据实际情况设立本单位的科技伦理（审查）委员会，并为其独立开展工作提供必要条件。从事生命科学、医学、人工智能等科技活动的单位，研究内容涉及科技伦理敏感领域的，应设立科技伦理（审查）委员会。

（三）发挥科技类社会团体的作用。推动设立中国科技伦理学会，健全科技伦理治理社会组织体系，强化学术研究支撑。相关学会、协会、研究会等科技类社会团体要组织动员科技人员主动参与科技伦理治理，促进行业自律，加强与高等学校、科研机构、医疗卫生机构、企业等的合作，开展科技伦理知识宣传普及，提高社会公众科技伦理意识。

（四）引导科技人员自觉遵守科技伦理要求。科技人员要主动学习科技伦理知识，增强科技伦理意识，自觉践行科技伦理原则，坚守科技伦理底线，发现违背科技伦理要求的行为，要主动报告、坚决抵制。科技项目（课题）负责人要严格按照科技伦理审查批准的范围开展研究，加强对团队成员和项目（课题）研究实施全过程的伦理管理，发布、传播和应用涉及科技伦理敏感问题的研究成果应当遵守有关规定、严谨审慎。

四、加强科技伦理治理制度保障

（一）制定完善科技伦理规范和标准。制定生命科学、医学、人工智能等重点领域的科技伦理规范、指南等，完善科技伦理相关标准，明确科技伦理要求，引导科技机构和科技人员合规开展科技活动。

（二）建立科技伦理审查和监管制度。明晰科技伦理审查和监管职责，完善科技伦理审查、风险处置、违规处理等规则流程。建立健全科技伦理（审查）委员会的设立标准、运行机制、登记制度、监管制度等，探索科技伦理（审查）委员会认证机制。

（三）提高科技伦理治理法治化水平。推动在科技创新的基础性立法中对科技伦理监管、违规查处等治理工作作出明确规定，在其他相关立法中落实科技伦理要求。"十四五"期间，重点加强生命科学、医学、人工智能等领域的科技伦理立法研究，及时推动将重要的科技伦理规范上升为国家法律法规。对法律已有明确规定的，要坚持严格执法、违法必究。

（四）加强科技伦理理论研究。支持相关机构、智库、社会团体、科技人员等开展科技伦理理论探索，加强对科技创新中伦理问题的前瞻研究，积极推动、参与国际科技伦理重大议题研讨和规则制定。

五、强化科技伦理审查和监管

（一）严格科技伦理审查。开展科技活动应进行科技伦理风险评估或审查。涉及人、实验动物的科技活动，应当按规定由本单位科技伦理（审查）委员会审查批准，不具备设立科技伦理（审查）委员会条件的单位，应委托其他单位科技伦理（审查）委员会开展审查。科技伦理（审查）委员会要坚持科学、独立、公正、透明原则，开展对科技活动的科技伦理审查、监督与指导，切实把好科技伦理关。探索建立专业性、区域性科技伦理审查中心。逐步建立科技伦理审查结果互认机制。

建立健全突发公共卫生事件等紧急状态下的科技伦理应急审查机制，完善应急审查的程序、规则等，做到快速响应。

（二）加强科技伦理监管。各地方、相关行业主管部门要细化完善本地方、本系统科技伦理监管框架和制度规范，加强对各单位科技伦理（审查）委员会和科技伦理高风险科技活动的监督管理，建立科技伦理高风险科技活动伦理审查结果专家复核机制，组织开展对重大科技伦理案件的调查处理，并利用典型案例加强警示教育。从事科技活动的单位要建立健全科技活动全流程科技伦理监管机制和审查质量控制、监督评价机制，加强对科技伦理高风险科技活动的动态跟踪、风险评估和伦理事件应急处置。国家科技伦理委员会研究制定科技伦理高风险科技活动清单。开展科技伦理高风险科技活动应按规定进行登记。

财政资金设立的科技计划（专项、基金等）应加强科技伦理监管，监管全面覆盖指南编制、审批立项、过程管理、结题验收、监督评估等各个环节。

加强对国际合作研究活动的科技伦理审查和监管。国际合作研究活动应符合合作各方所在国家的科技伦理管理要求，并通过合作各方所在国家的科技伦理审查。对存在科技伦理高风险的国际合作研究活动，由地方和相关行业主管部门组织专家对科技伦理审查结果开展复核。

（三）监测预警科技伦理风险。相关部门要推动高等学校、科研机构、医疗卫生机构、社会团体、企业等完善科技伦理风险监测预警机制，跟踪新兴科技发展前沿动态，对科技创新可能带来的规则冲突、社会风险、伦理挑战加强研判、提出对策。

（四）严肃查处科技伦理违法违规行为。高等学校、科研机构、医疗卫生机构、企业等是科技伦理违规行为单位内部调查处理的第一责任主体，应制定完善本单位调查处理相关规定，及时主动调查科技伦理违规行为，对情节严重的依法依规严肃追责问责；对单位及其负责人涉嫌科技伦理违规行为的，由上级主管部门调查处理。各地方、相关行业主管部门按照职责权限和隶属关系，加强对本地方、本系统科技伦理违规行为调查处理的指导和监督。

任何单位、组织和个人开展科技活动不得危害社会安全、公共安全、生物安全和生态安全，不得侵害人的生命安全、身心健康、人格尊严，不得侵犯科技活动参与者的知情权和选择权，不得资助违背科技伦理要求的科技活动。相关行业主管部门、资助机构或责任人所在单位要区分不同情况，依法依规对科技伦理违规行为责任人给予责令改正，停止相关科技活动，追回资助资金，撤销获得的奖励、荣誉，取消相关从业资格，禁止一定期限内承担或参与财政性资金支持的科技活动等处理。科技伦理违规行为责任人属于公职人员的依法依规给予处分，属于党员的依规依纪给予党纪处分；涉嫌犯罪的依法予以惩处。

六、深入开展科技伦理教育和宣传

（一）重视科技伦理教育。将科技伦理教育作为相关专业学科本专科生、研究生教育的重要内容，鼓励高等学校开设科技伦理教育相关课程，教育青年学生树立正确的科技伦理意识，遵守科技伦理要求。完善科技伦理人才培养机制，加快培养高素质、专业化的科技伦理人才队伍。

（二）推动科技伦理培训机制化。将科技伦理培训纳入科技人员入职培训、承担科研任务、学术交流研讨等活动，引导科技人员自觉遵守科技伦理要求，开展负责任的研究与创新。行业主管部门、各地方和相关单位应定期对科技伦理（审查）委员会成员开展培训，增强其履职能力，提升科技伦理审查质量和效率。

（三）抓好科技伦理宣传。开展面向社会公众的科技伦理宣传，推动公众提升科技伦理意识，理性对待科技伦理问题。鼓励科技人员就科技创新中的伦理问题与公众交流。对存在公众认知差异、可能带来科技伦理挑战的科技活动，相关单位及科技人员等应加强科学普及，引导公众科学对待。新闻媒体应自觉提高科技伦理素养，科学、客观、准确地报道科技伦理问题，同时要避免把科技伦理问题泛化。鼓励各类学会、协会、研究会等搭建科技伦理宣传交流平台，传播科技伦理知识。

各地区各有关部门要高度重视科技伦理治理，细化落实党中央、国务院关于健全科技伦理体系，加强科技伦理治理的各项部署，完善组织领导机制，明确分工，加强协作，扎实推进实施，有效防范科技伦理风险。相关行业主管部门和各地方要定期向国家科技伦理委员会报告履行科技伦理监管职责工作情况并接受监督。

Postscript

后 记

　　五月的窗外，风和景明，绿意葱茏。多么希望学术世界也是如此明亮蓬勃，又井然有序。一般情况下，我们都相信，学术是严谨的，科研人员是讲良知的，科研成果是真实可信的。然而，抄袭、篡改、造假、署名不当、研究资助基金标注乱象、论文代写与买卖、研究伦理失调等屡屡被报道的问题让我们感慨万千。科研过程中显现的这些问题并不是近年才出现的，但引起我的关注乃至开展专题研究，确有其因由。

　　2016 年 10 月，我赴澳大利亚麦考瑞大学开启为期半年的国家公派出国访学历程，在合作导师 RenYi 教授的指导下，选择科研诚信这一主题作为访学期间的研究重点。在随后的访学过程中，我围绕科研诚信问题收集了大量国外相关研究资料，了解了历届世界科研诚信大会的情况并整理了相关资料，了解了麦考瑞大学的科研诚信问题治理制度，获得了一系列宝贵的科研资料。2017 年，以"我国高校科研诚信问责制度建设研究"为题，我申报了国家社会科学基金"十三五"规划 2017 年度教育学国家一般项目，并获得批准立项，正式开启了对科研诚信这一问题的专题研究。经过四年的共同努力，本研究课题组发表了一系列学术论文，培养了相关人才，实践了科教融合的人才培养模式，获得了教学成果奖，并于 2021 年提交结题申请，顺利结题。这本拙著即为本课题的研究成果。

　　感谢全国教育科学规划领导小组办公室对本课题的立项资助，感谢在本研究课题立项评审、开题报告、中期报告及结题报告各阶段进行批评指导的各位专家评委。感谢国家留学基金委员会的出国访学资助，感谢澳大利亚南昆士兰大学副校长、麦考瑞大学高等学位研究室原主任 RenYi 教授对本课题的指导和帮助。感谢课题组各位成员的共同努力，先后有多名研究生与本科生参与了课题研究，并从中选题作为他们的毕业论文研究题目，部分研究成果体现在本书第八章等章节。

感谢《教育研究》《中国高教研究》《现代大学教育》《江苏高教》等重要核心期刊发表本研究的相关成果，感谢《新华文摘》、"国研网"等转载本研究相关成果，感谢这些刊物、网站的领导与编辑老师的指导和支持。感谢中央财经大学政府管理学院、科研处、教务处、发展规划处、研究生院、人事处、财务处等部门及相关领导和同事对本研究的支持和帮助。感谢中央财经大学为本书提供出版资助。感谢华中科技大学出版社出版本书，感谢编辑张馨芳、江旭玉等老师为本书的出版给予的支持和指导。

感谢家人的理解和支持。家，宁静和乐，是心灵的港湾。特别是新冠疫情防控期间，居家办公、学习是常有之事，一家人在相对"封闭"的空间一起生活、工作、学习，也别有一番意义。

本课题虽然已结项，但有关研究远远没有结束。科研诚信方面待研究探讨的问题还有很多，期待后续的研究能有更多高质量的科研成果。本书肯定还有许多错谬与不足之处，希望广大同仁和读者不吝批评指正。

周湘林

2022 年 5 月 30 日